ICT 사회 연구 총서 6

정보기술과문화연구소

INNOVATIONS AND EVOLUTION OF ICT CLUSTERS

ICT 클러스터의 혁신과 진화

From Pangyo to Oulu

판교에서 오울루까지

박준식 엮음

한울
아카데미

이 도서의 국립중앙도서관 출판예정도서목록(CIP)은 서지정보유통지원시스템 홈페이지(http://seoji.nl.go.kr)와
국가자료공동목록시스템(http://www.nl.go.kr/kolisnet)에서 이용하실 수 있습니다.
CIP제어번호: CIP2018024392(양장), CIP2018024391(학생판)

서문

이 책은 한국의 ICT 혁신 클러스터의 진화와 발전 경로에서 나타나는 사회경제적 특성들을 제시하고, 이를 기초로 클러스터의 진화 및 발전 경로들을 국제적 시각에서 비교·분석하고 있다. 이 책은 우선 한국을 대표하는 플랫폼 기업인 네이버의 성공 요인과 전략에 대한 분석으로 시작한다. 다음으로 한국의 대표적인 ICT 클러스터 두 곳에 대한 비교사회학적 접근을 시도한다. ICT 산업과 생태계가 성공적으로 진화하기 위해서는 지식의 공유, 신뢰, 네트워크 자산, 글로벌 연결을 비롯한 생태 및 사회적 자산이 기업들의 번성에 필수적으로 요구된다는 점이 많은 연구를 통해 거듭 확인되고 있다. 테헤란밸리와 판교 ICT 클러스터는 일찍부터 '한국 산업의 미래'로 주목받아왔다. 산업화 이후 한국 경제와 일자리의 미래를 좌우할 정도로 큰 영향을 미치는 두 지역의 역사와 현재의 상황, 미래의 과제를 점검하는 일이 중요한바, 이 책의 두 글은 이에 대한 최초의 본격적인 시도이다. 다른 한편 이 책에서는 한국의 ICT 산업과 실리콘밸리 ICT 네트워크가 어떠한 방식으로 연결되어 있는지를 실리콘밸리 한인 연구자 네트워크의 특성을 통해 살펴본다.

제1장 '토종 인터넷 플랫폼의 성공 요인 분석'에서 류민호는 유럽 국가들이 인터넷 플랫폼 경쟁에서 미국 기업들에 완전히 밀려 주도권을 상실한 것과 비교할 때, 한국을 상대적으로 성공적인 글로벌 플랫폼 사업자를 육성하는 데 성공한 국가로 높이 평가하며, 이 과정에서 한국의 대표적인 인터넷 플랫폼 사업자인 네이버의 성공 요인에 주목한다. 류민호의 글은 네이버, 다음, 카카오를 비롯한 인터넷 플랫폼 기업들이 한국 시장에서 안정적인 지위에 결코 만족하지 않고 지속적으로 글로벌 시장을 겨냥한 사업을 시도한 점과, 이러한 노력을 주도해왔던 네이버의 성공을 높이 평가한다. 류민호에 따르면 네이버는 몇 차례의 절박한 위기를 거치면서 결정적인 시기마다 변화하는 핵심 기술 환경에 성공적으로 적응했고, 이러한 능동적 적응 전략은 글로벌 사업자들과의 경쟁이 매우 어렵다는 점을 감안할 때 굉장히 성공적인 진화였다고 평가한다. 특히 기존 시장에서의 독점적 지위에 안주하지 않고 글로벌 시장을 겨냥한 부단한 혁신 노력과 기업가적 활동이 ICT 분야에서도 가장 중요한 성공 요인임을 강조한다.

판교 ICT 클러스터는 한국 ICT 산업의 미래를 주도하는 기업, 연구소, 지원기관, 젊은 인적자원 등이 집결되어 신산업 생태계를 만들어가고 있는 한국 ICT 클러스터의 핵심 사례다. 제2장 '판교 ICT 클러스터의 진화, 현재, 그리고 미래'에서 판교 클러스터에 대한 사례 연구를 시도한 정동일은 판교가 한국 ICT 산업뿐 아니라 미래 경제와 고용의 비전을 상징한다는 점에서 어떤 경우보다 중요하다는 점에 주목하며 판교의 특징과 다양한 과제들을 분석하고 있다. 판교 혁신 클러스터의 성공을 위한 과제로 저자는 두 가지 사항을 제시한다. 첫째는, 창조적 인재들과 혁신적 기업·기관들이 혁신 클러스터에 밀집되어 있어야 하고, 둘째는, 이들 간의 네트워크 효과가 극대화되어야 한다는 것이다. 특히 개별 요소들의 합 이상의 네트워크 효과 창출이 클러스터 성공의 관건이라는 전제하에 판교 클러스터의 네트워크가 안고 있는 특징과 과제를 제시하고 있다. 저자는 판교 클러스터는 현재 '관심 공동체'로부터 '학습 네트워크'로 진화하는 초기 과정에 있는 것으로 판단하며, 이를 입주 기업들의 특허와 공동 특허 추이 등을 통해 검토하고 있다. 특히 공동 특허가 강화되는 추세지만 협력의 범위가 소수 기업으로 이루어진 '내집단'에 국한된 경우가 적지 않았다는 점과, 중소기업들과 대기업 간의 수직적 관계를 중요한 한계로 본다. 다른 한편 대기업들의 경우 개방적 협력보다는 폐쇄형 혁신을 선호하며, 이 때문에 파트너십의 고도화가 충분히 활용되지 못하는 것을 앞으로 극복해야 할 과제로 지적하고 있다. 결론적으로 판교는 클러스터의 이점을 극대화하지 못하고 있으며, 기업과 인적자원이 축적한 핵심 '암묵지(tacit knowledge)'를 활발하게 교류하고, 다양한 이질적 요소들이 융합되어 지속적인 혁신이 창출되는 경제 생태계로의 발전이 여전히 숙제임을 지적한다. 혁신 클러스터가 정부의 집중적인 정책적 지원에 따라 단기간에 조성되었지만, 앞으로는 사회자본의 축적과 기술협력, 공동 학습의 활성화 등 무형적 경쟁력을 강화하기 위한 노력이 중요하다는 점을 강조하고 있다.

테헤란밸리는 한국의 경제수도인 강남-서초 지역에서 벤처 붐과 더불어 발전한 원조 ICT 클러스터다. 제3장 '테헤란밸리 스타트업 생태계'에서 테헤란밸리에 대한 사례 연구를 시도하는 신우열은 닷컴 열풍과 벤처붐 등을 거치면서 이 지역에서 일어났던 ICT 생태계의 특성들에 대해 예리한 관찰의 현미경을 들이대고 있다. 저자는 오늘날의 테헤란밸리를 주도하는 기업 생태계의 주역들에 대한 심층인터뷰와 관찰 자료들을 역사적으로 정리하면서 이 지역이 2000년대 초반의 구조조정 시기를 넘어서 재도약의 기회를 잡은 것은 생태계 주체들이 함께 가꿔온 도전과 연결 문화의 덕임을 지적한다. 1990년대의 벤처 1세대들의 성공 신화에서 비롯된 '벤처, 스타트업의 성지'라는 이미지는 이 시대의 창업가들을 테헤란밸리로 불러 모았고, 그 유산을 이어받은 테헤란밸리 주체들은 밸리를 더 촘촘한 연결의 망으로 일구었으며, 이러한 사회경제적 네트워크 속에서 테헤란밸리의 스타트업 기업들은 '충분한 파이'를 키우는 중이라고 본다. 신우열은 생태적 경쟁과 상생적 문화의 진화는 대기업 중심이 아닌 스타트업 기업 중심의 생태계를 구축한 테헤란밸리만의 특징이라고 지적한다. 테헤란밸리의 미래에 대해 저자는 기업과 사람들의 시선을 하루 속히 세계로 돌릴 것을 제안한다. 테헤란밸리 생태계는 시장 도달력을 키워야 하는데, 이를 위해 타 지역의 스타트업 생태계와의 연결을 도모하고, 세계 소비자 및 투자자의 관심을 끌 기술을 개발해야 한다는 것이다. 다른 한편 과도한 관료적 개입과 경직된 통제는 이 생태계의 지속적인 성장과 진화를 저해하는 위협 요인이 될 수 있다는 지적 또한 신우열의 연구가 제시하는 중요한 시사점이다.

실리콘밸리의 한국인 전문 인력의 네트워크 분석을 정리한 제4장 '실리콘밸리 한인 연구자 네트워크'에서 이종선과 박준식은 한인 과학자들의 활동 영역이 실리콘밸리에서 여전히 주변적 위치에 있으며, 특정 분야와 영역에 한정되어 있을 뿐 아니라, 한국의 핵심 글로벌 기업들과 효과적인 인적자원 네트워크로 발전하는 데 일정한 한계를 안고 있음을 지적한다. 인도와 중국의 젊은 인재와 과학자들이 실리콘밸리를 통해 본국 시장이나 기업들과 긴밀하게 연계되어 기술 발전과 인재 순환의 상호 시너지 효과를 거두는 반면, 실리콘밸리 한국인 연구자 네트워크는 중국이나 인도계 출신 연구자 네트워크에 비해 인적 역량 면에서 여전히 미약하고 네트워크의 규모가 취약한 한계가 있다는 것이다. 저자들은 한국의 ICT 산업이 지속적으로 발전하고 역동성을 갖추기 위해서는 자발적이고 주체적인 연구자들의 네트워크 강화 노력과 함께 한국 정부와 국내 관련 기업들의 자발성을 최대한 이끌어내는 새로운 접근 모델이 요구된다고 지적한다.

ICT 관련 산업 클러스터가 제조, 전문 인력, 서비스 등의 측면에서 고르고 균형 있게 발전해온 OECD 주요 ICT 선진국들과는 달리 한국과 일본은 대규모 투자가 요구되는 특정 산업이나, 고도의 숙련 집약형 제조 영역에 특화된 발전 양상을 보이고 있다. 제5장 '일본의 사회문화적 맥락과 ICT 클러스터의 관계에 대한 탐색적 고찰'에서는 이러한 특성을 일본 ICT 클러스터의 특징적인 진화와 발전 양상들을 통해 살펴본다. 이와 관련해 ICT 제조 부문을 세계적으로 주도해온 일본에 대한 현장 중심의 연구를 수행한 류영진은 일본의 사회문화적 맥락과 고도 제조 중심의 ICT 산업 발전 과정이 보여주는 깊은 상호 연관성에 주목한다. 일본의 ICT 산업은 그 기술적 수준에서 어느 선진국들과 견주어도 첨단을 주도하고 있으며, 부가가치 효과 측면에서 한국보다 월등하게 폭넓은 분야에서 고른 성과를 창출하고 있다. 그럼에도 불구하고 일본은 미국이나 유럽과 같은 방식으로 경쟁한다기보다는 제조 관련 기반 기술과 사물인터넷 등을 중심으로 자신만의 고유한 경쟁력을 강화하는 데 주력하고 있고, 이 분야에서 독보적인 성과를 보이고 있다. 류영진은 이러한 일본의 특성이 일본의 사회문화적 맥락과 깊은 관련이 있다는 점에 주목한다. 이른바 특정 분야에서 깊은 이해와 고난도의 기술에 장기적인 안목으로 꾸준하게 도전하는 일본식 숙련 존중과 '물건 만들기(모노즈쿠리)'의 정신은 ICT 분야에서도 그대로 이어지고 있다는 것이다. 이러한 일본의 전략과 전통에 대해 일부에서는 일본식 기술혁신이 혁신 생태계의 세계적 흐름과는 다른 방향으로 일본식 특수성을 과도하게 추구함으로써 결국 세계적 혁신으로부터 소외되는 '갈라파고스화'의 함정에 빠질 것이라고 경고한다. 일본의 경우 ICT 혁신 전략은 기본적으로 제조에 기초한 산업 고도화를 중시하는 경향을 확인할 수 있다. 이는 일본의 클러스터 전략이 어째서 제조 중심의 영역에 점점 더 깊이 파고들어 가는지를 이해하는 데 중요한 실마리를 제공한다. 류영진은 자신의 현장 연구를 통해 일본의 지역 중심의 문화와 함께 이른바 물건 만들기와 장인 정신 등 일본의 제조업 발전 과정을 관통하며 유지되어 온 사회문화적 맥락들이 현재의 ICT 산업에서도 여전히 중요하다는 것을 강조한다. 그리고 이러한 일본의 특징은 그 저력이면서 동시에 한계임을 지적한다.

ICT 산업을 선도하는 유럽의 선진국들은 한국이나 일본 등 아시아 선진국들, 그리고 영미 선진국들과는 다른 독특한 산업 혁신과 진화 경로를 보여주고 있다. 이 책에서는 이러한 특징적 진화 양상들을 북유럽의 ICT 산업에서 중요한 선도 역할을 주도해온 핀란드와 영국의 사례를 통해 비교해본다. 다른 한편 이 책에서는 북유럽 ICT 산업의 지속 발전을 이끌고 있는 스웨덴과 핀란드의 독자적인 ICT 산업 발전 양상을 북유럽 국가들의 사회투자 및 노동시장 투자 전략과의 연계 속에서 검토한다. 핀란드의 경우 ICT 산업의 발전 과정에서 독특한 '회복 탄력성'을 보이는데, 이러한 높은 수준의 적응력과 회복 탄력성이 지속적으로 유지된다면 특정 산업의 격렬한 부침과 경쟁에도 불구하고 작은 규모의 국가들도 세계를 상대로 효과적인 경쟁을 수행할 수 있다는 것을 보여준다.

제6장 '영국의 첨단기술 클러스터 정책 추진 현황과 과제'에서 영국의 첨단기술 클러스터 전략에 대한 김원동과 박준식의 사례 연구는 일본의 경험과는 구분되는 독특한 영미식 클러스터 전략에 대한 연구라는 점에서

주목된다. 연구자들은 영국 정부에 의해 강력하게 추진되어온 첨단기술 클러스터 정책의 주요 내용과 주장들을 검토한 후 첨단기술 클러스터 정책을 구체화한 '첨단기술도시 프로젝트'의 추진 현황을 검토한다. 여기에 기초해서 영국의 첨단기술 클러스터 정책에서 강조하는 첨단기술 분야의 고급 인력, 즉 '인재'의 중요성에 주목하고, 이 문제에 대한 영국식 접근의 특징과 고민을 살피고 있다. 영국은 첨단기술국가 전략에서 혁신 클러스터가 갖는 중요성에 일찍부터 주목하고 초기에는 런던을 중심으로 인재와 기술을 결집하는 전략을 추진했다. 영국 정부는 이러한 전략에서 인재가 차지하는 중요성과 이상을 인식하고, 이민 비자제도의 개선을 통해 해외 인재를 유치하고, 인재 육성과 창업의 산실로 대학의 주도적 역할을 강조한다. 그러나 저자들은 이 과정에서 국내에서의 지역 간 경제력 격차 확대와, 유럽과의 경제적 갈등 등에 따른 인재 확보의 어려움 등을 위협 요인으로 지목한다. 연구자들은 영국이 지향하는 런던 중심의 하나의 첨단기술국가 노력은 스코틀랜드나 북아일랜드, 웨일스와 같은 지역의 낙후성을 극복하기 위한 포용적 전략과 함께 가지 못할 경우 새로운 도전에 직면할 수 있음을 지적한다. 영국의 사례는 지역 간 발전의 정도가 다르고 불균형이 확대되는 다른 나라들에 대해서도 많은 시사점을 제공한다.

스웨덴과 핀란드는 북유럽 ICT 산업의 지속 발전을 상징하는 대표적인 국가들이다. 제7장 '북유럽 ICT 산업의 지속 발전'에서 김영범과 박준식은 스웨덴과 핀란드를 비교하면서 이 두 나라가 작은 인구와 시장이라는 결정적인 약점과 여러 차례의 산업 구조조정과 노키아의 몰락 등 급격한 변화에도 불구하고 ICT 산업의 강국 지위를 유지하는 요인을 탐구해본다. 이를 위해 저자들은 ICT 산업의 역사적 성장 배경, 인적자원의 육성을 중시하고 그 활용을 극대화하기 위한 사회정책적 접근, 혁신과 변화를 위한 끊임없는 노력이 분출하는 강력한 탄력성을 주목한다. 저자들은 결론에서 다음의 몇 가지 중요한 시사점들을 제시한다. 첫째, 스웨덴과 핀란드는 일찍부터 ICT 산업의 중요성을 인식하고, 이 분야의 인력을 집중적으로 양성하고 ICT 산업에 과감한 투자를 했으며, 이러한 정책은 지금까지 유지되고 있다. 둘째, 소비자에서 생산자로, 하드웨어에서 소프트웨어로, 융합화 등으로 지속적인 변화를 거듭하는 산업에서 항상 성공적으로 대응한 것은 아니었지만, 두 나라에서는 이러한 위험을 흡수하는 노동시장과 사회제도가 잘 정비되어 있어서, 이러한 제도적 장치들이 높은 위험을 흡수하고 지속적인 혁신이 시도될 수 있는 환경을 만들었음을 주목한다. 특히 두 나라의 안정성과 유연성을 겸비한 복지투자와 노동시장제도는 지식과 숙련을 갖춘 실업자가 자신의 능력을 발휘할 수 있는 일자리를 믿고 찾도록 지원하면서 새로운 기회 창출을 촉진하는 중요한 사회기반제도로 기능하고 있다. 스웨덴과 핀란드는 한국에 대해서도 많은 시사점을 제공하는데, 특히 미래의 잠재적 위기에 대비해 국가와 기업이 노동자들의 지식과 숙련을 최대한 활용하고, 인적자원의 능력을 신장하기 위해 사회제도에 적극적으로 투자하고, 노동시장의 안정성을 높이는 데 노력하는 것이 중요함을 보여준다.

핀란드 오울루 지역의 사례에 따르면 한때 이 지역은 핀란드 IT 제조와 관련된 첨단 연구개발의 중심 지역이었지만 노키아의 몰락과 더불어 급격한 고용 감소라는 구조조정의 직격탄을 맞았다고 한다. 그러나 최근 오울루 지역은 과거 노키아가 남긴 핵심 인력과 자산이 새로운 벤처 영역으로 재구성되면서 과거의 고용 수준을 빠른 수준으로 회복하는 우수한 회복 탄력성을 보이고 있다. 이와 관련해 제8장 '핀란드의 창조적 붕괴와 탄력성'에서 야코 시모넨(Jaakko Simonen), 요한네스 헤랄라(Johannes Herala),

라울리 스벤토(Rauli Svento)는 오울루 지역의 첨단 산업에서 진행된 구조조정과 회복의 과정을 집중적으로 조명한다. 저자들은 질적 자료와 양적 자료를 활용해 지역의 구조 변화, 특히 그것이 고용에 미치는 영향을 조명한다. 또한 구조조정의 역효과를 상쇄하고 완화하기 위한 정책적 노력과 제도적 안정성이 마련된 결과, 급격한 구조조정과 산업적 붕괴에도 불구하고 안정적인 회복이 가능하다는 것을 보여주고 있다. 핀란드의 사례는 ICT 산업에서도 특정 산업이나 기업의 적응력뿐만 아니라 지역의 정책적 노력과 사회제도, 그리고 우수한 인적자원의 안정적 확보를 중시하는 북유럽의 사회투자 전략이 북유럽 국가들이 보여주는 강력한 회복 탄력성의 기초가 된다는 것을 시사한다.

마지막으로 제9장 '4차 산업혁명과 노동의 위기, 산업민주주의의 대응'에서는 최근 인공지능과 4차 산업혁명에서 가장 큰 도전으로 지목되고 있는 ICT 산업의 예측할 수 없는 급격한 진화에 따른 일자리와 노동의 대응 문제를 정리하고 있다. 이 문제는 ICT 산업의 진화와 직접적인 관련성이 없어 보이지만, 최근 모든 산업 영역에서 그 영향을 급속히 확장하는 AI와 지능적 자동화가 미치는 인간과 노동에 대한 영향을 감안할 때 결코 간과할 수 없는 중요한 영역이라는 문제의식을 가지고 이 부분에 대한 논의를 추가했다.

이 책은 한국연구재단의 지원을 받아 수행된 연구이다. 한국연구재단의 도움과 재정적 지원에 대해 참여 연구자들을 대표해서 감사의 마음을 전한다.

2018년 8월
저자들을 대표하여, 박준식

차례

01 토종 인터넷 플랫폼의 성공 요인 분석
네이버의 사례

류민호

1. 머리말

최근 세계 경제의 화두는 인터넷을 중심으로 한 플랫폼화이다. 세계 각
국은 AI 등의 정보기술을 보유하기 위한 치열한 경쟁을 펼치고 있다. 미국
은 구글(Google), 애플(Apple), 페이스북(Facebook), 아마존(Amazon) 등 이
른바 GAFA를 중심으로 경쟁적으로 사업 영역을 확대하고 있는데, GAFA
는 빅데이터 처리기술을 앞세워 로봇, 무인자동차, 드론 등에서부터 스마
트홈, 유전학 및 의학까지 거침없는 디지털 폭풍을 일으키고 있다. 방송,
여행 및 숙박, 전기자동차, 운송업에서 시작한 넷플릭스(Netflix), 에어비앤

※   이 글은 ≪정보사회와 미디어≫ 18권 3호에 발표된 류민호의 글을 수정·보완한 것이다.

비(Airbnb), 테슬라(Tesla), 우버(Uber) 등도 그 영향권을 빠르게 확장하고 있다. 중국도 플랫폼 경제의 선두를 달리고 있다. 바이두(Baidu), 알리바바(Alibaba), 텐센트(Tencent) 등 BAT는 중국발 인터넷 혁신을 이끌고 있는데, 바이두는 무인자동차 생산에 뛰어들었고, 알리바바는 스스로를 전자상거래 기업이 아닌 데이터 기업이라 부르고 있다. 게임에서 출발한 텐센트는 모바일 메시징 서비스 위챗(WeChat)을 앞세워 금융, 전자상거래, 택시, 교육 등으로 사업 영역을 확대하고 있다.

인터넷 플랫폼을 중심으로 한 혁신은 ICT 산업에 제한되지 않고 상거래, 금융, 자동차, 의학 등 전체 산업 영역의 작동 방식을 그 근본부터 바꾸기 시작했다. 전통 제조업의 생산 설비가 인터넷 네트워크에 결합되면서 생산 자동화는 가속도를 얻고 있으며, 내연기관이 사라진 전기자동차는 데이터 기술과 결합하면서 무인자동차 시대를 예고하고 있다.

앞으로 4차 산업혁명 시대가 본격적으로 열리게 되면 인터넷 플랫폼의 중요성은 날로 커지게 된다. 그러나 전 세계적으로 자국의 인터넷 플랫폼을 보유한 국가는 소수에 불과하다. 인터넷 플랫폼의 대표 주자격인 검색 엔진 서비스를 기준으로 볼 때, 자국 검색 엔진 점유율 합계가 40%를 넘는 국가는 한국, 일본, 중국, 러시아, 체코로 총 5개국 정도이고, 자국 검색 엔진의 점유율이 3% 이상인 나라까지 대상을 확대하더라도 네덜란드, 독일, 이탈리아 정도가 추가될 뿐이다(Ji, Choi and Ryu, 2016). 나머지 대부분의 국가에서는 구글이 압도적인 점유율을 보이고 있다.

자국 플랫폼이 없는 프랑스와 독일, 유럽연합은 뒤늦게 자국의 검색 엔진을 구축하기 위해 천문학적인 돈을 투자해 국가 차원의 프로젝트를 진행해오고 있지만, 모두 실패로 그치고 있다. 예를 들어, 2005년 자크 시라크(Jaques Chirac) 전 프랑스 대통령은 독일과 함께 유럽형 검색 엔진 개발

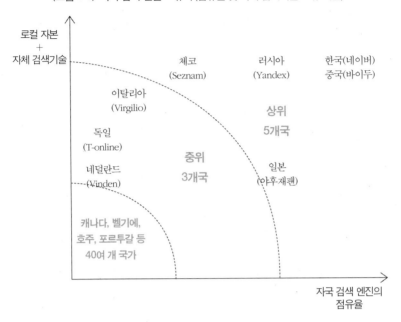

〈그림 1-1〉 자국 검색 엔진 보유국 (점유율 및 자체 검색기술 보유 기준)

로컬 자본
+
자체 검색기술

이탈리아
(Virgilio)

독일
(T-online)

네덜란드
(Vinden)

캐나다, 벨기에,
호주, 포르투갈 등
40여 개 국가

중위
3개국

체코
(Seznam)

러시아
(Yandex)

한국(네이버)
중국(바이두)

상위
5개국

일본
(야후재팬)

자국 검색 엔진의
점유율

자료: Ji, Choi and Ryu(2016) 재구성.

프로젝트인 '콰에로(Quaero)'를 추진한 바 있다. 콰에로는 라틴어로 'I search'라는 뜻을 가졌는데, 기존 검색 시장에서 구글이 유럽 시장을 잠식할 것을 우려해 온라인 검색이 가진 문화적 가치를 보호하는 것을 목표로 진행되었다(O'Brien, 2006). 이후 콰에로 프로젝트에는 프랑스 톰슨, 독일 지멘스 등 민간 기업들이 참가하고 8년간 2억 5천만 유로(한화 약 3647억 원)가 투입될 예정이었으나, 참여국들 간의 이견 차를 좁히지 못하고 2년이 채 안 된 시점에서 실패로 끝났다.

유럽의 자국 인터넷 산업 육성에 대한 고민은, 2015년 3월 브뤼셀에서 진행된 'Net Futures event'에 참석한 EU 디지털 커미셔너인 귄터 외팅게르(Gunther Oettinger)의 발언에서도 엿볼 수 있다. 외팅게르는 "현재 유럽

내 대부분의 온라인 서비스들은 미국 기업이 만든 것이다. 유럽은 미래에도 이런 일이 이어지기를 원치 않는다"라는 말로 자국 인터넷 산업 부재에 대한 해결책 모색을 강조했다(Teffer, 2015.4.2).

이렇듯 검색 엔진과 인터넷 플랫폼은 단순한 서비스를 넘어 특정 국가의 산업 경쟁력을 가늠하는 기준이 될 만큼 중요한 서비스로 자리 잡아 가고 있다. 다행히도 한국은 전 세계에서 몇 안 되는 자국 인터넷 플랫폼을 보유한 국가다. 우리는 이러한 장점을 살려 다가오는 4차 산업혁명 시대에 새로운 성장 동력을 만들어나가야 한다. 이 장에서는 네이버, 카카오톡 등 토종 인터넷 플랫폼이 성공적으로 성장할 수 있었던 배경을 분석해, 한국이 향후 디지털 혁신 시대에 성공적으로 안착하는 데 도움을 줄 수 있는 시사점을 도출하고자 한다.

2. 인터넷 플랫폼의 특징과 국내 기업의 위상

1) 인터넷 플랫폼의 특징과 글로벌 경쟁

'플랫폼 사업' 기업들은 기반을 두고 있는 업종에 따라 접근법이 다르다. 애플, 구글, MS의 플랫폼 전략은 각기 상당한 차이점이 있기 때문에, 이들 사업자의 플랫폼 전략을 동일한 틀로 판단할 수 없다. 그렇다 할지라도 인터넷 플랫폼이 가지는 공통된 특성이 있는데, 그 특징은 〈표 1-1〉과 같이 정리할 수 있다.

우선 인터넷 플랫폼 사업의 특징은 첫 번째로, '핵심 플랫폼 구축 후 수익 창출 모델을 구축'하는 비즈니스 모델을 가지고 있다는 점이다. 인터넷

〈표 1-1〉 인터넷 플랫폼 비즈니스의 특징

주요 특징	설명
핵심 플랫폼 구축 → 수익 창출 모델	서비스를 무료로 제공. 이를 통해 기본 비즈니스 모델의 플랫폼이 빠르게 커져서 임계량을 넘어서는 전략을 추구함. 일부 사업에서 적자를 기록하지만, '게임', '선물하기' 등 추가적인 비즈니스 모델을 통해 수익 모델을 창출.
사업 다각화 경향	핵심 플랫폼을 기반으로 커머스 플랫폼(선물하기), 모바일 광고 플랫폼(플러스친구), 모바일 게임 플랫폼(게임하기) 등 다양한 관련 플랫폼으로 확장. 핵심 플랫폼과 연동되는 소셜 네트워크 서비스(SNS)로 확장. 플랫폼 다각화는 기업의 수익을 증대시킬 뿐만 아니라 기업의 성장 가치가 증가함과 동시에 기술 진흥에 긍정적 피드백을 얻을 수 있음(Kim, Lee and Kim, 2014).
강력한 네트워크 외부효과 존재	기 확보한 이용자들의 네트워크를 모바일 커머스 플랫폼, 모바일 광고 플랫폼, 모바일 게임 플랫폼 등 여러 플랫폼을 통해 다른 네트워크에 속한 기업들을 연결하는 역할을 함.
플랫폼 리더십이 핵심 가치	플랫폼 전략은 플랫폼 자체보다는 플랫폼을 둘러싼 가치 복합체와 기업 생태계 전체에 대한 전략으로 파악해야 함. 또한, 플랫폼 주도 기업이 되는 것은 기업 자체의 힘으로 되는 것이 아니라 외부의 힘을 어떻게 조직하고 활용하는지에 달려 있음(김창욱 외, 2012).
일정 요건이 갖춰지면 네트워크가 스스로 성장하는 생태계가 구축됨.	플랫폼은 다른 네트워크에 속한 참여자들의 혁신에 대한 동기부여를 하고, 유도하는 역할을 하고 있음.
성장 단계에서는 코어링(Coring) 전략이 중요: 코어링 전략을 통해 기존의 서비스를 대체	코어링 전략은 두 가지 핵심 요건이 있음. 첫째, 그 분야에서 극히 중요한 문제를 해결한 기술이나 서비스를 제공해야 함. 카카오와 라인의 경우 서비스를 무료로 제공함으로써 유료 문자 메시지 서비스 수준이었던 모바일 소셜 커뮤니케이션을 더 높은 수준의 소셜 커뮤니케이션으로 격상시켰음. 둘째, 플랫폼 내 생태계 구성원들에게 경제적 인센티브를 제공해야 함. 카카오와 라인의 경우 다양한 플랫폼과 연결하고, 참여한 기업들이 수입을 창출할 수 있는 기회를 제공하여 경제적 인센티브를 제공했음(Gawer and Cusumano, 2008).
플랫폼 간 경쟁에서는 티핑(Tipping) 전략이 중요: 티핑 전략으로 경쟁에서 승리	티핑 전략은 시장의 대세가 자신의 플랫폼 쪽으로 기울어지도록(Tip) 만드는 것으로, 경쟁 플랫폼들에 비해 독특하고 뛰어나며 쉽게 모방할 수 없고 더 많은 이용자들이 선호할 수 있는 기술이 필요하며, 또한 생태계 구성원들에게 더 많은 경제적 인센티브를 제공해야 함(Gawer and Cusumano, 2008).

플랫폼 사업자들은 대부분의 서비스를 무료로 제공하며, 이를 통해 기본 비즈니스 모델의 플랫폼이 빠르게 확장함에 따라 임계량(critical mass)을 넘어서는 전략을 추구한다. 비록, 서비스 자체는 적자를 기록하지만, '광고', '게임', '선물하기' 등 추가적인 비즈니스 모델을 통해 수익 모델을 구축한다. 두 번째 특징으로는, 이러한 비즈니스 모델의 특징으로 인해 '사업다각화 경향'이 두드러진다는 것이다. 플랫폼 다각화는 기업의 수익을 증대시킬 뿐만 아니라 기업의 성장 가치가 증가함과 동시에 기술 진흥에 긍정적 피드백을 얻을 수 있다(Kim, Lee and Kim, 2014). 세 번째 특징으로, 강력한 네트워크 외부효과가 존재한다. 네트워크 외부효과의 존재로 인해 플랫폼 사업자들은 기 확보한 이용자들의 네트워크를 모바일 커머스 플랫폼, 모바일 광고 플랫폼, 모바일 게임 플랫폼 등 여러 플랫폼을 통해 다른 네트워크에 연결시킨다. 네 번째 특징으로는, 플랫폼 리더십이 기업의 핵심 가치라는 점이다. 플랫폼 리더십은 새로운 플랫폼을 만든 기업이 해당 플랫폼에 많은 참가자를 참여시켜 거래가 활발하게 일어나도록 만드는 역량을 말한다. 또한, 플랫폼 주도 기업이 되는 것은 기업 자체의 힘으로 되는 것이 아니라 외부의 힘을 어떻게 조직하고 활용하는지에 달려 있다(김창욱 외, 2012). 다섯 번째 특징으로는, 일정 요건이 갖춰지면 네트워크가 스스로 성장하는 생태계가 구축된다는 것이다. 플랫폼은 다른 네트워크에 속한 참여자들의 혁신에 대한 동기부여를 하고 유도하는 역할을 한다. 이러한 네트워크 내의 혁신이 증가하고 이에 대한 보상이 확고해질수록 공급자는 성공 가능성이 크다고 판단해 더 많이 참여하려 할 것이고, 이용자는 더 높은 효익을 얻을 수 있다. 나아가 더 많은 이용자들이 참여하게 되므로, 네트워크에 속한 참가자들 사이에 거래가 활발해지고, 네트워크가 자체적으로 성장하며, 플랫폼 리더는 이러한 생태계에 막강한 영향력을 미치게 된다. 여섯 번째 특징으로는, 사업 성장 단계에서는 코어링(Coring)이 중요하다는 것이다. 코어링 전략은 다음과 같은 두 가지 핵심 요건이 있다. (1) 그 분야에서 극히 중요한 문제를 해결한 기술이나 서비스를 제공해야 한다는 것이다. 카카오와 라인의 경우 서비스를 무료로 제공함으로써 유료 문자 메시지 서비스 수준이었던 모바일 소셜 커뮤니케이션을 더 높은 수준의 소셜 커뮤니케이션으로 격상했다. (2) 플랫폼 내 생태계 구성원들에게 경제적 인센티브를 제공해야 한다는 것이다. 국내 기업의 예를 들자면, 카카오와 라인의 경우 다양한 플랫폼과 연결하며, 참여한 기업들이 수입을 창출할 수 있는 기회를 제공해 경제적 인센티브를 제공했다. 일곱 번째 특징으로는, 플랫폼 간 경쟁에서는 티핑(Tipping) 전략이 중요하며, 티핑 전략으로 경쟁에서 승리할 수 있다는 점이다. 티핑 전략은 시장의 대세가 자신의 플랫폼 쪽으로 기울어지도록(tip) 만드는 것으로, 경쟁 플랫폼들에 비해 독특하고 뛰어나며 쉽게 모방할 수 없고 더 많은 이용자들이 선호할 수 있는 기술이 필요하며, 또한 생태계 구성원들에게 더 많은 경제적 인센티브를 제공해야 한다(Gawer and Cusumano, 2008).

예를 들어, 국내의 모바일 플랫폼 사업의 경우, 카카오와 라인은 핵심 플랫폼 구축에 성공했으며 수익 창출 모델 구축에서도 어느 정도 성공을 이루고 있는 상황이다. 그러나 모바일 소셜 플랫폼 사업자로서 세계적인 혁신기업으로 성장하려면 사업 다각화가 중요할 것으로 판단된다. 한편, 카카오의 경우 국내에서는 플랫폼 리더십을 가지고 있다고 볼 수 있는데, 시장 점유율이 92%에 육박하고 있기 때문이다. 라인의 경우는 국내에서는 약 7% 가량으로 플랫폼 리더십을 가지고 있지는 못하지만, 국제 시장에서는 플랫폼 리더십을 가지고 있다고 볼 수 있다. 국제 이용자를 모두 포함할 경우 라인이 카카오톡에 비해 6배 이상의 이용자를 보유하고 있으며, 일본(약 72%), 태국(약 90% 이상)에서는 특히 완전한 플랫폼 리더십을 구축하고 있다. 또한, 이러한 국제 플랫폼 리더십을 기반으로 전 세계 모바일 소셜 플랫폼 중 수익 창출 1위를 달성하기도 했다(2015 기준, 구글 플레이스토어).

2) 글로벌 경쟁과 국내 플랫폼 기업의 현 위치

네이버와 라인이 국제적인 수준의 플랫폼 기업으로 성장하기 위해서는, 국제적인 수준에서 경쟁 기업과의 기업 가치를 비교, 분석할 필요가 있다. 따라서 국내, 미국, 일본에 있는 인터넷/게임 기업의 PER(Price Earning Ratio)과 시가총액을 분석하고자 한다. 유사한 업종에 있는 한·미·일 글로벌 인터넷/게임 기업의 PER을 살펴보면, 가장 비슷한 성장 단계에 있는 기업으로 판단되는 아마존, 링크드인(LinkedIn), 징가(Zynga) 등에 비해 네이버와 라인의 PER이 낮게 형성되어 있다. 또한 네이버와 라인이 글로벌 모바일 플랫폼 메신저 산업을 선도하고자 하지만, 시가총액은 아직 글로벌 경쟁자인 페이스북, 구글, 아마존, 야후 등에 미치지 못하고 있다. 모바일 플랫폼 메신저 산업의 특성상 경쟁자들을 배제하고 시장을 선점하기 위해서는 티핑 전략이 유효한데, 이를 위해서는 네트워크 효과와 수확체증의 법칙이 달성될 만큼의 규모적 성장이 필요할 것으로 보인다. 따라서 네이버와 라인이 페이스북, 구글과 같은 글로벌 기업과 경쟁하기 위해서는 규모의 경제 달성을 위한 투자 재원의 마련과 미주, 유럽으로의 확산을 위한 인지도 제고가 필수적일 것으로 보인다. 페이스북의 사례처럼 IPO(Initial Public Offering)를 통해 조달한 자금을 바탕으로 상당한 투자를 할 필요가 있으며, 이러한 투자는 미국 유사 경쟁사들과의 경쟁 발판을 마런하고 나아가 인터넷 사업자로서의 글로벌 가치를 창출할 수 있는 시발점이 될 것으로 기대된다.

3. 국내 대표 인터넷 플랫폼인 네이버의 성공 사례 분석

1) 네이버의 탄생 (초기 검색 시장의 경쟁)

네이버의 첫 이야기는 1994년에 시작된다. 네이버는 1999년 6월 정식 서비스를 개시한 것으로 알려져 있는데, 세상에 첫선을 보이기 전 약 5년간 준비기간을 거쳐 자체 검색 기술력을 확보했다. 창업자인 이해진 의장은 삼성 SDS에서 일을 시작했는데, 일을 하면서 '정보가 쉽게 검색이 돼서 일반 사람들도 다 원하는 정보를 쉽게 찾을 수 있게 된다면 검색이 사회를 정말 좋게 할 것 같다'는 생각을 했다고 한다. 사실 이 생각은 지금까지도 네이버의 근본이 되는 개념이기도 하다. 당시 삼성 SDS에는 사내 벤처 제도가 있었는데 이해진 의장은 동료들을 모아서 네이버컴을 만들었다고 한다. 하지만 대기업 내에서 사업을 하는 데 한계가 있어서 결국 1999년 6월 네이버컴이라는 벤처기업을 창업하게 되었다.

당시 한국 인터넷 검색 시장은 어땠을까? 1995년부터 코시크, 까치네, 심마니, 미스다찾니 등의 상용화 엔진이 나오기 시작했다. 2000년대 초반까지 야후 코리아가 절대 강자의 자리를 차지하고 있었고, 당시에는 '인터넷=Yahoo!' 공식이 통용되었다. 당시에 집에 인터넷을 설치하러 온 기사들이 작업을 마친 후에는 인터넷 창에 야후를 띄워주면서 "인터넷 되죠?"라고 말하고, 사람들은 컴퓨터에서 야후 화면이 보여야 비로소 인터넷이

YAHOO!	1997년 국내 서비스 시작 1999년 검색 시장 1위
Daum	1997년 무료 이메일 서비스 시작 1999년 이용자 540만 명 확보
LYCOS	1998년 국내 서비스 시작 1999년 세계 2위 규모의 인터넷 기업
Google	2000년 9월 국내 서비스 시작

된다고 생각할 정도였다. 메일과 카페를 앞세운 다음도 선전하고 있었으나, 2000년대 초반까지도 네이버를 제외하고는 자체 검색 엔진을 보유하고 있던 국내 업체가 하나도 없었을 정도였다.

2000년이 되자 닷컴 버블이 꺼지면서 기업들은 마케팅 경쟁을 강화했다. 네이버도 나름대로 마케팅 경쟁에 뛰어들었지만, 야후는 거대한 글로벌 기업이고 네이버는 작은 벤처에 불과했기 때문에 규모의 열위에서 벗어나기 힘들었다. 2000년 당시 네이버의 영업 이익은 마이너스 79억 원을 기록할 만큼 힘든 경쟁의 시간을 겪었다.

지금의 네이버는 2016년 기준 매출 4조 3000억 원의 국내 최대의 인터넷 포털로 성장하게 되었다. 네이버는 신생 기업으로서 강력한 선발 기업들과 경쟁하는 것이 쉽지 않았다. 다음 항에서는 네이버가 이런 기업들과 싸워서 이길 수 있었던 성공 요인에 대해 분석해보겠다.

2) 네이버의 성공 요인

(1) 검색 광고라는 새로운 영역 개척

검색 광고는 인터넷 검색 서비스에서 아주 중요한 부분이다. 세상에는 물건이나 서비스를 구매하고 싶은데 어디서 찾아야 할지 모르는 사람들이 있고, 또, 좋은 물건을 만들었는데도 비용이 부족해서 사람들에게 제대로 알리지 못하는 사람들도 많았다. 네이버는 이러한 사람들을 연결해주는 검색 광고라는 새로운 영역을 개척했다.

현재 네이버에서 검색 광고를 집행하는 광고주 숫자는 약 30만 명에 육박하는데, 이들 중 대부분은 한국 경제의 허리 역할을 담당하고 있는 매출 4억~1000억 원대 기업군이다. 〈표 1-2〉에서 보이듯, 2015년 기준으로 국내에서 매출이 4억~1000억 원대인 사업자는 총 41만 개로, 총 매출이 1091조 원이다. 사업자 수 비중은 전체의 9.7%지만, 매출 비중은 40.4%에 달한다. 네이버는 바로 이러한 중소중견기업 혹은 중소 상공인들에게 광고할 수 있는 새로운 채널을 열어주면서 그들과 같이 성장해왔다.

위에서 언급했듯이 네이버의 검색 광고는 지상파 TV 광고를 할 여력이 없는 중소 상공인들에게 새롭고 효과적인 광고 채널을 제공하는데, 현재 이러한 형태의 광고 시장은 전통적인 지상파 중심의 광고 시장의 크기를 뛰어넘어 역동적으로 성장하는 중이다. 2013년에 네이버의 광고 매출은 1조 6754억 원으로, 지상파 3사의 매출을 합한 금액인 1조 6600억 원을 처음으로 앞질렀고, 2017년에는 두 배가 넘는 매출을 달성할 것으로 예상되었다.

<표 1-2> 국내 자영업자 매출 분포 및 네이버 주요 검색 광고주(2015년)

매출 1000억 원 이상 법인	1800개(0.04%)	1386조 원(51.4%)	
매출 4억~1000억 원 법인 및 개인사업자	41만 개(9.7%)	1091조 원(40.4%)	검색 광고주의 분포 영역
매출 4억 원 미만 법인 및 개인사업자	378만 개(90.2%)	218조 원(8%)	

자료: 국세청 통계연보.

<그림 1-3> 네이버를 둘러싼 시장 참여자 현황

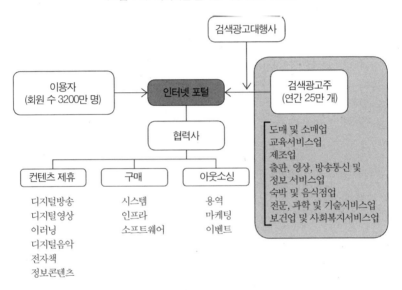

(2) 구글과의 차별화 전략: 통합 검색

네이버가 본격적으로 검색 사업을 시작할 당시, 구글의 검색 알고리즘은 이미 영어권 시장을 중심으로 막강한 검색 결과를 제공해주고 있었다. 네이버는 자본과 기술 측면에서 동일한 전략으로는 구글을 능가하는 것은 불가능하다고 판단하고 웹크롤링(Web Crawling)이 아닌 자체 DB 구축(DB linking)에 초점을 맞춰 의미 있는 한국어 웹 콘텐츠를 만들어내 그것들을

'검색'으로 연결하는 전략을 구사했다(〈그림 1-4〉 참고).

1999년 출시 당시, 네이버는 이미 수년간의 준비를 통해 자체 검색 기술력을 확보한 상태였다. 하지만 시작 단계에서 정작 네이버를 난감하게 했던 것은 검색 엔진 자체의 성능 문제가 아니라 검색 결과로 내놓을 양질의 DB가 너무도 부족하다는 것이었다. 몇 십억 건의 사이트에서 원하는 문서를 빠르게 찾아주기 위해 검색 엔진끼리 서로 경쟁하던 미국의 상황과 달리 국내에선 쓸 만한 웹 문서를 구하기조차도 쉽지 않았다.

이러한 상황에서 네이버가 살아남기 위해서 선택한 전략이 바로 한글 콘텐츠를 양산해, 검색될 수 있는 콘텐츠를 늘려가는 것이었다. 이러한 전략적 선택은 한글로 검색할 수 있는 콘텐츠가 턱없이 부족했던 척박한 환경을 극복하기 위한 것이었다고 할 수 있다. 그렇기 때문에 네이버는 회사의 존립을 걱정해야 했던 사업 초기에도 한글 백과사전을 지속적으로 갱신하고 개발하기 위해 100억 원을 투자했다. 네이버는 부족한 웹 문서 환경을 극복하기 위해 지금까지 통계청, 국세청 등의 전문정보 보유기관을 비롯해 총 2500여 제휴처와 협력을 통해 통합 검색의 결과를 더욱 풍부하게 만들고 있다. 이후 출시된 지식iN(2002년 8월), 블로그(2003년 6월), 카페(2003년 12월) 서비스 등 네이버의 UGC(User Generated Contents) 기반 서비스들도 부족한 한글 DB 환경을 극복하며 이용자의 검색 수요를 만족시키기 위한 고민의 결과물이었다. 결국 네이버는 척박했던 한글 웹 DB가 풍요로워지게 되는 선순환을 시작할 수 있게 함으로써 성공할 수 있었다.

한편, 네이버는 일찌감치 '사람들이 찾는 것은 사이트가 아닌 정보'라는 것을 파악하게 되었고, 2000년 8월부터 '통합 검색(Unified Search)'이라고 하는 독특한 형태의 검색 결과를 제공해왔다. 통합 검색은 입력된 키워드에 대해 지식iN, 카페/블로그, 사전, 이미지, 동영상, 음악, 최신 뉴스, 지

〈그림 1-4〉 구글과 네이버의 검색 비교(좌: 구글, 우: 네이버)

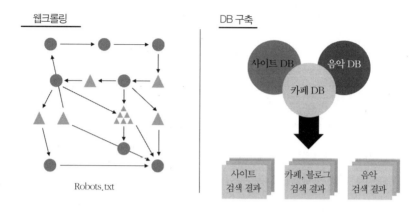

〈그림 1-5〉 네이버 통합 검색 결과 예시

* '스위스' 검색 결과, 지도, 이미지, 지식백과, 지식인 등 다양한 정보를 통합적으로 제공해줌.

역, 책, 쇼핑, 내 PC 등 관련된 모든 자료를 섹션별로 분류해서 보여주는 검색 방식이다. 네이버의 경우 키워드별로 어떤 정보를 가장 많이 찾는지를 계산해 컬렉션이 노출되는 순서가 자동적으로 달라지는 컬렉션 랭킹과 각 섹션 내에서 어떠한 콘텐츠가 상단에 배치될 것인지를 결정하는 멀티 랭킹을 적용하고 있다(네이버 IT 용어사전). 이러한 통합 검색은 2008년 구글코리아가 '유니버설 서치'라는 이름으로 벤치마킹을 하는 등 국내 포털 시장의 핵심 가치로 자리 잡고 있다.

(3) '사용자'가 원하는 것을 파악하기 위한 끝없는 고민

가혹한 환경을 원망하며 좌절하는 대신 네이버는 이용자들의 요구에 주목하며 이를 만족시킬 수 있는 방법을 찾기 시작한다. 누가 뭐라고 해도 검색의 본질은 결국 사용자가 찾는 것, 궁금한 것에 대해 답을 주는 것이다. 사업 초기, 네이버는 사용자의 질문에 답변하지 못하는 경우가 있어 매우 답답한 경험을 했다. 사회 현상이나 단어의 뜻 같은 건 뉴스나 사전에서 제공해줄 수 있을 텐데, "우리 동네 LG 슈퍼는 언제 문을 여나요?"와 같은 개인적이거나 지역 기반의 질문들은 답을 제공해주기 힘들었다. 바로 이러한 질문에 어떻게 답을 줄 수 있을지 고민하다가 탄생한 서비스가 지식iN이다. 답을 제공해주는 방법을 고민하다 다다른 해법이 바로 '답을 해줄 수 있는 사람과 궁금한 사람을 이어주자'라는 생각이었던 것이다. 결국 지식iN도 아예 새로운 것을 만들려고 아이디어만 구상하다가 나온 것은 아니었다. 네이버에서 검색하는 사람들에게 제대로 된 답변을 주기 위해서 고민하고 또 고민하다가 나온 것이다.

통합 검색 역시 사용자가 원하는 답을 찾는 과정에서 탄생된 것이다. 당시 가장 많이 입력된 검색어 중 하나가 그룹 '핑클'이었는데, 네이버는 입력된 검색어는 하나였지만 이용자가 이를 통해 얻고자 하는 검색 결과에 대한 욕구는 무척 다양하다는 점에 주목했다. 즉, 핑클의 사진을 보고자 하는 경우, 팬 카페에 가입하려는 경우, 프로필 정보를 확인해보려는 경우, 혹은 한 번에 모든 정보를 두루 확인해보고 싶은 경우와 같이 이용자들은 다양한 검색 욕구를 가지고 있었다. 네이버는 모든 정보가 두서없이 뒤섞인 결과를 제공하기보다 각각의 특성에 맞게 정보를 분리하거나 묶어서 제공한다면 훨씬 더 만족스리운 검색 '시비스'가 될 것이라고 판단했다.

이렇듯 네이버는 새로운 트렌드를 쫓아가기보다는 사용자가 원하는 것에 대한 답을 제공해주기 위해 집요하게 파고드는 기업 문화를 가지고 있다. 일부 언론에서는 천재들이 만든 아이디어 하나로 성공 신화가 나오는 것처럼 쓰지만, 네이버는 그런 방식으로 성장한 것이 아니다. 네이버는 지식iN 서비스를 출시한 이후 확고한 1위 자리를 유지해왔는데, 뉴스, 카페, 블로그는 물론 쇼핑까지도 결국 사용자들이 찾는 정보에 답을 잘 해주기 위한 서비스들을 제공해왔다.

한편, 네이버의 성장 과정에서, 네이버는 검색과 관련 없는 부분에는 진출하지 않았다. 매출을 쉽게 일으킬 수 있는 교육이나 취업 같은 서비스는 하지 않고 오직 검색에 집중했다. 이렇게 검색에 대해 이용자들이 원하는 답을 제공해주기 위한 집요한 노력이 지금의 네이버를 만든 동력이라 할 수 있다.

(4) 혁신적인 조직 프로세스

네이버가 끊임없이 자기 혁신을 이루어내고 새로운 변화에 기민하게 대응할 수 있었던 것은, 네이버가 가진 독특한 조직 구조와 조직 문화가 큰 역할을 했기 때문이다. 대표적으로, 네이버에는 전통적 개념의 인사부서가 없고, BWS(Better Workplace Support)라는 지원부서가 있다. BWS는 사업을 직접 운영하는 리더들이 의사 결정을 잘할 수 있도록 지원하는 역할을 수행한다. 네이버에서 채용, 평가, 예산 운영에 대한 주도권은 실제 사업부서가 가진다. 통상 전통적인 대기업에서는 인사의 권한이 막강해지는데, 네이버는 오히려 그 반대를 선택했다는 것이 특이하다고 볼 수 있다. 기업가가 처음 사업을 일으킬 때는 자원 확보를 비롯한 중요한 의사 결정은 직접 하고 사업 수행에 직접적으로 관여하는 사람을 영입하는데, 회사 규모가 커지면 이들 사람과 자원을 관리하는 업무를 지원할 수 있는 전문 인력을 영입하게 된다. 그런데 이들 전문 인력이 자원의 배분을 담당하게 되면서 권한이 강화되며, 결국 사업에 대한 책임은 서비스 조직이 지고 자원 배분에 대한 권한은 지원 조직이 갖게 된다. 네이버는 이것이 환경 변화에 대한 반응성이 떨어지는 원인이라고 보았다. 따라서 이 문제를 해결하기 위해 인사그룹이 기득권을 버리고 서비스 조직이 필요한 인재를 영입할 수 있도록 정보 및 편의를 제공하는 것으로 역할을 재정립했다. 네이버에서는 기업가가 작은 조직을 이끌 때처럼 빠르고 유연한 의사 결정을 내릴 수 있는 여건을 조성하는 역할을 각 서비스 담당 조직이 하고 있다.

또 네이버 직원들은 OCC(Open Career Chance) 제도를 통해 자신이 원하는 조직 내 다른 부서로 전직할 수 있다. 직원이 옮기고자 하는 부서에 지원하고 그 부서에서 받아들여지면 그 직원은 원하는 부서로 옮길 수 있다. 일단 이동이 결정된 후에는 현 부서의 업무 인수인계 등으로 인해 전출이 다소 지연되는 경우는 있으나 직원의 이동 요구가 알려진 후에는 이동이 반드시 실행되는 것이 제도 유지의 핵심이다. 이러한 사내 이동성(mobility)의 확보는 새로운 서비스를 시도하는 기업가들이 스스로의 경영 및 의사 결정에 대해 돌아볼 수 있는 계기가 될 수 있다. 특히 조직 내 능력을 인정받은 인재는 가장 미래가 밝다고 생각되는 부서로 이동하고자 할 인 센티브가 있기 때문에 이들이 선택하는 서비스가 그 내용도 더 좋을 가능성이 크며, 시장에서도 더 긍정적으로 받아들여질 가능성이 크다고 볼 수 있다. 이와 같은 직원들의 자기선택(self selection) 과정을 통해 사내 기업가는 좀 더 환경에 적합한 의사 결정을 내릴 수 있다.

한편, 네이버는 2012년 사업부제를 도입해 기획과 개발이 하나의 사업부 안에서 이루어지게 했다. 이전에는 새로운 서비스를 도입하기 위해서는 서비스를 기획한 팀에서 서로 다른 기능을 하는 팀, 예컨대 디자인팀이나 개발팀, 광고팀의 협조를 구해야 했는데, 사업부제 도입을 통해 좀 더 빠르게 새로운 서비스를 도입하고 시장 상황에 맞춰 대응할 수 있게 되었다. 네이버는 사업을 직접 수행하는 조직의 자율성을 더 높이는 방향으로 2014년 4월 셀 조직을 도입했고 기존 팀제는 폐지했다. 셀 조직은 기획과 개발뿐 아니라 디자인 기능까지 직접 갖게 되었고 서비스 개발 및 실행과 관련해 더 많은 의사 결정에서 자율성을 갖게 되었다. 2015년 2월에는 사내 독립 기업(Company in Company: CIC) 제도를 도입하기로 결정하고 웹툰 & 웹소설 셀을 첫 번째 사내 독립 기업으로 결정했다.

셀 조직 및 사내 독립 기업의 도입은 지속적으로 혁신을 추구하고자 했던 네이버의 많은 시행착오 끝에 정착한 조직체계라고 할 수 있다. 웹툰 & 웹소설을 비롯해 동영상(TV캐스트), 결제(네이버페이), 전문지식(사전) 등이 셀(Cell)이라는 조직으로 구성되었는데, 이는 서비스 구축을 위한 다양한 기능을 독립적으로 활용할 수 있는 자기 완결적 조직 형태다(〈그림 1-6〉 참고).

일반적으로 인터넷 서비스는 서비스의 기능과 사용성, 마케팅적 요소를 고민하는 '기획자', UX(User Experience)를 비롯한 디자인적 요소를 수행하는 '디자이너', 마지막으로 이 모든 것을 기술적으로 구현하는 '개발자'가

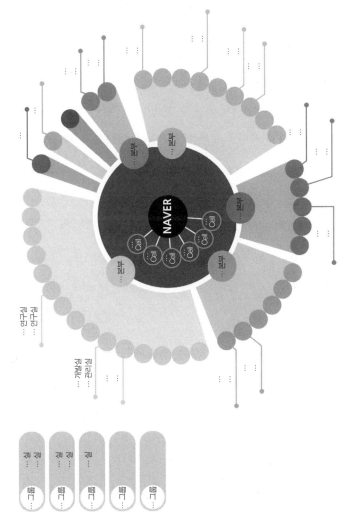

〈그림 1-6〉 네이버 셀 조직도 예

주: 왼쪽 상단 표시 영역이 셀 조직임.

가장 핵심적인 기능 요소이고, 이 밖에 제휴를 비롯한 대외 협력과 법무, 인사 등의 백오피스(Back Office) 기능을 담당하는 스태프 기능이 필요한데, 셀 조직은 기획, 디자인, 개발 등의 핵심 기능 인력들이 한 조직으로 묶여 서비스를 개발하고 운영하게 된다. CIC는 이러한 독립성을 보다 강화해, 사내에 작은 기업처럼 백오피스 기능까지 독립적인 의사 결정이 가능하도록 하고, 재무적인 관계에서도 모기업과의 독립성이 유지된다. 즉, CIC는 인건비를 포함한 전체 예산을 책정받고 독립적으로 예산 집행이 가능하지만, CIC 전체 예산을 초과하는 비용에 대해서는 별도 협의를 진행하는 방식이다.

요약하면, 네이버 조직 프로세스 혁신은 사용자 중심 사고에 기반하고 있다. 구조적으로는 조직의 본원적 활동인 사업을 수행하는 조직은 사업

---

* 네이버 창업자인 이해진 의장 인터뷰 요약

고객 중심: "사용자를 늘 보고 받아들일 수만 있다면, 그 회사는 늘 잘 될 수 있고, 크게 위험하지 않을 수 있다."

현장 중심: "저희 회사에는 전략팀이라는 것도 없고, 그런 것은 한 번도 지어본 적이 없고요. 전략은 현장에서 나오는 거고요."

기업가 정신: "모든 성공들이 마지막 단계에 나타나잖아요. 절박한 순간 마지막에서 터져 나오는 게 큰 성공들인 것 같아요. 그래서 요즘 회사를 쪼개고 하는 것들이 절박하게 만들어줘야겠다고 생각해서 …… 어떻게 절박하게 만들어줘야 하나 …… 근데 이것은 말로는 잘 안 되는 것 같아요. 그런 환경을 만들어줘야 한다고 생각해요."

투명성: "네이버는 처음부터 지금까지 투명성이 최고라고 생각합니다 …… 사업이 잘되고 못되고는 하늘의 뜻이지만, 어쨌든 그 과정에서 정말 투

명하게 했느냐, 개인적 이익을 위해서 했느냐, 회사의 이익을 위해서 했느냐 그건 사람이 할 수 있는 역할이라고 생각합니다."

창업자의 리더십: "저는 창업하고 CEO 타입이 아니었고요 …… 저도 성공하는 사람들 처음부터 볼 기회들이 있었는데 성공하고 나면 천재처럼 …… 미래가 보이는 것처럼 이야기하는데 …… 미디어에서도 과대 조명을 해주는 편인데 결국 그 회사들 잘 안 되고요. 그러면서 드는 생각이 사람들이 생각하는 CEO상이 안 맞는 것일 수도 있겠다는 생각도 들었던 것 같습니다."

의 대상이 되는 서비스 이용자의 관점에서 의사 결정을 내릴 수 있어야 하며, 지원 조직의 경우는 지원 활동의 수요자인 사업 수행 조직의 관점에서 이들을 만족시킬 수 있어야 한다는 철학을 구조화한 것으로 볼 수 있다.

4. 글로벌 도전과 라인의 탄생

1) 창업과 함께 시작한 글로벌 도전

네이버는 창업 초기부터 글로벌의 문을 두드리기 시작했다. 최근 라인이라는 글로벌 서비스를 성공시킨 것은, 사업 초기부터 수많은 실패를 겪으면서도 포기하지 않고 끊임없이 글로벌에 도전했기 때문에 가능했다.

인터넷 비즈니스의 성장은 그 나라 경제 규모에 비례해서 산업 규모가 결정되기 때문에 국내 비즈니스만으로는 그 한계가 뚜렷하다. 또한, 해외 시장에서도 다른 경쟁자가 나타나기 전에 서비스를 시작해야 선점 효과를

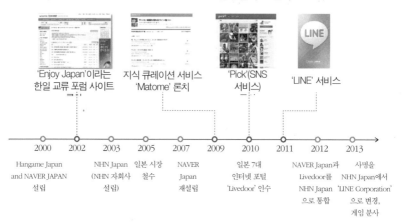

〈그림 1-7〉 네이버의 글로벌 진출 주요 연혁

'Enjoy Japan'이라는
한일 교류 포럼 사이트

지식 큐레이션 서비스
'Matome' 론치

'Pick'(SNS
서비스)

'LINE' 서비스

| 2000 | 2002 | 2003 | 2005 | 2007 | 2009 | 2010 | 2011 | 2012 | 2013 |

Hangame Japan
and NAVER JAPAN
설립

NHN Japan
(NHN 자회사
설립)

일본 시장
철수

NAVER
Japan
재설립

일본 7대
인터넷 포털
'Livedoor' 인수

NAVER Japan과
Livedoor를
NHN Japan
으로 통합

사명을
NHN Japan에서
'LINE Corporation'
으로 변경,
게임 분사

볼 수 있기 때문에 네이버는 사업 초기부터 어려움을 무릅쓰고 글로벌의 문을 두드렸다. 그래서 아직 국내 사업이 안착되기 전이었던 2000년에 일본 시장에 진출했다. 하지만 현실적으로 소프트웨어로 해외에서 성공하기란 생각처럼 쉬운 일은 아니었다. 결국 네이버는 2005년 일본에서의 검색 사업을 철수하기로 했다. 그러나 바로 다음해인 2006년 일본 검색 시장에 재도전하기 위해 첫눈이라는 기업을 인수한 뒤 2009년 다시 한번 일본 검색 시장 공략에 도전했으나 그 역시 실패하게 된다. 한게임도 일본 PC 시장에서 어느 정도 성과를 거두기는 했지만, 모바일에 대응하지 못하면서 성공하지 못했다. 이렇듯 초기 네이버의 해외 진출 시도는 번번이 실패를 거듭했지만 네이버는 결코 글로벌 시장을 포기하지 않았다.

라인이 어느 날 갑자기 성공한 것은 아니다. 계속된 도전과 실패 속에서, 벼랑 끝에서 탄생한 것이 바로 라인이라는 메시징 서비스이다. 현재 라인은 4억 3000만 명이 넘는 사람들이 사용하는 글로벌 서비스가 됐다. 일본에서는 5100만 명이 사용하는 국민 메신저이며, 태국, 인도네시아, 인

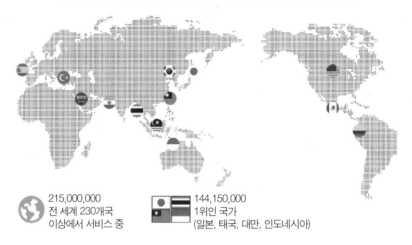

〈그림 1-8〉라인의 주요 서비스 지역 및 MAU(Monthly Active User) 현황

215,000,000
전 세계 230개국
이상에서 서비스 중

144,150,000
1위인 국가
(일본, 태국, 대만, 인도네시아)

도, 대만, 스페인, 멕시코, 한국, 말레이시아, 미국 등에서도 1000만 명 이상이 사용하고 있다. 2017년 말을 기준으로 전 세계 라인 이용자는 5억 명이 넘는다.

한편, 라인의 탄생 배경에는 재밌는 일화가 있다. 네이버가 일본에서 두 번이나 검색 사업을 철수할 정도로 실패를 거듭하던 중 2012년 일본에서 대지진이 있었다. 이때 일본에 남아 있던 직원들은 집에 혼자 있기 무서워 회사에 모여 있었다. 일본에서의 경쟁은 너무나 어려운 일이었는데, 게다가 지진이라는 큰일이 생겨서 아주 절박한 상황에서, 남아 있던 직원들이 회사에 모여서 밤새 만든 서비스가 라인인 것이다. 이에 대해 네이버 이해진 의장은 "사업이 성공하는 결정적 순간을 보면 단순히 데이터를 보고 전략을 짜서 하는 건 아니고 그야말로 혼이 담기고 절박할 때 나오는 것 같다"라며, 포기하지 않는 도전정신이야말로 글로벌 진출과 성공을 위한 핵심이라는 점을 강조한다.

2) 라인 상장의 의미

2016년 7월, 네이버는 라인을 미국과 일본 증시에 동시 상장한다. 라인은 일본을 근거지로 하고, 글로벌 사업을 영위하는 글로벌 기업이다. 어렵사리 결실을 맺은 일본 시장을 더욱 안정적으로 다지고 일본 시장 확대를 위해 근거지인 일본 시장에 상장을 추진하게 되었다. 한편, 미국의 경우 세계적인 IT 기업들이 싱장되어 있고 IT에 대한 이해도와 관심이 높은 시장인 만큼, 미국 상장을 통해 글로벌 브랜드로서의 라인의 가치를 인정받을 수 있다는 포석이 깔려 있는 것으로 보인다.

그동안에도 국내 기업의 해외법인이 현지 증시에 상장되는 사례들이 있었지만, 본사와 별개로 독자적인 기업 역량을 갖추고 독립적인 비즈니스를 수행하며 성장한 해외 자회사는 사실상 라인이 최초다. 예컨대, 2000년 3월 나스닥에 상장된 삼보컴퓨터의 자회사 이머신즈는 영업과 판매를 목적으로 설립된 회사로, 연구개발 등을 수행하며 심장 역할을 하는 본사와 달리 독립적인 역량을 갖추지 못했다. 그동안 국내 기업이 해외 자회사를 해외 증시에 상장한 사례는 〈표 1-3〉을 참고하길 바란다.

상장 당시 네이버는 "라인 상장으로 확보된 자금을 네이버의 기술에 재투자함으로써 글로벌 기술 기업으로 도약할 것이다"라는 계획을 밝힌 바 있다. 구글, 페이스북 등 네이버와 라인이 글로벌 시장에서 경쟁해야 할 경쟁자들 역시, IPO를 통해 막대한 자금을 조달해왔다. 네이버는 라인 상장 후 자산과 매출의 성장이 지속되고 있는데, 이러한 추세가 계속된다면 라인은 해외 시장에서 글로벌 경쟁사들과의 규모의 경쟁을 할 수 있는 토대를 마련할 수 있게 될 것이다.

〈표 1-3〉 한국 기업의 해외 자회사 상장 사례

국내 기업	해외 자회사	업종	상장된 증권 시장	상장시기	자회사 설립 방식 등
아남 반도체	앰코 (미국)	반도체	미국 나스닥	1998.5	아남반도체 창업자의 장남이 사업을 돕기 위해 1970년 미국에 설립한 영업법인. 국내 기업 최초로 나스닥에 상장.
삼보 컴퓨터	이머신즈 (미국)	PC	미국 나스닥	2000.3	삼보컴퓨터와 KDS(모니터 및 PC 제조업체)가 미국 PC 시장 진출을 위해 1998년 설립한 공동 판매법인. 2001년 4월 상장 폐지(주가 1달러 미만).
삼보 컴퓨터	소텍 (일본)	PC	일본 나스닥재팬 (자스닥)	2000.9	삼보컴퓨터와 모니터 및 PC 제조업체 KDS가 일본 PC 시장 진출을 위해 1998년 설립한 공동 판매법인.
외환 은행	퍼시픽 유니온뱅크 (미국)	금융	미국 나스닥	2000.8	1974년 외환은행이 100% 출자해 설립한 미국 현지법인. 국내 금융기관 중 처음으로 나스닥 상장.
STX 조선	STX팬오션 (싱가포르)	조선	싱가포르 증권거래소	2005.7	한국 기업으로서는 최초로 싱가포르 증권거래소에 상장.
인터 파크	지마켓 (미국)	인터넷	미국 나스닥	2006.6	2004년 G마켓에 760만 달러를 투자한 미국 벤처 캐피털 '오크 인베스트먼트 파트너스'의 조언에 따라 코스닥이 아닌 나스닥에 2006년 상장. 이후 2009년 ebay에 인수되며 상장 폐지.
고려 아연	카가라아연 (호주)	비철 금속	호주 거래소	2006.	호주 광산업 자회사 상장. 2006년 11월에는 고려아연의 지분 가치가 1000억 원에서 1400억 원으로 상승.
소프트 포럼	코리아 마일스톤 애큐지션코프 (미국)		미국 나스닥	2008.8	인수 목적회사로 나스닥에 상장. 상장 규모 약 1745억 원.
삼성 SDI	삼성SDIM (말레이시아)	전기 전자	말레이시아 쿠알라룸푸르 증권거래소	계획 취소	1991년 설립된 브라운관 전문업체로 삼성계열사가 지분 100% 보유. 2001년 1월 말레이시아 증권거래소로부터 상장 허가를 받았으나, 투자 우선순위 변화와 현지 증시 상황에 따라 상장 계획 취소. 상장했다면 삼성그룹의 현지법인이 현지 증시에 상장되는 첫 사례가 될 수 있었음.

STX조선해양	STX OSV 홀딩스 (유럽)	조선	싱가포르 증권거래소	2010.11	2008년 노르웨이 크루즈선 전문기업 아커야즈를 인수해 설립.
OCI	OCIR (미국)	에너지	미국 뉴욕 증권거래소	2013.9	한국 기업이 미국에서 인수한 회사를 성장시켜 뉴욕증권거래소에 상장시킨 첫 사례.
STS 반도체	포닉스반도체 (필리핀)	반도체	필리핀 증권거래소	2014.12	2010년 반도체 패키징 업체인 STS반도체가 필리핀에 설립한 컴퓨터 메모리 모듈 솔루션 업체(지분 85% 보유). 한국 기업이 필리핀 증권 시장에 상장한 첫 사례.
SK 플래닛	프랭클리 (미국)	인터넷	캐나다 토론토 벤처거래소	2015.1	2012년 설립된 SK플래닛의 미국 투자법인. SK플래닛이 40% 지분 보유. 모바일 메신저 전문업체가 글로벌 증시에 상장된 첫 사례.
웹젠	ADR 발행	인터넷 /게임	미국 나스닥	2003.12	2013.6 상장 폐지

5. 맺음말

"돌아보면 매 순간 위기였고, 그것을 돌파하느라 늘 긴장하고 고민해왔다. 회사가 커지니 고민도 더 커지고 있다." 네이버 창업자인 이해진 의장이 최근 기자간담회에서 한 말이다. 그동안 네이버가 한국의 대표 기업으로 성장하기까지 정말 많은 위기가 있었다. 대표적인 위기는 2008년 국내에 스마트폰이 도입되던 시기로 PC 중심의 검색이 모바일로 급속도로 변하면서 찾아오게 된다. 모바일에서는 사용자들이 PC처럼 네이버를 먼저 사용하지 않게 된 것이다. 이러한 환경 변화에 대처해, 네이버는 통합 검색이라는 차별화된 전략으로 대응해왔고, 글로벌 시장에 대한 끊임없는 도전으로 라인이라는 모바일 메시징 서비스도 만들어낼 수 있었다. 무엇보다, 시장에서 사용자가 원하는 것이 무엇인지에 대한 마이크로(Micro) 레벨의 철저한 분석과 대응을 통해 서비스를 지속적으로 개선해왔다.

한편, 네이버의 핵심 성공 요인으로 기존 기업으로서 우위를 유지하고, 끊임없는 혁신을 지속하는 조직 프로세스를 확립했다는 점도 살펴보았다. 네이버는 사용자 중심 사고를 바탕으로 서비스 전담 조직 및 개인의 자율성을 확대하는 방향으로 조직을 변화시켜왔으며, 이를 통해 좀 더 유연하고 신속하게 대응할 수 있도록 하면서 네이버의 구성원 누구나 기업가적 활동을 할 수 있는 여건을 조성했다. 또한 다양한 지식의 재조합을 통한 기회 창출 및 실현에 적합하게 네이버의 제도, 프로세스, 문화가 정립되어 있음도 살펴보았다. 특히 창의성 및 자율성을 저해할 수 있는 전사적 조정 기능을 최소화하고 있는 상황에서 조직 구성원의 이동성이 기업가들이 조직에 미칠 수 있는 부정적 영향을 견제하는 역할을 할 가능성도 살펴보았다. 어쩌면, 네이버가 끊임없이 혁신을 지속할 수 있는 핵심 성공 요인은 바로 이렇듯 기업가 정신을 발현할 수 있도록 하는 유연하고 수평적인 조직 구조에 있다고도 볼 수 있다.

최근에는 AI 음성 검색 등 새로운 플랫폼의 탄생이 예고되었고, 네이버는 또다시 국경 없는 인터넷 플랫폼 시장에서 생존을 건 치열한 경쟁을 해야 하는 처지다. 2017년 말 기준, 네이버가 경쟁하고 있는 기업들의 시가 총액은 구글이 약 380조, 페이스북이 166조, 중국의 텐센트가 137조 정도다. 이들은 모두 네이버에 비하면 5배에서 15배 정도 큰 회사다. 이러한 어려운 상황에서 네이버가 앞으로도 국내 시장을 수성하고 글로벌 시장에서는 새로운 영토를 확장해, 한국을 대표하는 플랫폼 기업으로 성장해나가는 모습을 상상해본다. 또한, 이러한 성공의 DNA가 국내 타 산업과 기업에 확산되고 4차 산업혁명 시대에 국가경쟁력을 끌어올리는 마중물이 되기를 기대한다.

02 판교 ICT 클러스터의 진화, 현재, 그리고 미래

정동일

1. 머리말

"세계는 평평하다." 일명 세계화 신드롬을 불러일으킨 토머스 프리드먼 (Thomas Friedman)이 그의 저서에 붙인 제목이다(프리드먼, 2005). 국경, 지리, 언어, 문화의 차이에 따른 장벽 없이 정보, 지식, 자본, 노동력, 상품이 자유롭게 흘러 다니는 세계를 표현한 것으로서, 아마도 세계화를 상징하는 가장 대표적인 은유일 것이다. 토머스 프리드먼은 세계를 평평하게 만드는 동력으로 크게 열 가지를 열거했다. 베를린 장벽의 붕괴, 윈도우의 출현, 넷스케이프 출시, 워크플로 소프트웨어, 오픈소싱, 아웃소싱, 오프쇼어링, 공급사슬, 인소싱, 인포밍 등이 그것이다. 이 요소들이 서로 얽히고 서로를 보완하면서 과거에는 분절되어 있는 공간이 서로 연결되는 공간적 압축이 가능해졌고, 단위 시간당 흐르는 정보의 양이 크게 증가하는 시간적 압축이 가능해졌다는 것이다. 서로 다른 공간에 살고 있는 사람들이 그 공간의 한계를 넘어 지구 반대편에서 생산된 정보를 빠르게 획득할수 있게 되었다. 기업은 웹과 모바일을 활용해 실시간으로 지식과 작업을 공유할 수 있게 되었고, 시공간적 제약에서 벗어나 전 지구적 규모의 기업활동이 활발해졌다. 그런데 토머스 프리드먼이 제시한 10개의 요소들 대부분이 정보통신기술(ICT)의 발달과 직간접적으로 관련된 것들이다. 그런면에서 정보통신기술의 발전은 세계화를 추동하는 강력한 엔진이라고 할수 있을 것이다(Powell and Snellman, 2004; Leydesdorff, 2013).

세계가 평평해지면서 삶의 풍경이 극적으로 변화되고 있다. 정보통신기술의 발전에 따라 정보, 지식, 자본, 상품 등이 지리적 경계를 넘어 빠르게 교환될 수 있는 환경이 마련되었다. 스마트폰 하나만 있으면 어디서든지 인터넷과 클라우드에 접속해 무한대에 가까운 정보에 접근할 수 있다. 굳이 회사에 나가지 않고 집이나 카페테리아에 앉아 다양한 웹이나 모바일 디바이스를 활용해 업무를 처리하는 것도 가능해졌다. 사무실을 마련하지 않고도 창업할 수 있는 환경이 현실화되고 있다. 미국의 유통업체인 아마존은 고객의 구매이력에 대한 정보를 빅데이터로 분석해 구매 예상품목을 소비자와 가까운 물류센터에 미리 배송해놓는다. 그리고 고객이 주문을 하면 곧바로 해당 물류센터에 정보를 전달해 하루 이틀만에도 상품이 배송될 수 있도록 한다. 요컨대, 정보통신기술의 발달과 그에 따른세계화로 인해 경제적·사회적 삶의 탈공간화가 가속화되고 있다. 미국의 사회학자 제임스 콜먼(James S. Coleman)이 말한 대로(Coleman, 1974), 시민혁명과 산업혁명이 "인간을 땅의 속박으로부터 해방했다"면, 세계화는 인간을 공간의 속박으로부터 해방했다고 표현할 수도 있을 것이다.

그런데 이에 역행하는 흐름도 있다. 흔히 지역혁신체계(regional innovation system) 혹은 지역혁신 클러스터(regional innovation cluster)라는 이름으로 공간이 가지고 있는 잠재력에 대한 관심이 부상하고 있기 때문이다. 만약 혁신 활동에서도 탈공간화가 진행되고 있다면, 혁신의 분포는 공간적으로 넓게 분산되어 있어야 한다. 하지만 전 세계 지도를 펼쳐놓고 기술 혁신 활동의 공간적 분포를 그려본다면 이와는 전혀 다른 모습이 나타난다. 두말할 것도 없이 미국 캘리포니아의 실리콘밸리, 노스캐롤라이나의 리서치 트라이앵글 파크 등에 혁신 활동이 집중되어 있는 것을 확인할 수 있을 것이다. 그뿐만이 아니다. 핀란드의 오울루 테크노폴리스, 이스라엘 텔아비브 인근의 키르야트 와이즈만 사이언스파크, 중국의 포동신구 등에서도 밀도 높은 혁신 활동이 관찰된다. 국내로 범위를 좁혀본다면, 대전의 대덕연구단지, 광교, 판교, 안산을 중심으로 한 경기도 일대 등 일부 지역에 혁신 활동이 집중되어 있음을 어렵지 않게 확인할 수 있다. 적어도 혁신이라는 측면에서 보면, 탈공간화가 아니라 지리적 국지화 현상이 오히려 강화되고 있는 것은 아닐까?

그렇다면 세계화와 함께 진행되는 시·공간적 압축에도 불구하고, 혁신 활동이라는 측면에서는 지리적 분산이 아니라 지리적 집중이 나타나는 이유는 무엇일까? 집적된 시설의 효율적 활용을 비롯해 여러 가지 이유가 있을 수 있지만, 무엇보다 중요한 것은 혁신이 정보, 지식, 상품의 단순한 '교환'이 아니라, 이들 간의 창조적 '결합'에 의존하고 있다는 점이다. 정보, 지식, 상품의 교환은 인터넷 접속이나 모바일 기기의 활용만으로도 가능하다. 하지만 혁신이 일어나려면 정보와 정보, 지식과 지식, 상품과 상품이 독창적인 방식으로 결합되어야 한다. 이 과정에는 형식지(explicit knowledge)뿐만 아니라 '암묵지(tacit knowledge)'의 역할이 중요하다. 그런데 코드화되어 쉽게 전이될 수 있는 형식지와 달리, 오랜 경험과 학습을 통해 축적되는 암묵지는 반복적이고 밀도 높은 상호작용을 통하지 않고는 전이가 쉽지 않다(Polanyi, 1967). 따라서 혁신을 활성화하려면 사람 간, 기업 간 물리적 거리를 줄이고 인접성을 높임으로써 암묵지의 교환과 조합을 용이하게 하는 것이 매우 중요하다.

이러한 이유로 세계 각국은 지식 창출과 기술혁신 역량을 증대하고, 이를 통해 국가경쟁력을 높이기 위한 수단으로 지역혁신 클러스터에 주목하고 있다(Garcia-Muniz and Vicente, 2014). 한국에서도 2000년대 들어 지역혁신체계 혹은 혁신 클러스터 구축에 관심을 보이기 시작했다. 2004년 참여정부는 혁신 클러스터사업 실행계획을 수립하고, 기존 산업단지를 지식·정보 교류와 창조·혁신이 선순환되는 글로벌 경쟁 거점의 혁신 클러스터로 육성하는 정책을 제시했다. 이에 따라 산·학·연 개방형 네트워크 구축, 산업단지의 연구개발 역량 강화, 정주 여건 및 근무환경 개선을 통한 우수 인력 유치를 주요 정책과제로 설정하고 추진했다. 한국의 혁신 클러스터 정책은 지역균형발전 실현이라는 정책적 과제와 밀접하게 결합된 것이 그 특징이다. 이는 지방자치단체들이 지역경제 활성화와 자립적 지역발전을 위해 혁신 클러스터 조성에 적극적으로 뛰어드는 계기를 마련했다(박철우, 2014).

따라서 한국의 혁신 클러스터는 대부분 특정한 목적과 치밀한 계획에 따라 중앙 혹은 지방정부 주도로 형성되었다는 특징을 가지고 있다. 이런 이유 때문에 한국 혁신 클러스터의 발전 경로와 진화를 연구하려면, 미국의 실리콘밸리와 같이 자생적으로 생겨난 혁신 클러스터를 연구하는 것과는 다른 관점이 필요하다. 예를 들어 실리콘밸리의 경우, 지역대학과 그 졸업생들 간의 밀접한 협력 관계로부터 시작해 거대한 혁신 클러스터로 발전했기 때문에, 애초부터 견고한 사회자본과 개방형 네트워크를 바탕으로 한 암묵지의 교환·결합이 가능했으며, 이것이 실리콘밸리의 문화로 정착될 수 있었다(Saxenian, 1994). 이에 반해 중앙정부나 지방정부 주도로 형성된 혁신 클러스터의 경우, 도시계획과 인프라 구축을 통해 기업을 유치하고 인재를 유인하는 것부터 시작해 암묵지의 교환·결합을 가능하게 하는 사회자본과 네트워크 구축에 제도적·정책적 수단을 동원하는 방향으로 나아가는 것이 일반적이다(김명진·정의정, 2014).

이 장에서는 경기도 판교에 위치한 판교테크노밸리를 중심으로 그 진화 과정, 그 과정에서 현재의 위치, 그리고 세계적인 ICT 클러스터로 발전하기 위한 정책 방향 등에 대해 살펴본다. 판교테크노밸리는 2004년 11월 직접 조례인 경기도 판교테크노밸리 조성사업에 근거해 2005년 조성이 시작되어 2015년 조성이 완료된 한국의 대표적인 ICT 클러스터이다. 2015년 현재 1121개 기업이 입주해 있으며, 임직원 수는 7만 2820명에 달하고 매출액은 연 70조를 상회한다. 입주 기업 중 ICT 관련 기업이 차지하는 비중이 80%를 넘고, NHN엔터테인먼트, 넥슨, 엔씨소프트, 삼성중공업, 안랩 등 굴지의 ICT 분야 대·중견기업이 입주해 있는 'ICT 분야 핵심 집결지'로서의 위상을 확립하고 있다. 따라서 판교테크노밸리의 진화 과정을 살펴보고, 그 맥락에서 현재의 상황을 분석해보는 것은 판교테크노밸리뿐만 아니라 한국 혁신 클러스터의 현 상황과 그 발전 가능성을 검토하는 데 있어서도 매우 중요한 작업이 될 것이라고 판단된다.

2. 혁신 클러스터와 그 진화

1) 혁신 클러스터의 개념과 구성요소

    판교테크노밸리에 대해 살펴보기에 앞서, 혁신 클러스터가 무엇이고, 이를 구성하는 요소들은 무엇인지를 간략히 정리해보자. 혁신 클러스터와 관련된 논의는 우선 마셜(Marshall, 1890)의 산업지구론에서 시작해 포터(Porter, 1990)의 산업 클러스터론, 쿡(Cooke, 2008)과 룬드발(Lundvall ed., 1992)의 혁신체계론 등으로 발전하는 일련의 이론적 흐름에 그 뿌리를 두고 있다. 각 이론마다 강조하는 점은 조금씩 다르지만, 이 이론들은 공통적으로 기업이 집적해 있는 지리적 공간에 주목한다. 특정 지역에 집적되어 있는 기업들은 물적 인프라를 공유함으로써 단위당 비용을 절감할 수 있고, 서로에게 필요한 지식과 정보를 비교적 손쉽게 교환하고 획득할 수 있다. 또한 입주 기업을 대표하는 협회 혹은 대표기구를 통해 공동의 이해를 좀 더 쉽게 관철할 수도 있다. 나아가 기업이 지리적으로 집중되어 있으면, 중앙정부나 지방정부의 제도적 지원의 효율성이나 산업정책의 효과성을 높일 수 있다. 따라서 기업의 지리적 집중은 기업뿐만 아니라 국가적 차원에서도 매우 중요한 산업 전략으로 평가된다. 결국, 동종 산업에 속하는 기업들의 지리적 집중은 기업들이 가지고 있는 역량의 합 그 이상의 외재성(externality)을 창출한다는 것이다.

    혁신 클러스터론은 공간적 집적을 강조하는 이러한 이론적 입장을 계승하면서도 외재성을 발생시키는 또 다른 원천에 주목한다. 혁신 클러스터에 관한 정의는 다양하지만, 크게 나누어보면 두 가지다. 첫째는 공간적 집적에 초점을 두는 방식으로서, 공통성과 보완성을 바탕으로 상호 연계되어 있는 기업들, 그리고 대학, 지원기관, 협회, 벤처 캐피털, 컨설팅 회사, 법률 회사, 지식 브로커, 각종 서비스 업체 등 유관기관들이 지리적으로 집중되어 있는 물리적 공간을 의미한다. 둘째는 혁신 클러스터를 하나의 체계로 인식하는 방식인데, 이에 따르면 혁신 클러스터란 기업들이 느슨한 연계를 이룬 개방적 네트워크에 의해 개방적 혁신과 공동 학습이 빈번하게 발생하는 기업들의 생태계, 즉 느슨하게 연계된 생태계(loosely-coupled ecosystem)를 의미한다. 이렇게 볼 때 혁신 클러스터는 공간적 집적이라는 물리적 요소뿐만 아니라 개방적 네트워크라는 관계적 요소가 긍정적 외재성을 창출하는 중요한 요소가 된다고 본다.

혁신 클러스터론은 다음과 같은 세 가지 측면에서 이전의 이론적 흐름과 차별성을 지닌다. 첫째, 클러스터 구성의 다양성 혹은 이종성에 바탕을 둔 생태계적 관점이 필요하다는 점이다. 앞의 정의에서도 살펴본 바와 같이, 혁신 클러스터 내에 존재하는 기업은 동종 산업에 국한되지 않는다. 오히려 여러 산업을 넘나드는 다양한 기업들이 상호 보완적이고 유기적인 관계를 맺는다. 여기에 대학이나 연구소와 같은 연구기관, 벤처 캐피털이나 은행과 같은 투자기관, 컨설팅 회사나 법률 회사와 같은 서비스 지원기관 등이 혁신 클러스터에 역동성을 더한다. 산·학·연 간의 긴밀한 협력체계를 바탕으로 다양한 산업이 결합하는 관련 다양성(related variety)과 유기체적 생태계가 그 핵심적 특징을 이룬다고 할 수 있다(Cooke, 2008).

둘째, 산업지구론이나 산업 클러스터론과 같은 이전의 이론적 흐름과 비교할 때, 혁신 클러스터론에서는 네트워크의 중요성이 훨씬 크다. 물론 산업 클러스터에서도 네트워크가 존재하며 중요한 역할을 수행한다. 하지만 이는 대체로 뒤르켐이 말한 기계적 연대에 가까운 네트워크다(Durkheim, 1893). 같은 산업에 속하는 기업들이 공동의 이해와 관심에 의

존해 네트워크를 만들고 강한 연결(strong tie)을 유지하기 때문이다. 이에 반해 혁신 클러스터에서는 유기적 연대에 가까운 네트워크가 형성된다. 주요 혁신 주체들이 기술과 역량의 상호 보완성을 바탕으로 역동적인 관계를 맺는다는 것이다. 이질적인 기술을 가지고 있는 혁신기업들과 자금을 제공하는 투자기관, 특허 과정을 담당하는 법률 회사 등 다양한 기업과 개인들이 하나의 프로젝트를 수행하기 위해 네트워크를 형성한다. 기업은 소수의 기업과 반복적이고 긴밀한 관계를 맺는 대신, 폭넓은 기업들과 약한 연결 관계를 맺으면서 상황에 따라 파트너를 수시로 바꾸는 경향도 강하다. 이런 의미에서 산업 클러스터에서의 네트워크가 폐쇄적 네트워크의 성격을 띤다면, 혁신 클러스터에서의 네트워크는 개방적 네트워크의 성격이 강하다고 할 수 있다.

셋째, 산업 클러스터가 주로 생산 기능에 초점을 두고 있다면, 혁신 네트워크에서는 말 그대로 기술혁신이 그 중심에 있다. 마치(March, 1991)의 활용(exploitation)과 탐험(exploration) 개념은 이 둘 사이의 대비를 조금 더 명확히 하는 데 도움을 준다. 그에 따르면, 기업은 기존의 지식이나 역량에 집중해 비용 절감, 생산 과정과 운영 과정 개선 등을 지향할 수 있는데, 이를 활용이라고 한다. 이에 반해, 기업이 현재 보유하고 있는 지식과 역량을 뛰어넘어 새로운 영역을 개척함으로써 가치를 창출하는 전략도 있을 수 있는데, 이를 탐험이라고 부른다. 탐험은 단절적·파괴적 혁신을 추구하는 전략이다(Tushman and Anderson, 1986). 이렇게 볼 때, 산업 클러스터가 활용에 방점을 두는 지리적 집적체라면, 혁신 클러스터는 탐험을 통한 파괴적 혁신에 방점을 두고 있다고 할 수 있다. 혁신은 근본적으로 이종성의 결합으로부터 만들어진다. 따라서 일정한 공통분모를 공유하면서도 서로 같지는 않아 상호 간의 보완이 가능한 특성, 즉 관련 다양성을 특징으로 하는 기업들 간의 개방적 네트워크는 혁신에 있어서 매우 중요한 위치를 차지한다.

최근 들어 혁신 클러스터가 매력적인 정책 수단으로 주목받고 있는 데에는 이유가 있다. 지식경제시대의 도래와 함께 생산 효율화가 아니라 창조적 혁신이 점점 더 중요해지고 있기 때문이다. 즉, 규모의 경제 달성, 거래 비용의 축소, 제도적 지원의 효율성 등과 같이 산업지구나 산업 클러스터가 가지고 있는 지리적 이점에 더해, 네트워크를 통한 지속적 학습, 스필오버 효과, 암묵지의 효과적 공유와 확산, 그리고 이를 통한 새로운 지식의 창출과 혁신에 있어서 혁신 클러스터가 비교할 수 없을 만큼 커다란 장점을 가지고 있다는 것이다.

그렇다면 혁신 클러스터는 어떻게 혁신의 요람이 될 수 있을까? 모든 성공적인 혁신 클러스터는 다음과 같은 두 가지 요소를 갖추고 있다. 첫째는 혁신적 기업과 유능한 인재가 집중되어 있다는 점이다. 혁신 클러스터들마다 혁신적 기업과 인재를 유치·유입하기 위해 재정적·물리적 지원과 다양한 프로그램을 운영하는 이유가 여기에 있다. 물론 각종 복지 혜택과 안락한 근무환경과 생활환경을 제공하는 것도 혁신적 기업과 인재를 유치·유입하기 위한 중요한 수단으로 활용된다. 둘째는 공동 학습과 기술협력이 광범하게 일어난다는 점이다. 오늘날 기술의 판도를 바꾸는 대부분의 혁신은 실패와 성공을 반복하는 지속적인 학습과 이질적인 아이디어의 교환 및 결합으로부터 나온다. 아무리 훌륭한 인재라고 하더라도 그 사람이 가지고 있는 지식의 풀은 제한적이고, 이는 기업도 마찬가지다. 이 지식의 풀 사이에서 교환이 이루어지고 공동 학습을 통해 상이한 지식이 만나는 접점을 찾을 수 있을 때 혁신적인 기술이 만들어질 수 있다. 그런 의미에서 영향력 있는 혁신은 대부분 사람과 사람, 기업과 기업, 지식과 지식, 기술과 기술 사이의 네트워크에서 발생한다고 할 수 있다.

이처럼 혁신 클러스터가 성공을 거두려면 혁신적 기업과 인재가 유입되고, 그 안에서 공동 학습과 기술협력이 광범위하게 일어나야 한다. 그러나 이러한 조건을 창출하는 것은 쉽지 않다. 혁신 클러스터가 뛰어난 인재들이 가득 찬 협력적 공동체가 되기 위해서는 몇 가지 선행조건이 필요하다. 기존의 연구를 종합해보면, 성공적인 혁신 클러스터는 다음과 같은 세 가지 요소, 즉 물리적 인프라, 제도적 지원체계, 사회적·문화적 요소를 잘 갖추고 있다(Cooke, 1997; Rivas, 2011; 정선양·황두희·임종빈, 2016).

먼저 물리적 인프라는 사업 용지, 입지, 창업 공간 등과 같이 클러스터 내의 전체 환경뿐만 아니라, 교통망, 양질의 주택, 아파트, 공원, 탁아시설 및 학교시설과 같은 교육환경, 음식점이나 쇼핑센터와 같은 편의시설 등 정주 여건이나 생활환경도 포함한다. 또 대학이나 연구소와 같은 지식 창출 기관과의 물리적 거리, 과학연구 기반, 창업보육센터, 법률, 컨설팅, 행정 분야 지원시설에 대한 접근성, 회의실이나 컨벤션센터, 공동 연구 장비 등 공동으로 사용할 수 있는 교류·협력 시설도 여기에 해당된다. 물적 인프라는 우수 기업의 유치와 우수 인재의 유입을 촉진하기 위한 기본적 토대가 된다는 점에서 매우 중요한 요소라고 할 수 있다.

혁신 클러스터를 구성하는 두 번째 요소는 제도적 지원체계다. 지역 산업 육성정책, 재정 지원 시스템, 지적 재산권 보호 및 관리, 창업지원 프로그램, 경영 컨설팅, 마케팅 및 홍보 관련 사업지원 서비스, 기술 애로 해소를 위한 공적 지원, 클러스터 관리기구 설치 및 운영, 기업 유치 프로그램, 혁신 주체 간 네트워킹 활성화를 위한 연계 협력 프로그램, 최신 기술 정보 제공 등과 같이 중앙정부, 지방정부, 혁신 클러스터 운영 주체가 입주 기업들에 제공하는 다양한 제도적 서비스가 여기에 해당한다. 제도적 요인은 혁신 클러스터 입주 기업이 직면할 수 있는 환경적 불확실성을 줄이는 데 있어서 매우 중요한 역할을 담당한다. 우선 혁신 클러스터 입주 결정은 커다란 불확실성을 동반한다. 특히 혁신 클러스터 조성 초기에는 외재성, 스필오버 효과, 네트워크 효과와 같은 공공재가 가시적으로 드러나지 않을 뿐만 아니라, 향후 추가적인 기업 입주를 통해 규모의 경제가 달성될 수 있을지, 혁신 클러스터가 성공적으로 안착될 수 있을지에 대한 불확실성이 높을 수밖에 없다. 불확실성이 높은 상황에서 혁신 클러스터 입주는 회수할 수 없는 투자로 귀결될 수 있기 때문에 선뜻 입주 결정을 내리기 어렵다. 중앙정부나 지방정부의 제도적 지원은 이러한 불확실성을 낮춤으로써 기업 유치를 촉진하는 데 기여할 수 있다. 또한 혁신 클러스터 내에서 다양한 프로그램을 운영함으로써 혁신 주체들 간의 공식적 협력을 제고하고, 창업, 지식 창출, 기술혁신을 확대하는 데 기여할 수도 있다.

마지막으로 사회문화적 요소다. 기업과 개인들 간의 상호작용 및 사회적 관계의 양과 질은 기업 간 혹은 개인 간 자발적인 기술협력과 공동 학습을 촉진하는 사회적 상호작용 혹은 사회적 관계의 양과 질, 나아가 기업가 정신을 고양하는 도전적 문화, 혁신 주체들이 공공재를 생산하고 활용할 수 있도록 만드는 개방적 신뢰의 문화를 창출하는 밑거름이 된다. 그동안 혁신 클러스터에 대한 논의에서 물리적 인프라, 제도적 지원체계에 비해 상대적으로 주목받지 못했던 것이 바로 사회문화적 요소다. 그러나 사회문화적 요소는 혁신 클러스터를 혁신의 요람으로 만드는 핵심적 요소다. 예를 들어, 미국의 실리콘밸리와 보스턴 128구역의 사례를 비교연구한 색스니언(Saxenian, 1994)에 따르면, 두 혁신 클러스터의 성공과 실패를 가른 결정적 요인이 다름 아닌 사회문화적 요인이었다. 실리콘밸리의 성공을 이끈 것은 기업들 간에 형성된 광범한 협력의 네트워크, 이를 뒷받침하는 개인들 간의 비공식적 사회관계 그리고 그 속에 배태된 사회자본, 경쟁적이면서도 협력적인 개방적·역동적 문화 등이었다는 것이다. 이에 반해 IT 대기업이 밀집해 있는 보스턴 128구역은 비밀주의, 내부 혁신 지향, 폐쇄적·관료적 문화가 지배적이었고, 기업을 넘나드는 사회적 관계는 기업의 경쟁력을 약화시키는 요인으로 여겨져 철저히 배제되었다. 제도적 지원체계가 잘 갖추어져 있고 물리적 인프라가 풍부하더라도 혁신 클러스터 내에 밀도 높은 사회적 관계, 사회자본, 그리고 신뢰의 문화가 형성되어 있지 않다면 기술협력은 제한적인 수준에 그칠 수밖에 없다.

이상의 논의를 기초로 혁신 클러스터의 성공에 미치는 요인을 모형화하면 〈그림 2-1〉과 같다. 실선으로 표시된 것은 강한 영향을, 점선으로 표시된 것은 약한 영향을 의미한다. 우선 우수 기업과 우수 인재를 유입하는 데에는 물리적 인프라와 제도적 지원체계가 강한 영향을 미친다. 제반시설이 잘 갖추어져 있고 정주·교육·교통·생활 여건이 좋고, 재정적 지원을 비롯한 각종 지원 프로그램이 마련되어 있는 곳에는 우수한 기업과 우수한 인재가 몰려들 수 있기 때문이다. 물리적 인프라와 제도적 지원체계가 공동 학습과 기술협력에 영향을 미칠 수는 있지만, 그 정도는 다소 약할 것으로 판단된다. 공동 연구시설이나 네트워킹 활성화를 위한 각종 프로그램이 기업들 간의 공동 학습과 기술협력의 장을 마련해줄 수는 있지만, 실질적인 공동 학습과 기술협력은 인프라와 제도만으로 달성되기는 어렵기 때문이다.

공동 학습과 기술협력이라는 차원에서 더 중요한 것은 사회문화적 요소다. 물리적·제도적 지원은 공동 학습과 기술협력의 파이프라인을 만들 수는 있지만, 파이프라인을 통해 지식과 정보가 흐르도록 만들어주는 것은 신뢰에 기반한 사회자본, 개방적 협력의 공동체 문화와 같은 것들이다

〈그림 2-1〉 혁신 클러스터의 성공에 영향을 미치는 요소들

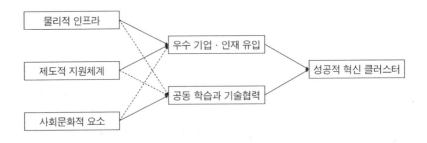

(Granovetter, 1985; Putnam, 1994; Podolny, 2001). 주지하는 바와 같이 협력을 저해하는 가장 커다란 장애물은 기회주의적 행동과 그 가능성에 대한 두려움이다. 예컨대, 죄수의 딜레마 게임(prisoner's dilemma game)에서 드러나듯이, 상대편이 기회주의적 행동을 통해 자신의 이익만 챙길 것이라고 생각한다면 협력을 위한 지식과 정보의 교환은 원천적으로 봉쇄된다. 이에 반해 사회적 관계를 유지하기 위한 나의 헌신이 상대편의 헌신으로 되돌아올 수 있다고 확신한다면, 나의 지식을 나누어주고 상대편의 지식을 획득하는 협력에 나설 수 있다. 그런 의미에서 협력은 사회적 관계 혹은 네트워크 속에 배태된 신뢰, 그리고 이러한 신뢰의 자산이 축적된 사회자본의 기반 위에서 가능하다고 할 수 있다. 혁신 클러스터 전체로 범위를 넓혀보면, 신뢰의 사회자본은 공동의 지식과 경험이라는 공공재를 창출하는 수단이자, 개방적·도전적·기업가적 문화를 정착시키는 토대가 된다.

기술협력과 관련해 특히 중요한 것은 개방적 형태의 연결형 사회자본(bridging social capital)이다(Lester and Canella, 2006; Adler and Kwon, 2002). 소수 기업들 혹은 개인들 간의 강도 높은 사회적 관계 위에서 형성된 사회자본을 결속형 사회자본(bonding social capital)이라고 하는데, 이러한 유형

〈그림 2-2〉 혁신 클러스터에서의 가상적 기술협력 네트워크

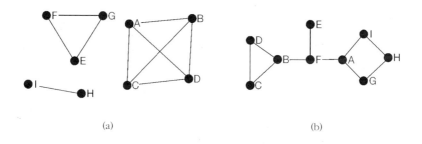

(a)   (b)

의 네트워크에서는 지식의 스필오버 효과가 매우 제한적이다. 〈그림 2-2〉
의 (a)에서처럼 정보가 폐쇄적 집단 내에서만 흐르고 다른 집단으로부터
새로운 정보를 획득할 수 있는 통로가 차단되어 있다면, 집단 내에서 공유
하는 정보는 대체로 동질성이 높다. 이러한 상황에서 이질적 정보와 지식
을 결합한 단절적 혁신은 좀처럼 발생하기 어렵다. 이에 반해 〈그림 2-2〉
의 (b)를 보면, 점으로 표시된 노드 수와 선으로 표시된 연결 수가 (a)와
같지만, 그 구조에서는 차이가 있다. 이 네트워크에서는 개방적 연결형 사
회자본이 풍부하다. 여러 집단을 가로지르는 네트워크가 형성되어 있기
때문에, 기업과 개인들은 서로 다른 집단에서 만들어지고 유통되는 다양
한 정보를 획득하고 공유할 수 있다. 따라서 과거에 형성된 지식 묶음
(knowledge set)을 벗어나는 기술혁신이 더 활발히 일어날 수 있다. 나아가
연결형 사회자본이 풍부한 곳에서는 기회주의적 행동을 차단하고 협력을
촉진하는 사회규범 혹은 규율이 원활히 작동한다. 기회주의적 행동이나
공공의 이익을 해치는 사익 추구 행위를 하는 경우, 이에 관한 정보가 넓
게 퍼져 있는 네트워크를 통해 클러스터 내에서 빠르게 확산된다. 이렇게
볼 때, 개방적인 네트워크 속에 배태된 사회자본은 공동 학습과 기술협력
을 촉진함으로써 기술혁신의 성과를 제고하는 핵심 기제라고 할 수 있다.

2) 혁신 클러스터의 진화 모형

앞에서 성공적 혁신 클러스터를 구성하는 요소들과 이와 관련된 몇 가지 기제들을 살펴보았다. 이 모형은 기본적으로 횡단적(cross-sectional) 모형이다. 다시 말해, 이미 성공한 혁신 클러스터가 어떤 구성요소를 가지고 있으며, 그 안에서 어떤 일이 발생하는지를 보여주는 모형이다. 하지만 성공적 혁신 클러스터는 단번에 완성되는 것이 아니라 일정한 시간을 두고 역동적 과정을 거쳐 '출현(emergence)'하고 진화하는 것이다. 따라서 성공적 혁신 클러스터의 '현재 모습'뿐만 아니라, 이것이 거쳐온 진화적 '과정'을 살펴보는 것 또한 매우 중요하다. 특히 우리의 연구 대상인 판교테크노밸리는 이제 갓 조성을 완료하고 혁신 클러스터의 모습을 본격적으로 갖추기 시작한 단계에 있다. 따라서 혁신 클러스터의 진화 과정을 모형화해보는 작업은 판교테크노밸리의 발전을 위한 정책 마련이라는 차원에서도 꼭 필요할 것이다.

먼저 혁신 클러스터의 진화 모형은 크게 두 가지로 나눌 수 있다. 첫째는 '상향식' 진화로서, 중앙정부나 지방정부 같은 공적 기구의 정책적 개입 없이 혹은 최소한의 개입 아래, 민간 혁신 주체들 간의 자발적인 협력 관계가 특정 공간에 누적·집적되어 혁신 클러스터로 발전하는 경우다. 대표적인 사례가 실리콘밸리다. 익히 알려진 바와 같이 실리콘밸리는 스탠퍼드 대학과 그 대학을 졸업한 우수한 인재들 간의 강한 산학 협력과 이를 통해 만들어진 벤처들이 그 모태가 되었다. 캘리포니아 주정부가 세제 혜택 등을 제공함으로써 기업과 인재를 유치하는 데 기여하기는 했지만, 실리콘밸리는 대학, 벤처, 인재들의 자발적 협력 네트워크가 전체 진화 과정을 주도했다고 보아도 무방하다. 앞서 살펴본 혁신 클러스터의 구성요소와 관련하여 본다면, 상향식 진화의 경우, 대체로 신뢰의 사회자본이나 광범한 사회적 네트워크, 협력적·도전적 문화의 공유와 같은 사회문화적 기반이 진화 초기에 강력한 힘을 발휘한다. 혁신 집적지로서의 가능성이 보이게 되면 중앙정부나 지방정부 중심의 제도적 지원이 투입되고, 물리적 인프라가 갖추어지는 형태로 변모하는 것이 일반적인 진화의 궤적이다.

이와는 달리 정부나 공공 영역이 주도해 혁신 클러스터를 조성하고 발전을 이끄는 하향식 진화가 있을 수 있다. 최근 들어 세계 각국에 만들어지고 있는 혁신 클러스터들은 대부분 중앙정부나 지방정부가 주도권을 가지고 추진하는 하향식 진화를 따른다고 보는 게 적절하다. 하향식 진화의 필요성을 주장하는 입장에 따르면, 실리콘밸리와 같은 몇몇 사례를 제외하면 상향식 진화의 경로를 따라 성공적 혁신 클러스터로 발전하는 것은 거의 불가능에 가깝다. 왜냐하면 공공 부문의 주도적 개입 없이는 시장 실패와 시스템 실패를 막을 방법이 사실상 없기 때문이다. 공간적 집중이 이루어지기 위해서는 클러스터 입주에서부터 혁신 활동에 이르기까지 기업이 직면하는 다양한 유형의 불확실성과 위험을 줄여주어야 하는데, 이를 위해서는 공공 부문이 혁신 클러스터의 조성과 진화를 주도해야 한다는 것이다. 이유는 더 있다. 글로벌 경쟁이 심화되고 기술혁신의 사이클이 점점 빨라지는 상황에서, 혁신 클러스터가 제대로 작동하기까지 상당한 시간을 요하는 상향식 진화는 적절치 않다. 글로벌 경쟁력을 갖춘 혁신 클러스터를 빠른 시간 내에 구축하기 위해서는 공공 부문이 전략적 계획을 세우고 체계적인 지원을 통해 혁신 클러스터를 조성하고 진화를 주도해야 한다는 것이다.

상향식 진화와 하향식 진화는 서로 다른 진화 궤적을 보인다. 앞서 살펴본 혁신 클러스터의 구성요소를 기준으로 본다면, 상향식 진화는 일반적으로 사회문화적 요소가 먼저 갖추어지고, 그다음 제도적 지원체계와 물리적 인프라가 뒤따른다. 기업, 대학, 개인을 비롯한 혁신 주체들 간의 오밀조밀한 네트워크 위에 구축된 사회자본과 협력적 문화가 가시적인 혁신 성과를 거두게 되면, 그 네트워크에 참여하고자 하는 혁신 주체들이 해당 지역으로 이동하거나 창업 활동이 활발하게 이루어진다. 이러한 추세가 점차 강화되면서 일정한 임계치를 넘게 되면, 입주 기업의 수와 다양성이 빠르게 증가하게 되며, 공공 및 민간 부문에서의 물리적 인프라 투자와 제도적 지원체계가 뒤따르게 된다(김명진·정의정, 2014).

정부를 비롯한 공공 부문이 주도하는 하향식 진화는 〈그림 2-3〉에 나타난 바와 같이 대부분 그 반대의 경로를 따른다. 먼저 혁신 클러스터 조성은 물리적 인프라 구축으로부터 시작된다. 클러스터 조성 초기에 가장 중요한 것은 혁신적 조직과 창조적 인재를 빠르게 유입하는 것이다. 따라서 용지, 시설, 배후지, 정주 여건 등을 포함해 우호적이고 매력적인 인프라를 구축하기 위한 과감한 투자가 이루어진다.

다음은 조성된 혁신 클러스터에 혁신적 조직이 입주하고 창조적 인재가 유입되어 일종의 '관심 공동체(interested community)'를 형성하는 단계다. 혁신 클러스터가 성공하는 것이 자신의 성공과 직결된다는 점을 인식하고는 있지만, 기업들 간의 기술협력이나 정보 공유, 공동 프로젝트 수행 등은 거의 이루어지지 않는다. 이 단계에서 혁신 클러스터 구축을 주도하는 기관이 관심을 갖는 것은 더 많은 유능한 인재, 혁신적 기업을 유치하는 것이다. 따라서 재정 지원, 우호적인 입주 조건 및 시설 제공과 같은 다양한 제도적 지원체계를 마련한다.

세 번째는 학습 네트워크가 구축되는 단계다. 입주 기업들과 그 종업원들이 기술적 상호 보완성에 대해 인식하고 정보를 공유하며, 공동으로 프

〈그림 2-3〉 하향식 혁신 클러스터 구축의 진화 경로와 단계별 전략적 초점

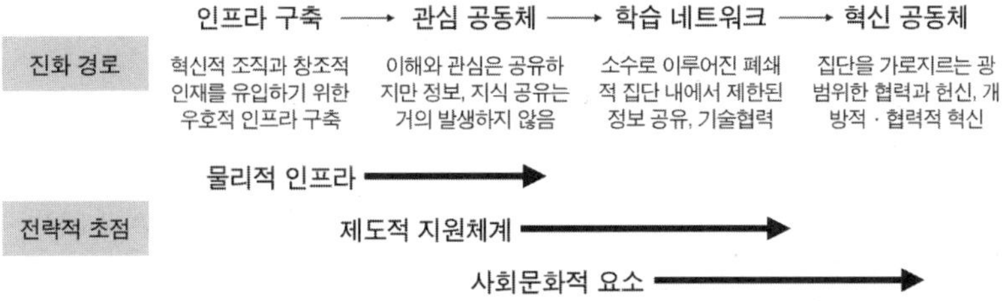

	인프라 구축 →	관심 공동체 →	학습 네트워크 →	혁신 공동체
진화 경로	혁신적 조직과 창조적 인재를 유입하기 위한 우호적 인프라 구축	이해와 관심은 공유하지만 정보, 지식 공유는 거의 발생하지 않음	소수로 이루어진 폐쇄적 집단 내에서 제한된 정보 공유, 기술협력	집단을 가로지르는 광범위한 협력과 헌신, 개방적·협력적 혁신

전략적 초점

물리적 인프라 ➡
제도적 지원체계 ➡
사회문화적 요소 ➡

로젝트를 수행하기 시작한다. 이때에도 혁신 주체들 간의 자발적 협력은 제한되며 대부분 공공 부문이 제공하는 협력, 창업, 기술개발 프로그램 등을 매개로 협력과 공동 학습이 시도된다. 혁신 클러스터 내에서 기업 간 네트워크, 개인 간 네트워크가 서서히 구축되면서 사회자본이 축적되기 시작하며, 기술협력을 위한 다양한 실험이 이루어지기 시작한다. 이러한 과정을 거쳐 성숙한 혁신 클러스터로 발전한다. 혁신 주체들은 협력을 통해 새로운 가치를 창출하는 방식을 습득하고 폭넓은 네트워크를 통해 다양한 파트너와 협력을 도모한다. 구체적인 프로젝트를 공동으로 수행하면서 상호 간의 도움과 지원을 제공하고 정보와 지식을 공유하게 된다. 혁신 클러스터 내에서 창업이 활발해지고 기업의 진출입이 역동적으로 일어나게 된다. 사회자본이 풍부해지면서 암묵지의 교환이 수월해지고 다양한 프로젝트를 통해 지식이 결합되며, 그 결과 지식의 스필오버가 본격화된다. 기회주의적 행동을 규제하는 비공식적 규범이 정착되고 협력과 개방의 문화가 혁신 클러스터를 지배하게 된다. 나아가 기업들은 혁신 클러스터의 환경과 여건을 개선하기 위해 자발적으로 협력하게 된다.

최근에 만들어진 대부분의 혁신 클러스터가 그렇듯이, 판교테크노밸리는 공공 부문이 주도해 하향식으로 만들어진 혁신 클러스터이다. 다음 두

절에서는 〈그림 2-3〉에서 제시한 하향식 혁신 클러스터 진화 모형을 기초로 판교테크노밸리의 진화 과정과 현재의 상황과 위치에 대해 살펴볼 것이다.

3. 판교테크노밸리 ICT 클러스터의 진화 과정

판교테크노밸리는 경기도와 중앙정부가 주도해 판교 신도시 택지 개발 지구 내에 조성한 IT, BT, NT, CT 및 융합기술 중심의 혁신 클러스터이다. 2004년 11월 직접 조례인 '경기도 판교테크노밸리 조성사업 공기업 설치 및 운영지원 조례'에 근거하여 2005년부터 조성을 시작했으며 2015년 12월에 1차로 조성을 완료했다. 총사업비로 5조 2700억 원이 투입되었는데 대부분이 민간 부문에서 조달되었다. 단지의 총면적은 45만 4964m²로서, 크게 혁신 주체 간 유기적 협력을 통한 시너지 창출을 위해 국내외 글로벌 R&D 기관을 유치하는 초청연구용지(4만 8417m²), 연구개발 직접시설 및 연구개발 시설 중심의 일반연구용지(26만 7450m²), 연구개발 지원시설이 들어선 연구지원용지(11만 7651m²) 등 3개 영역으로 구분되어 있다.

판교테크노밸리는 산·학·연 연계체계 구축을 통한 시너지 극대화, 인력 교육·양성 시스템 구축, 기업지원 및 사후관리를 위한 운영방안 마련, R&D와 문화예술 관광이 어우러진 복합 공간 형성, 인프라 확충을 통한 R&D 환경 구축 등을 핵심 전략으로 하여 판교테크노밸리를 글로벌 IT, BT, CT 융복합 테크노밸리로 성장시킨다는 비전을 세우고 ICT 분야와 BT 분야 등 첨단 분야의 국내 우수 기업을 유치해왔다. 입주 기업의 면면을 보면 가히 한국을 대표하는 ICT 분야 혁신기업의 집적지라고 할 만하다.

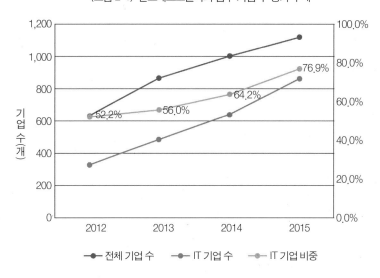

〈그림 2-4〉 판교테크노밸리의 입주 기업 수 증가 추세

2015년 기준, IT 분야에서는 삼성테크윈, 포스코ICT, 카카오, IDIS, 스마일게이트, 안랩 등 862개 기업·연구소(76.9%)가, BT 분야에서는 대화, 이수앱지스, 크리스탈지노믹스, 한국파스퇴르연구소 등 137개 기업·연구소(12.2%)가, CT 분야에는 위메이드, 시공테크, 넥슨 등 42개 기업·연구소(3.8%)가 입주해 있다. 연도별로 살펴보면, IT 분야의 입주 기업 비중이 2012년 52%에서 2015년 77%로 빠르게 증가하고 있는데, 이는 판교테크노밸리가 ICT 중심의 혁신 클러스터로 안착하고 있음을 의미한다고 볼 수 있다.

입주 기업의 규모 분포를 보면, 2015년 현재 대기업이 30개, 중견기업이 54개, 중소·벤처 기업이 1019개로, 다양한 규모의 기업들이 집적해 있다. 기업 규모가 다양하다는 점에서 기술적·전략적 상호 보완성의 잠재력이 매우 높다고 할 수 있다. 대기업이 가지고 있는 축적된 지식·기술과 중소·벤처 기업의 기술적 민첩성이 결합한다면 상당한 시너지를 창출할 수 있을 것이기 때문이다. 실제로 판교테크노밸리 내에서 대기업, 중견기업, 중소기업, 벤처기업 간의 기술협력이 광범위하게 일어나고 있는지는 별개로, 그러한 협력이 우수한 혁신 성과로 이어질 수 있는 잠재적 기반은 마련되어 있다고 보는 것이 맞을 것이다.

흥미로운 통계를 몇 가지만 더 살펴보자. 우선 입주 기업 수는 2012년 634개에서 2015년 1121개로 3년 새 77%가량 빠르게 증가했다. 또한 판교테크노밸리 임직원 수는 동 기간 동안 3만 801명에서 7만 2820명으로 136% 증가한 것으로 나타났다. 이는 초기에 대기업 및 중견기업 중심으로 입주가 이루어지다가 최근으로 오면서 중소기업 중심의 입주가 활발해지고 있기 때문인 것으로 파악된다. 실제로 2013년과 2015년 판교테크노밸리에 입주한 대·중견기업 수는 88개와 84개로 오히려 4개가 줄었다. 이와는 달리 중소기업은 동 기간에 767개에서 1019개로 증가했다. 초기에 대·중견기업 유치에 성공한 것이 판교테크노밸리가 안정적으로 진화하는 데 커다란 기여를 했던 것으로 해석된다.

한편 판교테크노밸리의 매출액은 2015년 현재 70조를 넘어섰다. 이는 2013년 54조, 2014년 69조보다 높은 수치로서 2015년까지 해마다 증가하고 있다는 점에서 고무적이다. 이는 기업당 평균 600~700억, 종업원 1인당 9~10억 원에 해당하는 수치다. 이런 통계 수치로 판단해볼 때, 엄청난 부가가치를 창출하는 혁신적 기업과 우수한 인재가 판교테크노밸리에 집중되어 있는 것만은 틀림이 없다. 그런데 이 통계를 조금 더 면밀히 들여다보면 흥미로운 점이 발견된다. 판교테크노밸리에 입주한 기업당 매출액은 2013년부터 2015년까지 거의 변화가 없다. 종업원 1인당 매출액도 마찬가지다. 〈그림 2-5〉에서.보는 바와 같이 2013년 9.3억, 2014년 9.9억,

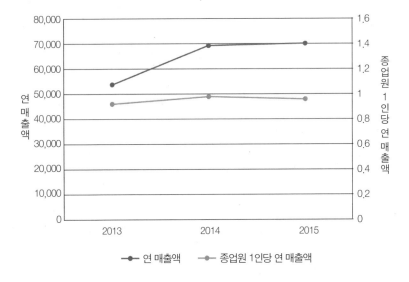

2015년 9.7억으로 약간 증가하는 추세이기는 하지만, 유의미한 변화라고 보기는 어렵다.

기업의 매출액은 경기 변동, 기술 변화 등 다양한 외부 요인에 의해 영향을 받는다. 하지만 〈그림 2-1〉의 혁신 클러스터 모형에 따르면 혁신 클러스터의 총 매출액에 영향을 미치는 요인은 크게 두 가지로 나누어 생각해볼 수 있다. 첫째는 혁신 클러스터에 입주해 있는 기업과 인재들의 뛰어난 역량이다. 둘째는 혁신 클러스터에 입주한 기업과 그 종사자들 간의 공동 학습과 기술협력이 개별 기업의 수준을 뛰어넘는 부가가치를 창출하는 것이다. 혁신 클러스터가 관심 공동체에서 학습 네트워크를 거쳐 혁신 공동체로 진화한다면 시간이 갈수록 전자보다는 후자의 비중이 커지는 것이 당연하다. 부가가치 창출 역량이 뛰어난 우수한 기업과 인재가 혁신 클러스터에 유입되는 초기에는 개별 기업과 종업원의 역량을 합한 것이 곧 혁신 클러스터의 역량과 비슷할 것이다. 기업 간의 협력을 통한 네트워크 효과나 스필오버 효과가 아직은 나타나기 어렵기 때문이다. 그러나 학습 네트워크가 형성되어 공동 학습이 일어나고 혁신 주체 간의 기술협력이 풍부해지면 혁신 클러스터 전체적으로는 개별 기업이나 종업원의 역량을 합한 것 이상의 역량이 발생해야 하고, 개별 기업 차원에서 달성할 수 있는 부가가치의 합보다 더 큰 부가가치가 창출되어야 한다. 이런 기준으로 보면, 판교테크노밸리에서는 혁신 클러스터가 가지고 있는 본질적 속성 중 하나인 네트워크 효과가 아직 뚜렷이 드러나지는 않는 것 같다.

아직 자발적인 기술협력과 공동 학습 네트워크의 형성은 미약한 수준에 그치고 있지만, 최근 들어 네트워크를 활성화하기 위한 다양한 제도적 지원과 프로그램이 시도되고 있는 점은 주목할 만하다. 예를 들어, 입주 기업들이 주축이 된 운영위원회에서는 공동 연구과제를 발굴하고 추진하는 시도를 시작했다. 또 판교테크노밸리포럼을 만들어 기업 간 정보 교류의 장을 마련하고 있으며, 공동 협력기술개발과제 및 비즈니스 모델 발굴을 위해 산·학·연 전문가와 함께 소모임을 결성해 활동할 수 있도록 하는 '과제발굴연구회 지원사업'을 실시하고 있다. 이처럼 네트워크 활성화를 위한 정책적 노력이 부분적으로 시도되고는 있지만, 아직까지 이렇다 할 만한 성과는 없어 보인다.

이는 판교테크노밸리 입주 기업을 대상으로 실시한 몇몇 조사에서도 드러난다. 예를 들어, 이상욱 등(2014)은 판교테크노밸리 입주 기업에 대한 설문조사를 바탕으로 IPA 분석을 실시했는데, 이에 따르면 '네트워킹과 정보 교류'는 중요도 면에서 가장 높은 점수를 얻은 반면에 만족도 면에서는 기업지원 서비스 창구 개설과 함께 가장 낮은 점수를 받은 것으로 나타났다. 네트워크 구축과 정보 교류가 매우 중요함에도 불구하고 실질적으로 기술협력과 정보 교류의 기회는 상당히 제한되어 있기 때문인 것으로 해석된다. 정선양 등(2016)의 연구에서도 비슷한 결과가 제시되었다. 공동 연구 및 기술협력 지원, 포럼 등 네트워킹 활성화 지원, 우수협력기관 매칭 지원 등을 포함하는 네트워킹 지원에 대한 입주 기업의 만족도는 대체로 낮은 수준이었지만, 네트워킹 지원이 혁신 성과에 미치는 영향은 제도적 요인이나 물리적 요인보다 높은 것으로 나타났다. 기업 간의 협력 관계가 기술협력과 제품 공동 개발과 같은 활동보다는 판매·구매와 같은 거래 관계에 집중되어 있다는 것도 문제점으로 지적될 수 있다. 이상훈·신기동·김태경(2014)이 실시한 연구에 따르면, 판교테크노밸리 내의 기업 간 협력 관계 중 판매·구매와 관련된 활동이 절반을 넘는 55%를 차지하고 있으며, 기술 및 제품의 공동 개발·연구개발, 공동 교육 및 훈련은 각각 15% 수준에 머물러 있다. 이는 혁신 클러스터 내에서의 기업 간 연계 활동이 아직은 전통적인 가치사슬 관점을 크게 벗어나지 못했음을 의미한다.

이상의 논의를 종합해보면, 판교테크노밸리는 공공 부문이 주도해서 우호적인 인프라를 구축하고 재정적 지원, 경영 지원, 전담관리 조직 구축과 같은 제도적 지원체계에 힘을 쏟음으로써 빠른 시간 내에 우수한 기업과 뛰어난 인적자원을 유치·유입하는 데에 상당한 성과를 거두었다. 그럼에도 불구하고 지식과 정보가 활발히 교환되고, 기술개발과 공동 학습이 폭넓게 이루어지는 혁신 공동체 단계까지는 나아가지 못하고 있는 것으로 보인다.

〈그림 2-6〉은 앞서 제시한 혁신 클러스터의 진화 모형에서 판교테크노밸리가 현재 위치하고 있는 지점이 어디인지를 보여주고 있다. 판교테크노밸리는 물리적 인프라 구축 단계는 이미 넘어선 것은 분명해 보인다. 최근 추가 입주에 대한 요구가 증가하면서 판교테크노밸리 북측 인근 한국

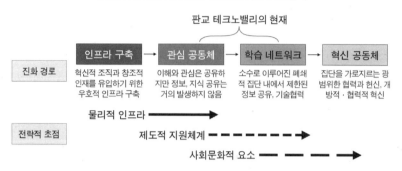

〈그림 2-6〉 판교테크노밸리의 진화 과정과 그 현재

판교 테크노밸리의 현재

인프라 구축	→	관심 공동체	학습 네트워크	→	혁신 공동체

진화 경로

혁신적 조직과 창조적 인재를 유입하기 위한 우호적 인프라 구축 / 이해와 관심은 공유하지만 정보, 지식 공유는 거의 발생하지 않음 / 소수로 이루어진 폐쇄적 집단 내에서 제한된 정보 공유, 기술협력 / 집단을 가로지르는 광범위한 협력과 헌신, 개방적·협력적 혁신

전략적 초점

물리적 인프라 ➡

제도적 지원체계 ➡

사회문화적 요소 ➡

도로공사 이전부지와 인근 그린벨트 부지를 묶어 제2판교테크노밸리 조성사업에 착수할 정도로 물리적 인프라는 잘 갖추어져 있고 이에 대한 투자 또한 충분히 이루어지고 있다. 판교테크노밸리는 뛰어난 역량을 가진 인재와 기업들이 지리적으로 집중되어 있는 관심 공동체 단계, 혹은 폐쇄적 기업 집단 내에서 제한적인 정보 공유와 기술협력이 이루어지는 초기적 형태의 학습 네트워크 구축 단계, 이 둘 사이 어딘가에 위치해 있는 것으로 판단된다. 다음 절에서는 혁신 클러스터 입주 기업들의 기술협력 활동이 실제로 어떻게 이루어지고 있는지를 분석해볼 것이다.

4. 판교테크노밸리 입주 기업의 기술협력 네트워크

앞 절에서 판교테크노밸리가 뛰어난 물리적 인프라와 우호적인 제도적 지원체계를 마련함으로써 혁신적 기업과 훌륭한 인적자원을 유치하는 데에는 성공했지만, 아직 기술협력과 공동 학습의 네트워크로 발전하지는 못한 상태라는 것을 살펴보았다. 그렇다면 실제로 입주 기업들의 기술협력 및 공동 학습의 정도는 어떠할까? 이를 알아보는 한 가지 방법은 판교테크노밸리 입주 기업의 특허 신청 현황을 분석해보는 것이다. 이를 위해 우선 판교테크노밸리 홈페이지에 주요 정보를 게시하고 있는 182개 입주 기업과 추가로 수집한 15개 입주 기업 등 총 197개 입주 기업을 대상으로 2010년부터 2017년 6월까지 이들의 특허 신청 자료를 데이터베이스화했다. 이를 토대로 여러 혁신 주체가 기술개발에 참여한 공동 특허의 비중이 어떻게 변화해왔는지, 공동 특허의 경우 공동 특허 파트너들 간의 네트워크가 어떻게 되는지 등을 분석했다. 특허 신청 관련 정보는 특허청에서 관리하고 있는 KIPRIS를 통해 확보했다.

분석 대상인 197개 기업 중에서 대기업이 15개(7.6%), 중견기업이 26개(13.2%), 중소기업이 156개(79.2%)였다. 업종별로 살펴보면 IT 기업이 137개(69.5%), BT 기업이 37개(18.8%), CT 기업이 5개(2.5%), NT 기업이 2개(1%), 기타가 19개(9.7%)였다. 197개 입주 기업 중 동 기간에 적어도 1개 이상의 특허를 낸 기업은 133개(73.1%)였으며, 특허를 낸 133개 기업 중 적어도 한 번 이상 공동 특허를 낸 기업은 86개(64.7%)로 나타났다. 2010년 1월부터 2017년 6월까지 7년 6개월간 업체당 평균 특허 수는 110개였으며, 평균 공동 특허 수는 7.2개로 나타났다. 이를 연단위로 환산하면, 판교테크노밸리 입주 기업의 업체당 연평균 특허 수는 14.67개, 연평균 공동 특허 수는 0.96개다. 기업마다 편차는 있지만, 대략 전체 신청 특허 중 공동 특허는 6.5% 정도인 것으로 계산된다.

먼저 판교테크노밸리 입주 기업이 신청한 특허 중 공동 특허의 비중이 연도별로 어떻게 변화되었는지를 살펴보자. 〈그림 2-7〉을 보면 공동 특허 비중이 전체적으로 조금씩 상승하고 있는 것을 확인할 수 있다. 입주가 본격화된 2012년을 기점으로 공동 특허 비중이 큰 폭으로 상승했으나 이후

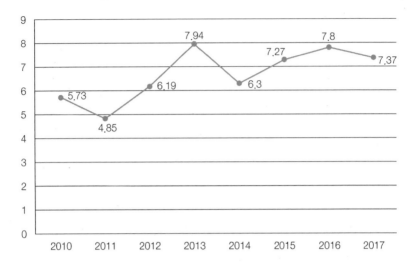

〈그림 2-7〉 전체 특허 신청 중 공동 특허 신청 비중의 변화

상승폭이 크게 둔화되었다. 전반적으로 공동 기술개발이나 개방적 혁신이 상승하는 추세에 있다는 점은 고무적이나 아직까지 눈에 띄는 증가는 보이지 않고 있다.

다음으로 기업 규모별로 살펴보자. 전체 특허 중 대기업 특허가 차지하는 비중은 72.0%, 중견기업 특허가 차지하는 비중은 16.1%, 중소기업 특허가 차지하는 비중은 11.9%로서 15개에 불과한 대기업이 전체 특허의 4분의 3을 차지하고 있다. 그런데 공동 특허의 비중을 보면 이야기가 달라진다. 대기업이 신청한 특허 중 3.2%만 공동 특허였고, 중견기업과 중소기업이 신청한 특허 중 공동 특허의 비중은 각각 14.3%, 14.7%였다. 더욱 놀라운 것은 기업 규모에 따른 공동 특허 비중의 시간적 변화 추세다. 〈그림 2-8〉의 (a)에 나타난 바와 같이 판교테크노밸리에 입주한 중소기업과 중견기업의 공동 특허 비중은 점진적으로 증가하는 추세인 데 반해, 대기업의 공동 특허 비중은 2010년 이래 지속적으로 감소해 2017년 상반기에

<그림 2-8> 기업 규모별, 업종별 공동 특허 신청 비중의 변화

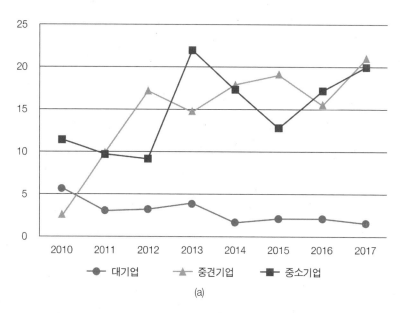

(a)

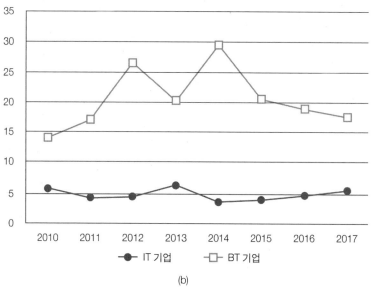

(b)

는 1%대로 추락했다. 삼성중공업, SK플래닛, 한화케미칼, SK케미칼, 현대오트론 등 판교테크노밸리에 입주한 대기업들은 개방적 혁신보다는 폐쇄적 혁신을 더욱 강화하고 있는 추세라고 할 수 있다. 뒤에서 살펴보겠지만, 더욱 큰 문제는 대기업의 협력 파트너가 대부분 판교테크노밸리 외부에 위치한 대학, 연구소, 다른 대기업(특히 같은 그룹에 속하는 대기업)들이라는 점이다. 보스턴 128지구가 실리콘밸리에 뒤처지게 된 결정적인 원인이 대기업 중심의 관료적 문화와 폐쇄적 혁신 추구였다는 점을 상기할 필요가 있다(Saxenian, 1994).

다음으로 업종별로 살펴보자. 〈그림 2-8〉의 (b)를 보면, 전체적으로 BT 기업의 공동 특허 신청 비중이 20% 전후로 나타나 5%대에 머물러 있는 IT 기업의 공동 특허 신청 비중보다 월등히 높다. 큐리언트(92.9%), 서린바이오(71.4%), 한국파스퇴르연구소(70.8%), 삼진제약(60.0%)과 같은 BT 기업들은 절반 이상의 특허를 공동으로 신청했다. BT 기업이 높은 공동 특허 신청 비중을 보이는 것은 바이오 분야에서는 공동 연구의 전통이 꽤 오래전부터 축적되어왔다는 이유도 있지만, 판교테크노밸리에 입주한 BT 기업들이 대부분 중소기업과 중견기업이라는 것도 그 이유 중 하나다. 이에 반해 커다란 기술적 역량을 보유하고 있으면서도 폐쇄적 혁신을 추구하는 대기업은 대체로 IT 분야에 속해 있다. IT 분야에서 대기업의 공동 특허 비중은 3.1%, 중견기업과 중소기업의 공동 특허 비중은 11.8%로 나타났다. 판교테크노밸리가 ICT 특화 혁신 클러스터라는 점을 감안할 때, 대기업 중심의 폐쇄적 혁신이 지속된다면 경기도가 지향하는 글로벌 수준의 ICT 혁신 클러스터로의 발전은 적지 않은 어려움에 봉착할 수 있다.

이제 판교테크노밸리 입주 기업을 중심으로 혁신 클러스터 내외부 파트너들 간의 기술협력 네트워크가 어떤 모습을 보이는지 살펴보자. 〈그림

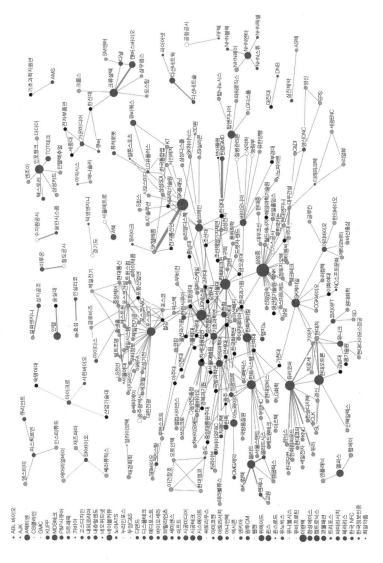

〈그림 2-9〉 판교테크노밸리 입주 기업의 공동 특허 네트워크

2-9)는 단독 혹은 공동 특허 신청 자료를 네트워크로 표시한 것이다. 기업은 원으로 표시되었는데, 짙은 회색은 판교테크노밸리 입주 기업을 의미하고, 그 외의 색깔은 판교테크노밸리 바깥에 위치한 기술협력 파트너들이다. 판교테크노밸리 밖에 위치한 파트너들 중 연한 회색은 민간 기업을, 검은색은 대학 및 연구소를, 하얀색은 공공기관을 나타낸다. 특허 신청 건수는 원의 크기로 표시되었다. 원의 크기가 커질수록 특허 신청 건수(편포를 보정하기 위해 로그를 취함)가 많아지는 것을 의미한다. 한화테크윈, 삼성중공업, SK플래닛, 한화시스템, 유라코퍼레이션, 크루셜텍, 포스코ICT, 인포뱅크 등이 특허 신청 건수가 많은 기업들이다. 기술개발 협력은 선으로 표시되었는데, 선의 굵기는 공동 특허 신청 건수로 측정된 기술협력의 강도를 의미한다.

그림에 나타난 몇 가지 특징을 살펴보자. 첫째, 가장 눈에 띄는 것은 왼쪽에 위치한 50여 개의 기업들이다. 이들은 단독 특허만 가지고 있는 기업들로서 기술개발 활동이 기업 내부에서만 이루어지는 경우다. 연구 대상 기간 동안 적어도 한 번 특허를 신청한 적이 있는 기업은 총 130여 개 인데, 이 중 공동 특허 신청을 한 건도 하지 않은 기업은 대략 40%에 이른다.

둘째, 그림 가운데에 커다란 하나의 주 컴포넌트(main component: 직간접적으로 연결된 노드들의 묶음)가 존재하고, 주변에는 적게는 둘, 많게는 10여 개의 노드(기업)들로 이루어진 독립된 기술협력 집단들이 각기 서로 다른 컴포넌트를 이루고 있다. 예를 들어 인포뱅크, 파스퇴르연구소, NHN엔터테인먼트, 안랩, 다산네트웍스, 멜파스 등을 중심으로 한 독립된 컴포넌트들이 여기에 해당한다. 주변부에 위치한 독립된 컴포넌트에 속한 기업은 총 33개로서 특허 신청을 한 입주 기업들의 26%에 해당하고, 44개(34%)의 입주 기업은 주 컴포넌트에 속한 것으로 나타났다. 종합해보면,

<표 2-1> 입주 기업과 비입주 기업의 특허 신청 유형 비교

	입주 기업(기관)	비입주 기업(기관)	계
단독 특허	52	0	52
독립 컴포넌트	33	33	66
주 컴포넌트	44	162	206
계	129	195	324

판교테크노밸리에 입주한 상당수의 기업들이 기업 내부의 폐쇄적 기술혁신에 의존하거나, 소수의 파트너들과만 제한된 협력을 하고 있는 것으로 보인다.

셋째, 주 컴포넌트에 속한 기업과 기관 간의 네트워크가 매우 복잡하게 보이지만, 사실 주 컴포넌트에 속한 기업과 기관 중 입주 기업이 차지하는 비중은 20%에 불과하다. 주변에 위치한 독립 컴포넌트들의 경우 입주 기업이 차지하는 비중이 50%라는 점과 비교하면 매우 작은 수치다. 주 컴포넌트에는 총 216개의 노드가 존재하지만, 이 중 입주 기업은 44개에 불과하다. 나머지 162개는 판교테크노밸리 밖에 위치한 기업, 대학, 연구소, 공공기관이다. 이는 판교테크노밸리 내부에 폭넓고 복잡하게 얽혀 있는 기술개발 네트워크가 아직은 제대로 형성되어 있지 않음을 보여준다.

넷째, 관련되는 것으로서, 주 컴포넌트에 속한 하위집단들을 이어주는 노드는 판교테크노밸리 입주 기업이 아니라 주로 대학 및 연구소들이라는 점이다. 주 컴포넌트는 SK플래닛, 삼성중공업, 한화테크윈, 한화시스템, LIG, 포스코ICT, 바이오니아, SK케미칼 등을 중심으로 방사형으로 뻗어 있는 소수의 하위집단 네트워크로 나뉘어 있다. 그런데 이들 하위집단들을 이어주는 노드는 주로 대학들이다. 예를 들어, 포항공대는 포스코ICT 중심의 하위집단, LIG 중심의 하위집단, 한화테크윈 중심의 하위집단 등을 연결한다. 조선대는 바이오니아와 LIG를 이어주고, 가천대는 차의과대학 집단과 SK케미칼 집단을 연결한다. 대학·연구소와 같은 지식센터들과의 기술협력이 이루어지고 있는 점은 긍정적이지만, 다른 한편, 판교테크노밸리 내에 기술 브로커가 거의 존재하지 않는다는 점은 향후 판교테크노밸리의 발전을 위해 심각하게 고려해보아야 할 사항이다.

다섯째, 판교테크노밸리 내 기업 규모에 따른 차이를 살펴볼 필요가 있다. 〈그림 2-10〉은 〈그림 2-9〉를 기업 규모에 따라 다시 그려본 것이다. 먼저 짙은 회색은 대기업, 중간 회색은 중견기업, 연한 회색은 중소기업을 나타내고, 하얀색은 판교테크노밸리 밖에 위치한 모든 유형의 기업, 대학, 연구소, 공공기관 등을 표시한 것이다. 그림에서 볼 수 있는 바와 같이 대기업 중 SK바이오를 제외한 모든 대기업이 주 컴포넌트에 속해 있다. 중견기업 24개 중 12개(50%)는 주 컴포넌트에, 7개(29%)는 독립 컴포넌트에 속해 있고, 단독 기술개발은 5개(21%)로 나타났다. 이에 반해 중소기업 96개 중 주 컴포넌트에 속한 기업은 24개(25%)에 불과하고, 독립 컴포넌트에 속한 기업은 25개(26%)인 반면, 거의 절반에 가까운 47개 기업(49%)이 단독 기술개발 유형에 속해 있다. 기업 규모별로 기술협력의 유형이 달라지는 것은 기업 규모에 따른 분절이 크다는 것을 의미하고, 이는 대기업-중견기업-중소기업 간의 폭넓은 지식 교류에 기초한 혁신 생태계가 아직은 제대로 정착되지 못했음을 보여준다.

〈표 2-2〉는 이러한 경향을 더 뚜렷이 보여준다. 표는 입주 기업의 규모에 따른 협력 관계의 밀도를 보여주고 있다. 먼저 입주 대기업을 보자. 입주 대기업들 간의 연결 밀도는 .056으로 꽤 높은 편이다. 이에 반해 입주 중견기업과의 연결 밀도는 .032로 다소 낮아지고 입주 중소기업과의 연결 밀도는 .001이다. 입주 대기업은 주로 판교테크노밸리 바깥에서 기술협력

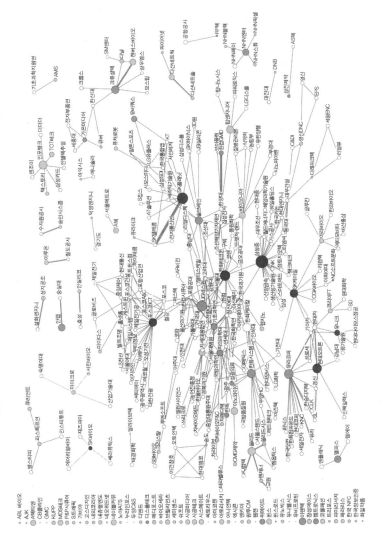

〈그림 2-10〉 판교테크노밸리 입주 기업의 공동 특허 네트워크: 기업 규모별

<표 2-2> 기업 규모별 집단 내·간 기술협력 밀도의 비교

	입주 대기업	입주 중견기업	입주 중소기업
입주 대기업	.056	.032	.001
입주 중견기업	.032	.014	.063
입주 중소기업	.001	.063	.012
비입주 기업	.308	.051	.010
비입주 대학/연구소	.340	.218	.017
비입주 공공기관	.093	.028	.016

파트너를 찾는 것으로 나타났다. 판교테크노밸리에 입주하지 않은 기업들과의 연결 밀도는 .308, 대학/연구소와의 연결 밀도는 .340으로 매우 높다. 한편 판교테크노밸리 입주 중견기업의 경우 입주 중소기업과의 연결밀도가 .063으로 높은 편이다. 판교테크노밸리 바깥에서는 대학/연구소와의 기술협력도 비교적 활발한 것으로 나타났다. 이에 반해 판교테크노밸리 입주 중소기업의 경우는 완전히 다른 패턴을 보인다. 입주 중견기업과의 기술협력 네트워크가 .063으로 높은 편이지만, 입주 대기업, 입주 중소기업과의 협력은 거의 이루어지지 않고 있다. 또한 중소기업들은 판교테크노밸리 바깥에서도 기술협력 파트너를 찾기 쉽지 않은 것으로 나타났다. 특히 대학/연구소와의 연결 밀도는 .017에 불과해 대기업, 중견기업에 비해 턱없이 낮은 수치를 보여주었다.

기업 규모에 따른 혁신 방식의 차이와 관련하여 또 한 가지 주목할 것이 있다. 기업은 파트너십과 공동 개발을 통해 혁신을 달성할 수도 있고, 비밀주의와 폐쇄성을 통해 혁신을 달성할 수도 있다. 〈그림 2-11〉은 대기업, 중견기업, 중소기업 각각에 대해 공동 특허의 비율과 특허 신청 건수(로그) 간의 관계를 나타낸 것이다. 대기업의 경우, 공동 특허 비율과 특허 신청 건수 사이에는 음의 상관관계가 존재한다. 기술협력을 많이 할수록 혁신

<그림 2-11> 기업 규모별 공동 특허 비율과 특허 신청 건수 간의 관계

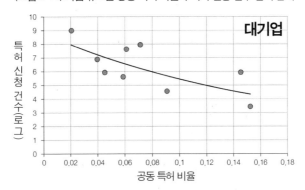

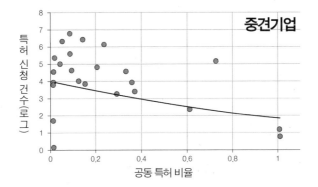

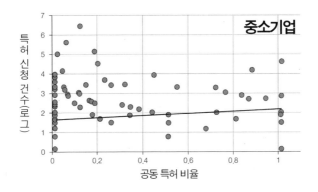

성과는 감소한다는 의미이고, 역으로 혁신을 많이 하는 대기업일수록 폐쇄적 혁신을 추구하는 경향이 있다는 것을 의미한다. 중견기업의 경우도 이와 비슷하지만, 상관관계와 기울기는 다소 완화된 것을 확인할 수 있다. 중소기업의 경우는 조금 다르다. 공동 특허 비율과 특허 신청 건수 간에는 다소 약하지만 양의 상관관계가 존재한다. 다시 말하면, 중소기업들의 경우는 공동 기술개발의 파트너십이 오히려 혁신 성과를 향상시킨다는 것을 의미한다. 이와 같은 혁신 방식의 차이는 혁신 클러스터가 발전하는 데 있어서 대단히 심각한 장애요인이 될 수 있다. 이미 혁신 자원을 충분히 가지고 있고, 축적된 기술과 지식을 가지고 있는 대기업은 기술협력보다는 폐쇄적 혁신을 추구할 가능성이 높다. 다른 한편 혁신 자원이 충분하지 않지만 신선한 아이디어를 많이 가지고 있는 중소·벤처기업들은 파트너십에 대한 수요가 비교적 높을 것으로 판단된다. 혁신 방식에서의 이와 같은 차이는 '검증된 지혜'와 '신선한 아이디어'가 결합될 수 있는 가능성을 차단하고, 다양한 아이디어의 교류, 교환, 결합에 장애가 될 수도 있다.

결과를 종합해보면, 판교테크노밸리에서 대기업, 중견기업, 중소기업 간의 지식 교류에 있어서 상당히 큰 분절이 존재하는 것으로 보인다. 대규모의 혁신 자원과 혁신 역량을 구축한 대기업과 비교적 빠르게 최신 트렌드를 쫓아가며 혁신을 추구하는 중견기업, 중소기업 간의 기술협력이 거의 이루어지지 않는다는 점은 상호 보완적 지식의 교환과 결합을 생명으로 하는 혁신 클러스터에 결코 바람직한 현상은 아니다. 대기업이 같은 대기업과만 협력하거나, 혁신 클러스터 내의 다른 기업은 배제한 채 외부의 지식센터와만 배타적 협력을 추구하는 것은 궁극적으로 혁신 클러스터의 발전에 결코 도움이 되지 않을 것이다. 대기업들이 혁신 클러스터 내의 중견·중소기업과의 협력을 강화하고 중소기업에도 대학·연구소와 협력할

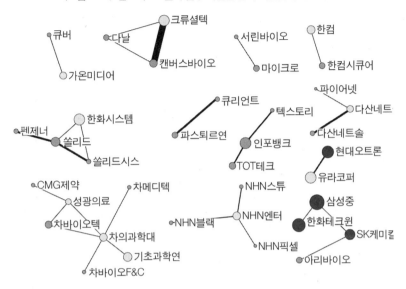

〈그림 2-12〉 판교테크노밸리 입주 기업들 간의 기술협력 네트워크

수 있는 길을 열어주는 것이 매우 중요할 것으로 판단된다.

마지막으로 〈그림 2-12〉를 보자. 이 그림은 판교테크노밸리 밖에 존재하는 기업들과의 기술협력 파트너십은 모두 제외하고 판교테크노밸리에 입주해 있는 기업들만을 대상으로 한 공동 특허 네트워크를 보여준다. 앞서 보았던 주 컴포넌트의 복잡한 네트워크가 매우 단순하게 변했다. 우선 적어도 하나의 특허를 낸 적이 있는 129개 입주 기업들 중 판교테크노밸리 내 기업들과의 기술협력 파트너십을 가지고 있는 기업 수는 38개(29%)에 불과하다. 특히 주 컴포넌트에 있던 주요 혁신기업들이 대거 제외되었다. 예를 들어 앞의 그림에서 포스코ICT, SK플래닛, 솔브레인, 바이오니아, 탑엔지니어링 등은 상당히 많은 수의 협력 파트너를 가지고 있지만 이 그림에서는 제외되었다. 이 협력 파트너들이 모두 판교테크노밸리 바깥에 존재하는 기업이나 기관이기 때문이다.

또 한 가지 주목할 점은 협력의 범위가 같은 계열사, 컨소시엄으로 제한되는 경우가 적지 않다는 점이다. 예를 들어 NHN 그룹, 한컴과 한컴시큐어, 다산네트웍스와 다산네트윅솔루션즈, 파스퇴르연구소와 큐리언트, 쏠리드와 쏠리드시스템, 차의과학대학계열 등이 여기에 해당한다. 판교테크노밸리 내에서 기술협력의 개방성이 아직은 낮은 수준에 머물러 있다고할 수 있다. 마지막으로 앞서 지적한 바와 같이 대기업과 중견·중소기업간의 분절 혹은 동류화(homophily) 현상이 뚜렷이 드러난다는 점이다. 아리바이오와 SK케미칼, 유라코퍼레이션과 현대오트론 사이의 기술협력을제외하고는 중견·중소기업과 대기업 간의 기술협력은 없는 것으로 나타났다.

5. 맺음말

지식경제시대의 도래와 함께 혁신 클러스터가 주목받고 있다. 지식경제시대의 기관차인 정보통신기술이 발달하면서 정보 획득에 들어가는 시간과 비용은 놀라울 만큼 크게 줄어들었고, 인터넷이나 모바일에 접속하는 것만으로도 엄청난 지식창고에 접근할 수 있다. 그런 이유로 지리적 경계가 무의미한 '평평한 세계'가 도래할 것이라고 예측하는 사람도 적지 않다. 시공간이 빠르게 압축되어 가는 지식경제시대에 기업과 사람들이 일정한 지리적 공간을 공유하면서 기업 활동과 혁신 활동을 전개하는 혁신클러스터가 부상하고 있는 것은 어찌 보면 놀라운 역설이다. 그러나 현실로 조금만 들어가 보면 이러한 현상이 결코 역설이 아님을 어렵지 않게 확인할 수 있다. 평평한 세계를 만드는 정보통신기술의 발달은 혁신의 산물이고, 혁신은 다양한 형태의 '암묵지'가 결합되어 창출되는 것이다. 그런데 암묵지는 인터넷이나 모바일과 같은 전자적 매개체가 아니라 사람과 사람 사이의 직접적인 접촉을 통해 효과적으로 전이되는 특성을 지니고 있다. 따라서 암묵지들 간의 물리적 거리가 가까울수록, 다시 말하면 형식지뿐만 아니라 암묵지를 가지고 있는 뛰어난 인재들 간의 직접적인 접촉이 잦아질수록 혁신의 가능성은 폭발적으로 증가한다. 이를 흔히 네트워크 효과라고 하는데 이 네트워크 효과를 제고하는 정책적 수단이 바로 혁신 클러스터이다. 미국의 실리콘밸리와 리서치트라이앵글, 핀란드의 오울루 테크노폴리스, 독일의 도르트문트 기술단지, 싱가포르의 사이언스파크 등이 혁신의 요람으로 주목받는 이유다.

따라서 새로운 성장 동력으로 주목받고 있는 혁신 클러스터가 진정한 성장 동력이 되기 위해서는 네트워크 효과가 충분히 발휘되는 혁신 클러스터가 되어야 한다. 이를 위해서는 두 가지가 필요하다. 첫째는 창조적 인재들과 혁신적 기업·기관들이 혁신 클러스터에 밀집되어 있어야 한다. 그러나 이것만으로는 '개별의 합' 이상의 네트워크 효과는 나타나지 않는다. 네트워크 효과가 창출되려면 말 그대로 다양한 혁신 주체들 간의 폭넓은 네트워크가 형성되어야 하고, 그 네트워크를 통해 암묵지의 교환과 결합, 이를 통한 기술협력과 공동 학습이 끊임없이 이루어지는 혁신 생태계가 조성되어야 한다. 혁신 주체의 집결과 이들 간의 긴밀한 기술협력은 물리적 인프라, 제도적 지원체계, 그리고 사회자본과 개방적·도전적 문화를 포함하는 사회문화적 요소 등 세 가지 조건을 필요로 한다.

이러한 분석틀을 가지고 이 장에서는 한국의 대표적 ICT 클러스터인 판교테크노밸리의 진화 과정을 살펴보았다. 일반적으로 중앙 혹은 지방정부와 같은 공공 부문이 특정한 계획과 전략을 세우고 조성하는 혁신 클러스터는 물리적 인프라와 제도적 지원체계를 구축하는 단계를 거쳐 기업과 개인들 간의 혁신 활동의 방식을 규정하는 사회문화적 요소가 갖추어짐으로써 명실 공히 혁신의 요람으로 진화한다. 인프라가 구축되어 유사한 관심과 이해를 공유하는 기업과 인재들이 몰려들면 관심 공동체로 발전한다. 네트워킹을 위한 제도적 지원이 이루어지고 클러스터 내에서 사회적 관계가 축적되면서 관심 공동체는 일종의 학습 네트워크로 진화한다. 기술에 대한 공동 학습, 협력 방식에 대한 지속적인 학습이 이루어지면서 신뢰의 사회자본이 두텁게 형성되고, 네트워크 곳곳에서 활발한 혁신이 일어나게 되면 학습 네트워크는 원숙한 클러스터인 혁신 공동체로 진화하게 된다. 이러한 진화 모형을 기반으로 판교테크노밸리의 진화적 위치를 판단해보면, 이 혁신 클러스터는 현재 관심 공동체로부터 학습 네트워크로 진화하는 초기 과정에 있는 것으로 보인다.

판교테크노밸리 입주 기업의 특허 신청 현황과 공동 특허 신청 내역을 분석한 결과, 본격적으로 입주가 시작된 2012년 이후 특허 신청 건수는 조금씩 상승하는 추세지만, 공동 특허 비중은 큰 변화가 없는 것으로 나타났다. 중견기업과 중소기업들은 특허 출원을 위한 공동 기술협력을 강화하는 추세지만, 대체로 협력의 범위가 소수 기업으로 이루어진 내집단(clique)에 국한된 경우가 적지 않았다. 뿐만 아니라 아직도 기술협력 파트너십을 구축하지 못한 중소기업도 상당히 많은 것으로 분석되었다. 판교테크노밸리에 입주한 대기업의 경우는 주로 기업 내부 자원에 의존하는 폐쇄적 혁신을 강화하는 추세인 것으로 보인다. 기술협력을 하는 경우에도 협력 파트너를 판교테크노밸리 내부에서 찾기보다는 클러스터 밖에 존재하는 대기업, 유수 연구기관 및 대학을 주요 파트너로 설정하고 있었다.

전체적으로 판교테크노밸리는 아직도 클러스터가 가지고 있는 이점을 충분히 살리지 못하고 있다. 뛰어난 인재들과 한국을 대표하는 최고의 혁신 기업들이 몰려 있지만, 신뢰의 사회자본, 폭넓은 사회적 관계, 개방적이고 도전적인 문화를 바탕으로 네트워크 곳곳에서 암묵지가 교환되고 이질적 지식이 결합되는 혁신 생태계의 모습은 아직 찾아볼 수 없다.

판교테크노밸리는 최근 용지 부족 문제를 해결하기 위해 제2판교테크노밸리 조성을 추진하고 있다. 인프라를 확대하고 클러스터 공간을 확대하는 것은 반드시 필요한 일이다. 하지만 조성 초기부터 목표로 세운 바대로, 판교테크노밸리가 ICT 분야의 세계적 혁신 클러스터로 발전하기 위해서는 자발적인 협력과 공동 학습이 활발히 이루어지는 혁신 클러스터다운 혁신 공동체를 빠르게 정착시키는 것이 중요하다. 이를 위해 폭넓은 사회 관계를 바탕으로 한 신뢰의 사회자본, 개방적이고 도전적인 문화와 같은 요소들이 더욱 강화될 필요가 있다. 물론 사회문화적 측면의 변화(transformation)를 이루어내는 데에는 상당히 오랜 시간이 소요되는 것이 일반적이다. 그러나 하향식 전략에 따라 조성된 혁신 클러스터인 만큼, 정부의 정책적 노력에 따라 그 시간은 크게 단축될 수도 있다. 지금까지 기업 유치와 인재 유입에 제도적 지원과 정책적 자원을 집중해왔다면, 이제는 사회자본의 축적과 기술협력, 공동 학습의 활성화를 위한 노력에 더 많은 자원을 투입해야 할 것이다.

테헤란밸리 스타트업 생태계

신우열

1. 테헤란밸리 들어가기

1990년대 후반부터 서울 강남 지역의 서초역에서 삼성역을 잇는 테헤란로와 그 주변 지역은 '테헤란밸리'라고 불려왔다. 어느 지역을 일컫는 단어에 '밸리'가 붙었다면 이는 십중팔구 세계 기술혁신의 상징인 미국 '실리콘밸리'와 관련이 있다. 실리콘밸리에 구글, 야후, 인텔, 넷플릭스, 테슬라 모터스 등의 세계적인 기업들은 물론 이들의 발전 과정을 따르고자 하는 스타트업 기업들과 이들의 지원자 역할을 맡은 벤처 캐피털 회사들이 모여 망을 구축한 것과 같이 한국의 강남 지역에 있는 테헤란밸리에는 한국의 정보통신산업의 혁신을 이끄는 기업들이 집합해 있다.

테헤란밸리는 1990년대의 '닷컴(.com) 열풍'과 2000년대의 벤처 붐을 이끌어낸 정보통신 기업들을 품었던 공간이다. 이 시기에 기업가들은 "테혜란로에 사무실이 있다는 것 하나만으로 주목"을 받았다(강병준, 2003: 13). 네이버, 다음커뮤니케이션(현 다음카카오), 엔씨소프트, 넥슨, 안철수 연구소(현 안랩) 등의 국내 벤처 1세대는 모두 테헤란밸리에서 기업의 면모를 갖추기 시작했다.

이들 1세대 벤처기업들이 판교나 과천 등 새롭게 형성된 기술혁신 클러스터로 떠나고 난 자리는 스타트업 기업들, 그리고 이들을 지원하는 기관들이 채웠다. 소위 '2세대 벤처'라고 불리는 이들 스타트업 기업들은 모바일인터넷, 사물인터넷, 지식업무자동화 등의 영역의 기술혁신을 이끌고자 하는 젊은 기업가들에 의해 창업되었다. 이들의 창업 및 발전 과정은 테헤란밸리 스타트업 생태계의 허브(hub) 역할을 하고 있는 창업지원기관 (business incubator)들, 창업기획자(accelerator) 회사들, 벤처 캐피털 회사들에 의해 촉진된다. 사무 공간, 설비 및 업무 보조 등의 하드웨어 중심의 서비스를 스타트업 기업들에게 제공하는 창업지원기관의 대표적인 예는 네이버의 'D2 스타트업 팩토리', 구글의 '구글 캠퍼스 서울', 은행권청년창업재단의 '디캠프', 아산나눔재단의 '마루 180', 중소벤처기업부의 '팁스타운' 등이다. 이들 창업지원기관들이 제공하는 공간에는 스타트업 기업들과 함께 창업기획자 회사들과 벤처 캐피털 회사들이 자리를 잡고 있다. 창업기획자 회사들은 창업의 지식과 경험, 통찰력을 포함한 소프트웨어 지원을 하여 스타트업 기업의 성공을 돕는다. 그리고 벤처 캐피털은 스타트업의 혁신적인 기술의 성공 가능성에 투자한다. 한국의 스타트업 기업, 창업지원기관, 창업기획자 회사, 벤처 캐피털 회사의 대다수는 테헤란로를 중심으로 한 강남 지역에 밀집해 있으며, 이들은 함께 생태계를 이뤄 역동하고 있다.

한국의 스타트업 문화를 만들고 있고 정보통신산업 기술혁신을 이끌어가고 있는 테헤란밸리는 다른 지역혁신 클러스터들과 분명한 차이점을 갖는다. 이 장에서는 테헤란밸리의 특징을 구체화해 테헤란밸리의 현재를 진단하고, 이를 바탕으로 테헤란밸리 생태계를 더욱 활성화할 방안을 제시하고자 한다. 이 질문들에 답을 하기 위해 나는 테헤란밸리에서 일하고 있는 스타트업 기업 임직원 9명을 대상으로 심층인터뷰를 실시했다.

2. 테헤란밸리 들어다보기

1) 테헤란밸리의 어제

테헤란밸리는 판교 등의 테크노파크가 중앙정부나 지방정부의 주도로 추진되어 자리를 잡은 지대인 것과 달리 기업들이 자생적으로 이룬 생태계다. 2018년 현재, 역삼역, 선릉역, 강남역과 강남대로 일대, 삼성역과 영동대로 일대, 그리고 신사역을 아우르는 지역에 조성된 테헤란밸리 생태계는 스타트업 기업들, 공공 인프라, 투자 관련 기관, 창업지원기관 등이 한데 모여 활발하게 에너지를 발산하고 있다. 이러한 활기가 차기까지 테헤란밸리는 숱한 우여곡절을 겪었다.

1990년대부터 2000년대 초반까지 테헤란밸리를 중심으로 발현했던 벤처 열풍을 조사한 강병준(2003)에 따르면, 처음 테헤란밸리에 인터넷과 정보통신 기업이 몰리기 시작한 것은 이미 기성 기업들로 포화 상태인 서울 도심과 여의도 증권가를 제외하고는 테헤란로 주변만큼 "지리적인 요건이나 편의시설이 잘 갖춰진 곳"이 없었기 때문이다(강병준, 2003: 18). 1990년대 후반에 약 1700개의 정보통신 관련 신생 기업들이 "초고속 광통신망이

깔린 인텔리전트빌딩"이 밀집해 있으면서 교통까지 편리한 테헤란로 주변으로 몰려들었다(≪중앙일보≫, 2002.2.25). 이러한 정보통신 기업의 인프라에서의 이점과 함께 투자 조합과 벤처 캐피털이 테헤란로에 밀집해 있다는 사실도 자본금이 부족한 스타트업 기업들에게 매력적으로 다가왔을 것이다.

게다가 테헤란로의 매력은 기업들이 몰려든 시점부터 증폭되었다. 테헤란로 주변에는 정보통신 업체의 활동에 직간접적으로 영향을 미치는 여러 협회와 기업(예컨대, 한국소프트웨어진흥원, 한국정보통신진흥협회, 벤처기업협회 등)이 자리 잡기 시작했다. 이로 인해 테헤란로에 위치한 기업들은 더욱 활발하게 정보 교류를 할 수 있게 되었다.

그러나 일확천금의 상징으로 영원한 번영을 누릴 것만 같던 테헤란밸리의 기업들은 2000년대에 심각한 구조조정 과정을 거쳤다. 2000년 4월에 미국 나스닥(NASDAQ)의 첨단기술주의 거품 붕괴에 영향을 받아 코스닥(KOSDAQ) 지수는 폭락했고, 테헤란밸리의 크고 작은 기업들은 강남 지역의 비싼 임대료를 감당할 능력을 잃었다. 예컨대, 안철수연구소는 2001년 초 테헤란로의 삼화빌딩을 떠나 수서에 새 자리를 마련했고, 인터파크는 2002년에 역삼동에서 을지로로, 드림위즈는 2002년에 잠실로 각각 사무실을 옮겼다. 테헤란로의 정보통신 기업들에 대한 사회의 불신도 커져 갔다. 이는 리타워텍의 최유신, IHIC의 이성주 등의 주가 조작 사건, 그리고 벤처기업과 정치권이 연루된 비리(예컨대, '정현준 게이트')등이 연이어 문제가 되었기 때문이다.[1]

---

1 강병준(2003)은 1990년대 말 '벤처 광풍'의 책임을 상당 부분 정부에 돌렸다. 강병준에 따르면, 1999년 외환위기 이후 정부는 한국 사회가 겪던 실업난을 타파하기 위해 코스닥 활성화

게다가 2000년대 중반에 이르러 판교, 구로, 성남 등에 잇달아 첨단 기업 집적 단지가 조성되면서 테헤란밸리의 시대는 지는 듯이 보였다. 특히 중앙정부와 경기도가 2005년부터 조성을 시작한 판교테크노밸리로 테헤란밸리의 대표 기업들이 대규모 이주를 하게 되었다.[2] 이들 신생 테크노밸리들은 테헤란밸리와 태생에서부터 차이를 보였다. 기업들의 필요로 인해 자연스럽게 조성된 테헤란밸리와 달리 이들은 애초부터 정보통신 기업들이 자리 잡기 유리하게 설계되었다. 초고속 광랜과 무선 이동통신 시스템, 대중교통 시설이 갖춰지는 것은 물론, 단지의 중심에 법률·회계·컨설팅 등 다방면을 지원하는 대규모 공공 창업지원센터가 자리 잡았다. 중앙정부와 지방정부의 투자도 신규 단지에 집중되는 마당에 유망한 정보통신 기업들이 테헤란밸리에 남아 있을 이유는 많지 않아 보였다. 결국 테헤란로의 빈자리는 GS건설, 삼성물산 등의 대기업이 채우게 되었다.

2) 테헤란밸리의 오늘

그럼에도 불구하고 테헤란밸리는 여전히 스타트업 설립을 꿈꾸는 기업가들이 가장 선호하는 지역이다. 한국 스타트업 생태계를 활성화하고 스타트업 기업들의 해외 진출을 지원하기 위해 과학기술정보통신부와 기업,

---

를 통한 벤처 육성을 시도했다. 정부는 "코스닥 시장 활성화 방안"을 계획했는데, 이 방안에는 "벤처기업의 법인세를 50% 감면하고 코스닥 시장에 등록한 대기업 주식을 거래할 때 양도 차익을 비과세하며 코스닥 주식을 거래할 때 증권거래세를 면제"하는 등의 과격적인 내용이 담겨 있었다. 강병준은 "정치권의 입김으로 마련된 벤처정책은 건전한 투자가의 눈을 멀게 했고 주식 시장을 투기판으로 전락"시켰다고 주장했다(강병준, 2003: 29).

2 판교테크노밸리의 진화 과정에 대해서는 이 책의 2장에서 상세하게 다룬다.

투자기관, 창업보육기관이 함께 만든 민관 협력 네트워크인 스타트업얼라이언스가 주관해 구성한 한국 스타트업 생태계 포럼(2016)에 따르면, 2016년 기준으로 한국의 스타트업 기업 중 약 39%가 강남구와 서초구 주변 약 10km 내에 위치한 것으로 나타났다. 그리고 스타트업 설립을 원하는 사람들의 39%가 강남구를 선호 지역으로 꼽았다.

이처럼 정보통신산업 벤처와 스타트업의 성지로서 테헤란밸리가 쇠락하지 않고, 더 나아가 다시 각광받게 된 이유는 벤처 1세대가 구축한 생태계와 그 문화의 힘에 있다. 테헤란로는 "벤처 1세대가 10명 남짓한 인원으로 시작해 수백, 수천 명의 기업으로 큰 곳이라는 상징성"을 가지고 있다(서동일, 2015). 이 상징의 힘은 SNS, 스마트폰, 애플리케이션, 빅데이터, 사물인터넷, 바이오 기술(BT), 핀테크(Financial Technology: Fintech) 등의 키워드들과 함께 등장한 스타트업 기업들을 테헤란밸리로 불러들였다. 이 신생 기업들은 테헤란밸리에 1990년대 이래 터를 잡고 있던 벤처 캐피털, 창업지원기관 등과 함께 스타트업 생태계를 역동적으로 구축하고 있다.

특히 벤처 캐피털 회사들은 테헤란밸리 생태계의 토양 역할을 한다. 한국 스타트업 생태계 포럼(2016)의 조사에 의하면, 2015년 기준으로 한국의 벤처 캐피털 중 약 81%가 강남구에 소재한다. 의료 관련 애플리케이션을 개발해 운영하고 있는 H사의 ㅎ대표는 H사 주변에 벤처 캐피털 회사들이 모여 있다는 사실은 시드머니(seed money)가 필요한 자신과 같은 스타트업 기업가들에게 "말할 수 없이 큰 혜택"이라고 말했다(심층인터뷰, 2018. 1.5). H사는 2012년 7월에 창업을 하여 정보통신부와 한국소프트웨어진흥원이 서울 마포구에 건립한 누리꿈스퀘어에 입주해 있다가 2014년 중 테헤란밸리의 일부인 신사역 주변으로 사무실을 이전했다. ㅎ대표는 누리꿈스퀘어에도 벤처 캐피털 회사들이 몇몇 입점해 있지만 그 규모나 관계

의 질적 측면에 있어서 강남 지역에 있는 지금에 비할 바는 아니라고 한
다. ㅎ대표는 "마포에 있을 때는 마포에, 거기다가 누리꿈스퀘어에 있는
우리(H사) 정도면 충분한 지원을 받고 있다고 생각했어요. 근데 강남으로
오고 나니깐, 차원이 다르더란 말이죠"라고 말했다. ㅎ대표에 따르면, 마
포구에 있을 때는 벤처 캐피털 매니저들이 "우리(H사)에게 수많은 서류를
요청하고, 그걸 검토하고 난 뒤에 우리(H사)에 대한 확신이 서야 우리(H
사)에게 '올까 말까?'에 대한 고민을 시작했다"고 한다. 그러나 H사가 테헤
란밸리로 오고난 뒤부터 ㅎ대표는 벤처 캐피털의 매니저들과 "마음만 먹
으면 만날 수 있게 되었다". 벤처 캐피털 회사들이 "우리(H사)가 가진 게
조금이라도 재밌어 보이면 5분 만에 찾아올 수 있는 거리"에 위치해 있기
때문이다. ㅎ대표는 이처럼 "만남이 잦고 교류가 잦고, 그러다 보니까 새
로운 비즈니스의 기회들이 알아서 만들어지는" 것이 테헤란밸리의 최대
장점이라고 꼽았다.

　테헤란밸리 생태계의 토양이 벤처 캐피털이라면, 이 토양에 스타트업
회사들이 뿌리를 내릴 수 있도록 자양분을 공급하는 역할은 창업지원센터
들이 맡는다. '비즈니스 인큐베이터'라고 불리는 이 창업지원센터들은 스
타트업 기업의 발전을 돕기 위해 훈련 프로그램, 사무 공간, 인적 네트워
크 등을 제공한다. 각각의 창업보육기관은 스타트업 기업에 저마다 특색
이 있는 프로그램을 제공하고 있다. 예를 들어, 네이버의 'D2 스타트업 팩
토리'는 기술 기반 스타트업 위주의 지원을 실시하고 있다. 창업 생태계
활성화와 청년 일자리 창출을 목적으로 삼은 비영리 재단인 은행권청년창
업재단은 투자, 네트워크, 공간을 스타트업 생태계의 3대 요소로 정의하
고 있는데, 재단은 이 세 가지 요소를 구체화하기 위해 테헤란로에 '디캠
프'를 설립해 운영하고 있다.[3] 아산나눔재단이 설립한 창업보육기관인 '마

루 180'의 경우, 스타트업, 벤처 캐피털, 창업기획자 간의 네트워크 형성을 지원하는 것을 주된 목적으로 삼고 있으며, 이와 관련한 다양한 교육 프로그램을 진행하고 있다. 중소벤처기업부(전 중소기업청)가 운영하고 있는 'TIPS 캠퍼스'는 민간 기업들의 주도로 선발한 스타트업 기업들에게 정부가 R&D 지원금을 지급하는 형태로 운영된다.

〈그림 3-1〉은 스타트업얼라이언스가 제작해 홈페이지에 게시한 테헤란밸리의 창업지원기관들의 위치를 나타낸 지도다. 〈그림 3-1〉에서 볼 수 있듯이, 2017년 기준으로 테헤란밸리에는 20개 이상의 창업보육기관이 밀집해 있다. 수십 개의 비즈니스 인큐베이터가 지근거리에 모여 있다는 사실은 스타트업 기업가들에게 커다란 매력으로 다가온다. 스타트업 액셀러레이터 혹은 창업기획자 ㄱ에 의하면,[4] "최근 스타트업뿐 아니라 ICT 업계 관련 정보는 모두 테헤란밸리로 몰리고 있기 때문에" 테헤란밸리는 스타트업들의 "검색 엔진"이나 다름이 없다(심층인터뷰, 2018.1.10). H사의 ㅎ 대표는 스타트업 기업가가 테헤란밸리에서 창업보육기관들을 중심으로 형성된 네트워크를 통해 다른 지역에서 쉽게 만나기 어려운 사람들을 일상적으로 만나 정보를 교환하는 것은 "수억 원을 주고도 살 수 없는 경험"이라고 말했다. 그러면서 ㅎ대표는 이 경험이 그가 마포구에 터를 잡고 있을 때는 "이런 게 있는 줄도 몰랐던 유"의 경험이라고 덧붙였다(심층인터뷰,

---

3   http://dcamp.kr/about
4   스타트업 액셀러레이터 혹은 창업기획자란 특정 기간 동안 스타트업 기업들에게 멘토링 프로그램, 교육 프로그램 등을 제공해 그들이 성장할 수 있도록 돕는 사람 혹은 기업을 의미한다. ≪중앙일보≫의 전영선 기자(2015)는 액셀러레이터를 "될 것 같은 창업팀을 귀신같이 골라내 이들의 성장에 가속 페달을 밟아주는", "마치 오디션 프로그램에서 참가자들을 선발하는 심사위원"의 역할을 한다고 표현했다.

<그림 3-1> 서울 강남 지역의 창업보육기관들

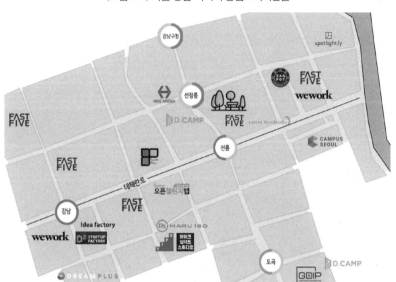

자료: https://www.slideshare.net/StartupAlliance/coworking-space-map-ver-10-170803-78530098

2018.1.5).

　테헤란밸리 생태계의 연결망은 누군가의 의도나 계획에 의해 만들어진 것이 아닌 참여 주체들의 필요에 의해 자발적으로 구축되었다는 데에 그 의의가 있다. 중앙정부와 지방정부가 나서서 조성한 테크노밸리들은 네트워크 확보가 성공의 필수 조건인 스타트업 기업들을 위해 네트워크 활성화 프로그램을 만들어 제공한다. 그러나 스타트업 창업가들의 입장에서 보았을 때 이 프로그램은 종종 역효과를 낸다. 정보통신부가 운영하는 비즈니스센터에 입주를 했던 B사의 ㅅ대표의 경험이 대표적인 예다.

　이 비즈니스센터에는 컨설팅 회사, 벤처 캐피털, 법률 사무소 등등 스타트업 창업에 필요하다고 하는 건 다 모여 있어요. 한 달에 한 번씩 입주한 이들이 필수 참여해야 되는 세미나도 있고, 억지로 네트워킹을 만들려고 노력을 하긴 하는데, 이게 필요를 가진 사람들끼리 자연스럽게 만나는 게 아니라서 별 효과가 없었어요. 오히려 자율성이 떨어져서 귀찮다는 생각도 들고. 근데 여기(테헤란로)로 오니까 여기는 또 다른 차원으로 자연스럽게 스파크가 일어나는 교류가 활발해지더라고요(심층인터뷰, 2018.1.8).

테헤란밸리 생태계 주체들 간의 활발한 교류는 스타트업 기업에서 일을 하고 있는 기술자들에게도 큰 도움이 된다. 테헤란로에 있는 의료 애플리케이션 개발 스타트업 기업에서 일하고 있는 소프트웨어 개발자 ㄷ은 수시로 다른 개발자들과 만나 소프트웨어 개발에 대한 이야기를 나눈다. 개발자들은 이러한 모임을 '밋업(meetup)'이라고 부르는데, 이 밋업의 대부분은 강남 지역에서 열린다. 개발자 ㄷ의 회사는 사내 소통 소프트웨어로 '슬랙(Slack)'을 사용하는데, 슬랙의 특성상 ㄷ은 ㄷ의 회사 구성원들은 물론 다른 슬랙 사용자들과 자유롭게 소통할 수 있다.[5] ㄷ은 코딩을 하다가 막히는 부분이 생기면 종종 '슬랙'에 질문을 올리는데 이 질문에 대해 전 세계의 개발자들이 "거의 실시간으로 문제를 해결해준다"라고 말했다. 이러한 온라인 소통 과정에서 자연스럽게 밋업을 하자는 이야기가 오가기도 하는데, ㄷ은 이 밋업의 대부분은 강남 지역에서 이뤄진다고 말한다.

---

[5] 2014년에 서비스를 시작한 비즈니스 애플리케이션인 슬랙(https://slack.com/)은 2018년 현재 전 세계의 정보통신 기업들과 스타트업 기업들이 가장 선호하는 메신저 중 하나이다. 슬랙이 인기 있는 원인에 대해서는 다음의 링크를 참고하기를 바란다. https://medium.com/@justin _jin/%EC%8A%AC%EB%9E%99%EC%9D%B4-%EC%B9%B4%EC%B9%B4%EC%98%A4%ED%86%A1%EB%B3%B4%EB%8B%A4-%EC%A2%8B%EC%9D%80-%EC%9D%B4%EC%9C%A0-d7153f0b2af7

ㄷ은 개발자들 간의 소통 그 자체는 인터넷 연결만 있으면 언제 어디서나 가능하기 때문에 "테헤란밸리에 회사가 있느냐 구로구에 있느냐는 (개발자들 간의 소통량에) 큰 차이를 주지 않는다"라고 말했다. 그러나 "밋업은 주로 강남 지역에서 열리기 때문에" 테헤란밸리에 있는 개발자가 더 "마음 편히 참여할 수 있는 것은 사실"이다. 게다가 소프트웨어 개발자 ㄷ의 경험에서 볼 수 있듯이 스타트업과 관련이 있는 대부분의 행사들은 테헤란밸리에서 열린다.

예를 들어, 다음 달만 하더라도 블록체인 컨퍼런스, 코트라(Korea Trade-Investment Promotion Agency: KOTRA) 주관 행사 등이 있단 말이에요. 그게 다 코엑스(Convention & Exhibition Center: COEX), 팁스타운, 구글 캠퍼스, 이런 데서 열려요. 개발자들은 대체적으로 배우고 싶은 마음이 강한 편이어서 개발자로서의 성장에 도움이 되는 이벤트엔 참석하고 싶어 하죠. 그리고 저는 회사가 강남에 있으니깐 가고 싶은 마음이 들면 그냥 편하게 다녀오죠. 회사에서도 권하는 편이고요(심층인터뷰, 2017.12.13).

한국 스타트업 생태계 포럼(2016)의 조사에 따르면, 강남 지역에서는 2015년 기준으로 연간 3000회 이상의 스타트업 이벤트가 진행됐다. 특히 마이크로소프트, 구글 등 스타트업 기업들의 소프트웨어 개발 방향을 좌지우지할 수 있는 기업들이 개최하는 사업 설명회, 컨퍼런스, 교육 프로그램의 대부분은 테헤란밸리 내에서 열린다. 결국 테헤란밸리에서 일하는 개발자들은 정보 획득에 있어서 지리적인 이점을 가질 수밖에 없다.

게다가 테헤란밸리에 형성되어 있는 연결망은 개발자들의 자기 개발과 구직 및 이직 활동에도 도움을 준다. 잦은 밋업, 창업보육기관에서의 프로그램, 글로벌 기업들이 주최하는 이벤트 등은 정보통신 개발자들의 사교의 장이다. 이 자리에서 개발자들은 인맥을 쌓으며 다른 기업으로의 이직 가능성을 확보해간다. 어떤 개발자들은 자신의 정체성을 회사에 두기보다는 개발자라는 직종에 둔다. 예컨대, 의료 애플리케이션 소프트웨어 개발자인 ㄷ은 자신을 "무슨 무슨 회사의 누구라고 생각하기도 하지만 개발자라는 관점에서 생각하는 편"이라고 말했다. ㄷ은 "개발자로서 배울 게 남아 있는 한 지금 일하고 있는 회사에서 계속 일할 예정"이지만 자신을 "더 갈고닦을 수 있는 곳이 있다면 이직할 수 있다"는 것을 잘 알고 있다. 소프트웨어 개발자 ㄷ은 "어느 곳에 있든지 개발자로서 성장하는 재미를 느낄 수 있길" 원한다. ㄷ을 포함한 테헤란밸리의 개발자들은 다양한 모임에 참여해 자신과 회사의 상대적 위치를 확인하고 자신의 개발자로서의 "셀링 포인트"를 만들 기회를 갖는다(심층인터뷰, 2017.12.13).

이처럼 직원들의 이직 가능성이 높다는 사실은 테헤란밸리의 스타트업 기업들에게 여러 의미를 갖는다. 스타트업 기업가들은 자신과 함께 일하고 있는 개발자들이 언제든지 떠날 수 있다는 사실, 그리고 "대기업에서 핵심 인력을 빼내어 갈 수 있다는 사실"을 잘 알고 있다. 금융 애플리케이션 개발 스타트업인 F사의 ㅇ대표는 대기업들이 "M&A를 안 하고 사람만 빼내어 가려고 하는 게 문제"라고 말한 사람 중 하나다. F사의 사무실에서 ㅇ대표와 인터뷰를 할 때 나는 F사의 내부 인테리어의 세련미, 사내 휴게실의 쾌적함 등에 대해 칭찬을 했는데, ㅇ대표는 이에 대해 "우리(F사)처럼 작은 회사가 지금처럼 훌륭한 개발자들을 모시고 있으려면 이 정도는 기본"이라고 말했다(심층인터뷰, 2018.1.10). F사는 물론 심층인터뷰를 위해 방문한 테헤란밸리에 있는 스타트업 기업 대부분은 저마다 특색이 있는 휴게 공간(예를 들어, 턴테이블과 LP가 마련이 되어 있는 음악청취실, 독서 공간,

바(bar), 카페, 수면실)을 마련해두었다. 결국 테헤란밸리에서는 스타트업 기업들이 대기업이나 경쟁 스타트업 기업들과 인재 확보 측면에서 경쟁을 하고 있는데, 이 과정 중 직원들의 처우는 상향 평준화되고 있다. 물론 스타트업 기업 재직 개발자들의 평균 급여 수준은 여전히 대기업 개발자들에 비해 낮지만, 스타트업 기업의 높은 성장 가능성과 자유롭고 유연한 업무 환경이 그 간극을 어느 정도 메우고 있다.

한편 개발자와 디자이너들의 이직 가능성이 높다는 것은 스타트업 기업들이 필요한 인력을 찾기가 쉽다는 말이기도 하다. 특히 이미 개발자들과 함께 일을 하고 있는 스타트업 기업가들이 아닌 창업 초기에 있는 기업가들은 인재를 확보하는 데에 테헤란밸리의 연결망을 적극적으로 활용한다. 스타트업 기업들은 창업 단계부터 기술 인력을 보유한 상태가 아닌 경우 평균 5개월 이내에 최초 기술 인력을 고용하는 편이다(한국 스타트업 생태계 포럼, 2016). 한국 스타트업 생태계 포럼(2016)의 조사에 따르면, 한국의 스타트업 중 78.3%가 멤버 확충 방안으로 "인적 네트워크"를 꼽았다. 같은 조사에서 "리쿠르팅 등의 공식 절차를 거친다"라고 한 응답자는 단 4.4%에 그쳤다. 결국 자연스럽게 생태계가 구축이 되어 왕성한 소통이 오고가는 연결망을 가진 테헤란밸리에 자리를 잡은 스타트업 기업들은 여타 지역의 기업들에 비해 우수 인력 확충에 있어서 유리할 수밖에 없다.

테헤란밸리 내의 스타트업 기업은 고객사와의 관계 맺기에 있어서도 이점을 갖는다. 스타트업 기업들은 모바일 인터넷, 지식업무 자동화, 사물인터넷, 클라우드 기술 등을 주요 사업 테마로 삼고 있기 때문에 그들의 기술이 담아낼 내용을 필요로 한다. 특히 O2O(Online to Offline), 즉 오프라인 비즈니스가 제공하는 상품이나 서비스를 디지털 환경 내에서 구매하게 만드는 서비스를 제공하는 스타트업 기업들은 오프라인 사업자들과의 만남이 필수다. 테헤란밸리를 구성하고 있는 강남역, 삼성역, 신사역, 압구정역, 잠실역 주변 지역은 O2O 사업자들의 텃밭이다. 예를 들어, 성형수술 비용의 견적을 내주는 애플리케이션을 개발해 운영하고 있는 G사의 경우 성형외과가 집중적으로 모여 있는 신사역에 자리를 잡고 있다. G사의 공동창업자인 ㅂ은 "한국의 내로라하는 성형외과 대부분이 (G사와) 워낙 가까운 곳에 있기 때문에 수시로, 심지어 회사에 출퇴근하는 중에도 영업을 하고는 한다"라고 말했다. 그 덕분에 현재 신사역 주변의 성형외과들은 대부분 G사의 애플리케이션에 가입되어 있다고 한다. 그는 "의외로 IT 기업들 중에 발로 뛰어야 하는 분야"가 많다며 "우리(G사)가 강남 지역에 있어서 다행"이라고 말했다(심층인터뷰, 2018.1.7). 성형 의료, 미용 등의 이른바 '뷰티 산업'은 물론 테헤란밸리는 한국 사회의 트렌드를 이끄는 문화산업의 중심지다. 또한 이 지역은 한국의 금융업, 음식업, 학원업, 부동산업 등의 핵심이기도 하다. 스타트업 창업자, 기업가들은 이 산업 분야들에서 IT 기술을 도구로 삼아 금맥을 캐고자 테헤란밸리로 모여든다.

그러나 모든 스타트업 기업들이 테헤란밸리에서 금맥을 찾을 수 있는 것은 아니다. 테헤란밸리의 스타트업 기업 중 대부분은 실패를 경험한다. 기획재정부가 2017년 11월 2일에 발표한 「혁신창업 생태계 조성방안」에 의하면, 한국의 스타트업 기업들은 창업 5년 후 생존율이 27.3%로 독일 41%와 영국 37.5%에 비해 매우 낮은 편이다. 게다가 정부의 정책적 지원은 초기 창업 단계에 집중되고 있기 때문에 스타트업 기업들은 기술의 양산과 사업화에 집중해야 할 창업 이후 3년에서 5년 사이에 자금과 판로의 부족에 직면하는 경우가 많다. 의료 애플리케이션 개발 스타트업인 P사의 ㄱ대표는 중소기업청(현 중소기업벤처부)이 주관하는 청년창업사관학교 프로그램 출신 창업자다. ㄱ대표의 청년창업사관학교 동기는 약 30명인데,

2018년은 그들이 청년창업사관학교를 졸업한 지 약 4년이 지난 때이다. ㄱ대표에 따르면 2018년 현재 그의 동기 중 ㄱ대표를 포함해 단 3명만 사업체를 유지하고 있고 나머지는 대부분 파산을 했다고 한다. 이 파산한 창업가들은 테헤란밸리의 비싼 임대료를 감당하지 못하거나, 개발한 기술의 판로를 확보하지 못하거나, 유사 기술을 보유한 기업과의 경쟁에서 도태되었거나, 핵심 인력이 다른 기업에 취직을 했거나 하는 등의 이유로 사업을 그만두게 되었다.

ㄱ대표는 사업의 실패를 부정적으로 바라보는 태도를 경계했다. ㄱ대표는 스타트업 창업을 꿈꾸는 젊은이들은 보통 "'실패는 기본이다'라는 마인드"를 가지고 있다고 본다. 그리고 그는 이 마인드가 바로 테헤란밸리의 문화적 자산이라고 평했다. 실패한 창업가들 중 상당수는 다시 창업을 하는 경우가 많으며, "다시 하는 분들은(창업가들은) 전보다 훨씬 시행착오를 덜 겪는 편"이라고 한다. ㄱ대표의 말처럼 "실패는 실패로 그냥 버려지고 마는 게 아니라 사회적 자산으로 쌓여" 재창업의 밑거름이 된다. ㄱ대표는 "실리콘밸리의 창업자들은 거의 30대 후반, 40대"라고 하면서 "이러한 경험의 창업자가 결국 실리콘밸리의 핵심"인 것처럼 테헤란밸리의 창업자들도 "재차, 삼차 도전을 해야 한다"는 인식을 공유하기 시작했다고 말했다.

게다가 정부 지원이 스타트업 기업의 창업 초기 단계에 집중된다는 점, 그리고 그 지원이 테헤란밸리에 자리를 잡은 민간 스타트업 인큐베이터 회사를 통해 이뤄진다는 사실도 테헤란밸리의 재창업자들이 회복하는 데 큰 도움이 된다. 금융 기술 관련 스타트업 대표인 ㅅ은 최근 정부나 민간단체의 지원을 받을 기회가 기하급수적으로 늘었다고 평하면서, 이러한 지원은 기업가가 "시행착오를 겪고, 업계를 이해하고, 사람들하고 함께 일하는 법을 배우는 정도"까지 성장하는 데에 큰 도움이 된다고 했다. ㅅ대표는 은행권청년창업재단의 디캠프(D.CAMP)의 공모전에서 수상을 하여 받은 5000만 원의 지원, 정보통신산업진흥원과 청년창업사관학교에서 받은 크고 작은 지원들 덕분에 자신이 기업가로서의 면모를 갖출 수 있었다고 말한다.

> 당시에는 '정말 대박이다'라고 생각했지만, 이제와 돌이켜보면 '어떻게 이런 걸 선정하지?' 싶은 게 지원을 받았었어요. 그래도 그때 시행착오를 겪은 덕분에 '실패는 기본이야'라는 마음을 갖게 됐어요. 성공은 10%만 할 거예요. 그러나 어차피 다 알고 시작하는 거니깐, 감수할 수 있는 사람들이 모이는 곳이고. 여기 스타트업 바닥은. 그래서 실패한다고 '나 한강 간다', 이런 게 아니라, '실패했지만 …… 나의 가치는 더 올라갈 수 있다. 사회가 도와줄 거고 스스로 살아남을 것이다' 이런 확신을 가지기만 한다면, 그리고 그런 경험을 한두 번 해보면. 스타트업 창업자들의 전망은 밝을 거라고 생각해요(심층인터뷰, 2018.1.12).

물론 ㅅ대표의 경험과 말이 모든 스타트업 기업가들을 대변하지는 않는다. 그러나 테헤란밸리에는 상대적으로 "스타트업의 도전을 격려하고 실패를 용인하는 사회적 관대함이 필요하다"라는 기류가 타 지역에 비해 널리 퍼져 있는 편이다(한국 스타트업 생태계 포럼, 2016: 67). "망하는 게 기본인 비즈니스"를 하는 사람들이 스타트업 창업가라는 인식이 있으며(ㅅ대표 심층인터뷰, 2018.1.12), "판이 빠르게 바뀌지만 그 변화에 적응해서 혹은 그 변화를 일으켜서 성취를 이루겠다고 보통 이야기를 하는 사람들이 모여 있는 곳"(ㅎ대표 심층인터뷰, 2018.1.5)이 테헤란밸리다.

이 진취적인 분위기는 정보통신산업 분야 종사자들이 공유하고 있는 '연결의 윤리(ethics of linking)'와 맞물려 증폭된다. 미국의 디지털 문화 관련 석학 제이 로젠(Jay Rosen)에 따르면(Rosen, 2008), 디지털 시대의 주체들은 '연결'을 윤리적인 요소로 받아들여야 한다. 이 연결은 주로 온라인에서의 연결을 말하는데, 온라인 세상에서 가치는 두 노드(node) 이상의 연결을 통해 만들어진다는 것이 연결의 윤리의 핵심이다. 예를 들어, 네이버의 포털 사이트의 가치는 그 포털 사이트와 다른 수많은 웹사이트들과의 연결, 네이버와 네이버 계정을 가진 이용자들과의 연결 등에 의해 생겨난다. 더 많은 연결 고리를 가진 노드가 더 큰 가치를 갖게 되며, 그러므로 고립은 디지털 시대에 어떠한 의미도 갖지 않는다는 게 이 윤리의 핵심이다. 이 연결의 윤리는 디지털 시대에 이르러 온라인 세상뿐만 아니라 오프라인 세상에서도 존중되고 있다.[6] 테헤란밸리의 창업자들은 동일한 테마에 투자하고 있는 다른 기업가를 경쟁자이자 동역자로 인식하는 편이다. 예를 들어, 부동산 관련 애플리케이션 개발 스타트업 기업인 D사의 ㅇ대표는 다음과 같이 말했다.

생각해보면 부동산 앱의 경쟁 상대는 다른 부동산 앱이라고 생각하실 수도

---

[6] 정보통신 기술자들은 가진 것을 공유하는 데에 익숙하다. 예컨대, O2O 애플리케이션 개발자인 ㅎ은 컴퓨터 파일 내의 변화를 추적하는 버전 컨트롤 시스템인 깃(Git)을 사용하여 애플리케이션을 개발하는데, 애플리케이션의 특징을 개발하고, 버그를 추적하는 등의 작업을 '깃허브(GitHub, https://github.com/)'를 통해서 하고 있다. 이 '깃허브'는 협업에 최적화되어 있는 웹 기반 호스팅 서비스 사이트인데, 이 사이트에서 ㄷ개발자는 본인의 회사 동료뿐 아니라 전 세계의 개발자들과 개발 코드를 공유하며 문제 해결을 한다고 한다. 깃허브에서 수많은 개발자들은 이른바 '오픈소스(open-source) 소프트웨어 프로젝트'를 실천하고 있는데, 이들은 자신이 개발한 소프트웨어를 무료로 다른 이용자들에게 공개한다. ㄷ개발자도 "내(ㄷ개발자)가 개발한 코드의 버그를 수정하기 위해 …… 소프트웨어에 대한 유용한 피드백을 받기 위해 …… 결국 더 큰 가치를 갖기 위해 깃허브 저장소를 자주 이용하고 있다"라고 말했다(심층인터뷰, 2017.12.13).

있는데, 사실은 전체 시장에서 애플리케이션으로 뭔가를 활용하는 사람들은 별로 많지가 않거든요. 그래서 그런 사람들, 그렇지 않은(애플리케이션으로 정보를 얻지 않는) 사람들을 설득해서 애플리케이션으로 정보를 얻게끔 하는 것이 더 중요한 일이라서. 서로의 경쟁 앱을 경쟁사로 보기보다는 다른 서비스를 경쟁사로 보는 것이 되게 올발라요. 오히려 지금 하고 있는 버스나 지하철의 부동산 광고, 혹은 네이버 키워드의 부동산 광고가 저희의 경쟁 상대죠. 그래서 경쟁 애플리케이션의 서비스를 통해서 효과를 본 부동산 업자들은 저희들 것도 이용하고, 저희를 통해서 효과를 본 부동산 업자들은 또 경쟁 서비스 앱을 이용하거든요. 그래서 아직까지는 사용자들이 경쟁 업체의 앱을 이용한다고 해서 서로의 시장을 빼앗는다고 생각하지는 않아요. 시장을 확대시키는 편이 서로에게 이익이 되기 때문에 오히려 현재는 약간 동반자적인 점도 있고요. 저는 그래서 동종 테마에 투자하는 회사들을 경쟁 서비스라고 보질 않아요(심층인터뷰, 2018.1.5).

결국 테헤란밸리가 2000년대 초반의 구조조정 시기를 넘어서 재도약의 기회를 잡은 것은 생태계 주체들이 함께 가꿔온 도전과 연결의 문화 덕인 것으로 보인다. 1990년대의 벤처 1세대들의 성공 신화에서 비롯된 '벤처, 스타트업의 성지'라는 이미지는 이 시대의 창업가들을 테헤란밸리로 불러모았다. 그리고 그 문화적 유산을 이어받은 테헤란밸리의 주체들은 테헤란밸리를 더 촘촘하게 연결이 된 망으로 만들어냈다. 이 망 안에서 현재 테헤란밸리의 스타트업 기업들은 "다 함께 나눠먹기에 충분할 만큼 파이를 키우고 있는 중"이다(○대표 심층인터뷰, 2018.1.5). 이 상생적 경쟁 문화는 대기업 중심이 아닌 스타트업 기업 중심의 생태계를 구축한 테헤란밸리만의 특징이라고 봐도 무방하다.

3. 테헤란밸리의 내일

현재 테헤란밸리의 스타트업 생태계는 스타트업에 호의적인 정부의 정책, 풍부한 투자, 연결과 상생의 문화 등을 기반으로 삼아 국내 시장에서의 "파이"를 키우고 있는 중이다. 그렇다면 이 "파이"를 지속적으로 키워가기 위해 테헤란밸리의 주체들은 어떤 과제를 해결해나가야 할까?

먼저 테헤란밸리의 스타트업 기업들은 그들의 시선을 해외로 돌릴 필요가 있다. 현재 테헤란밸리의 스타트업 기업들은 O2O 서비스, 이커머스(e-commerce), 핀테크 등의 특정 테마에 집중적으로 투자하고 있다. 그렇기 때문에 그들은 국내 시장에 시선을 고정하고 있다. 전 세계의 스타트업 생태계를 조사해 매년 보고서를 발간하는 비영리단체인 스타트업 게놈(Startup Genome, 2017)은 각각의 생태계에서 스타트업 기업이 창업을 했을 때 세계적인 성공을 거둘 확률이 얼마인지를 계산해 순위를 매겼다. 2017년에 스타트업 게놈은 28개국 55개 도시의 스타트업 생태계를 분석했는데, 서울의 순위는 20위권 밖인 것으로 나타났다.[7] 스타트업 게놈의 지표의 주된 구성요소 중 하나는 바로 "시장 도달력(market reach)"인데, 서울의 시장 도달력은 조사 대상 지역 중 하위권이었다. 특히, 이 조사 결과에 따르면, 서울의 스타트업의 소비자 중 해외 소비자가 차지하는 비율은 약 8%에 불과한 것으로 나타났는데, 이는 조사 대상 지역 중 가장 낮은 수치

---

[7] 이 보고서에 따르면, 스타트업 생태계 1위에서 5위 지역은 실리콘밸리, 뉴욕, 런던, 베이징, 보스턴이 각각 차지했다. 6위에서 10위는 텔아비브, 베를린, 상하이, 로스앤젤레스, 시애틀이, 11위에서 20위는 파리, 싱가포르, 오스틴, 스톡홀름, 밴쿠버, 토론토, 시드니, 시카고, 암스테르담, 벵갈루루로 나타났다.

인 것으로 나타났다. 결국 테헤란밸리 생태계는 그 성장을 위해 시장 도달력을 키워야 하는데, 이를 위해 타 지역의 스타트업 생태계와의 연결을 도모하고 세계 소비자 및 투자자의 관심을 끌 기술을 개발해야 할 것으로 보인다.

다행스럽게도 정부는 이 문제를 인지하고 국내 스타트업의 해외 시장 진출을 돕기 위한 정책을 마련하고 있다. 2018년 현재 정부는 창업 후 3~7년이 지난 스타트업 기업의 성장을 지원하는 「창업도약패키지 사업」의 규모를 현재의 두 배 수준으로 확대하는 방안을 마련하는 등 스타트업 생태계의 유지와 도약을 위한 노력을 펼치고 있다. 이 노력의 일환으로 정부는 "글로벌 수준의 유니콘 기업 창출을 위한 집중지원 체계 마련"을 시도하고 있다(기획재정부, 2017: 15). 예컨대, 정부는 12개의 주요 교역국에 설치되어 있는 인큐베이터 시설을 통해 해외 진출을 희망하는 스타트업 기업에 사무 공간을 제공하고 마케팅과 법률 등의 컨설팅을 해주는 지원책을 마련했다. 그리고 세계의 스타트업 기업가들과 투자자들, 국내 기업가들의 교류 확대를 위해 창업박람회 및 창업경진대회를 정부가 주관하는 국제 행사로 확대하는 방안을 마련 중이다. 또한 국내 대기업은 물론 해외 기업이 국내 기업 인수 합병(Merger and Acquisition: M&A) 시장에 참여할 수 있도록 정부는 "정례적 만남의 장"을 제공하기 위한 안도 마련했다(기획재정부, 2017: 23).

그러나 문제는 테헤란밸리의 스타트업 기업가들이 정부의 투자를 꺼린다는 점이다. 특히 이미 정부의 과제를 수행해본 경험이 있고, 특히 그 과제의 지원을 토대로 사업의 기틀을 어느 정도 마련한 스타트업 기업일수록 정부와의 관계를 회피하고자 한다. H사의 ㅎ대표는 정부의 과제가 자신과 직원들을 "쓸데없는 일로 시간을 낭비"하게 만든다는 것을 깨달았다

고 말한다. 그는 "(정부가 지원하는) 5000만 원 정도는 저희(H사)에게 의미
가 없는 돈이에요. 이미 매출이나 그런 게 있어서 …… 물론 시작 단계에
서는 저희(H사)가 2000만 원짜리 과제를 따내려고 어마어마하게 애를 썼
어요"라고 말했다. 그는 "이제는 공무원들과 쓸데없는 일로 실랑이하고 싶
지 않다"고 했는데, 쓸데없는 일의 대표적인 예로 "서류 작업"과 "답답한
의사소통체계"를 꼽았다. 그는 조달청의 과제 공모의 요건에 따라 사업 제
안서를 제본해 10부, 별도로 요약본 10부, 요약서가 들어 있는 CD 2개를
제출한 경험이 있다. 그의 제안서는 파워포인트로 약 100장, 요약본은 약
40장 정도 되었는데, 이걸 제본하면서 "내가 무슨 부귀영화를 누린다고 이
런 짓을 하나 싶어서 자괴감이 들었다"라고 말했다. 게다가 "요즘 스타트
업 사람들이 쓰는 노트북이나 데스크톱에는 CD롬 드라이브가 없기 때문
에 CD를 구한다고 고생을 한 생각을 하면 아직도 짜증이 밀려온다"라고
말했다. 국책 과제들은 대부분 공무원들의 행정체계의 편의에 맞춰 평가
를 진행한다. 그러므로 정부의 과제에 지원하는 스타트업 기업들은 정부
의 요건에 맞춰야만 한다. 그러나 이 "구시대적 행정 시스템"은 앞서 언급
한 깃허브, 슬랙을 포함한 클라우드 기반 협업 시스템을 모국어를 구사하
듯 자연스럽게 사용하는 이들에게 "물리적·정신적 고통"을 안겨주기에 충
분하다(ㅎ대표 심층인터뷰, 2018.1.5). 또 다른 스타트업 기업의 공동창업자
인 ㅂ은 정부의 "무사안일주의"가 자신의 사업에 방해가 된다는 느낌이 들
었다고 말했다.

이 돈을 오로지 사업적인 성취를 위해서만 쓰고 싶은 사람들도 있는데, 그
러지 않는 사람들이 여태 몇 명 있었을 거예요. 그러면 공무원들의 초점은 이
나쁜 짓을 했던 사람에게만 맞춰져 있다는 느낌을 받아요. 지난 공모 때 나쁜

짓을 했던 사람이 있었으면 이걸 막기 위한 어떤 작업이 있을 거잖아요. 문서화 작업이든 뭐든 간에. 이게 해가 갈수록 고도화가 되더라고요. 그래서 공무원들은 사업의 성취에만 애를 쓰고 싶은 사람들한테도 자꾸 귀찮게 해요. 도둑놈이 없게 만들려고. 이제, 그런 게 너무 끔찍해요. "아홉 명의 도둑이 있건 말건 신경 안 쓰고 한 명 잘하는 애를 통해서 성취를 거두자." 이게 보통 벤처캐피털의 마인드잖아요. 근데 공무원들은 특출한 한 명 다 필요 없어요. 자기의 안위가 중요하니까. 일단 도둑놈이 발생해서 뉴스에 나오면 안 돼. …… 그래서 저는 정부 과제를 한 세 번? 그 정도 수행한 다음부터는 '아 이런 쪽 일은 사업 성취와는 아무런 관련이 없다'라는 선입견이 생겼어요(심층인터뷰, 2018.1.7).

테헤란밸리 생태계의 성장을 위해 기여하고자 한다면 정부를 포함한 투자기관은 이 생태계의 발전 과정을 좀 더 면밀하게 이해해야 한다. 테헤란밸리 스타트업 생태계와 같이 자생적으로 생겨난 혁신 클러스터는 고유의 문화를 가지고 있다. 테헤란밸리 생태계의 주체들은 실패를 자산으로 삼아 도전을 주저하지 않는 성향을 덕으로 삼는 편이다. 이들에게 정부 조직의 관료제는 이질적이다. 그러므로 투자금으로 인해 발생한 갑을 관계를 토대로 투자자가 자신들의 문화를 스타트업 기업들에 강요한다면 테헤란밸리 생태계는 경색될 수 있다. 이러한 측면에서 현재 정부에서 "민간이 대상을 선정하고 정부가 지원하는 TIPS 방식을 지원 제도 전반으로 확산하여 창업·벤처정책의 효과성"을 제고하려는 시도는 바람직하다(기획재정부, 2017: 9). 한국의 스타트업 산업 발전을 향한 정부의 관심과 지원, 사회의 열망, 청년층의 관심이 효과적으로 버무려질 수 있는 환경이 마련될 수 있다면 테헤란밸리 생태계는 더욱 활성화될 것으로 기대된다.

04 실리콘밸리 한인 연구자 네트워크
현황과 과제

이종선·박준식

1. 서론

실리콘밸리는 전 세계 혁신 클러스터의 대표적 사례로 뽑히고 있다. 혁신적 아이디어와 기술을 가진 창업가들은 실리콘밸리에서 자신들의 경제적 성공을 꿈꾸고 있다. 애플, 구글, 페이스북 등 실리콘밸리에서 스타트업으로 출발해 세계적 ICT 기업으로 성장한 회사들은 지금도 실리콘밸리에 본부를 두고 있다. 혁신적 제품이 실리콘밸리에서 통하면 세계 시장에서도 통한다는 말은 빈말이 아니다. 실리콘밸리는 크고 작은 성공이 더 큰 성공을 이끌어내고, 이를 통해 전 세계에서 우수 인재들을 유인한다. 실리콘밸리의 성공 기업들은 이 지역에 핵심 기술과 경영의 거점을 구축하고 세계로 나아가고 있으며, 동시에 세계의 ICT 기업들은 실리콘밸리의 성공에 동승하기 위해 이 지역에 몰려든다.

실리콘밸리는 세계 ICT 연구자들의 선망의 대상이자 새로운 기술혁신의 산실이 되었다. 이 지역은 미국에서도 가장 개방적인 창업 문화와 트렌드를 주도하고 있으며, 여기에서 생성된 기술과 트렌드가 세계의 ICT 산업을 주도한다. 놀라운 것은 실리콘밸리 스타트업의 46%가 외지인들에 의해 설립되었다는 점이다(Startup Genome, 2017: 41). 특히 인도계, 중국계 출신의 과학기술자와 엔지니어들은 백인의 벽을 뚫고 구글, 마이크로소프트, 어도비 등 세계적인 ICT 기업에서 두터운 중견 관리자를 구성하고 있을 뿐 아니라 이들 중 특출한 인물들은 최고경영자(CEO)로 자리 잡았다. 다른 한편 이들 국가 출신 연구자, 엔지니어, 경영자들은 실리콘밸리의 자국인 네트워크를 통해 혁신기업 창출은 물론 모국의 ICT 산업 발전에도 큰 역할을 하고 있다.

실리콘밸리 한인 연구자 네트워크도 예외일 수는 없다. 실리콘밸리에는 미국 전역은 물론 한국에서 배출한 우수한 인재와 과학기술자들이 애플, 구글, 페이스북, 마이크소프트 등 실리콘밸리의 주요 ICT 기업에서 활동하고 있다. 최근 실리콘밸리에는 한인 과학기술자 및 창업가들에 의한 스타트업도 속속 등장하고 있다. 하지만 실리콘밸리의 한인 연구자 네트워크는 이 지역에서 중견 관리자와 CEO 등으로 주도적 영향력을 행사하는 중국계나 인도계에 비해 상대적으로 네트워크 규모, 역량, 진출 정도에서 상당한 격차를 보이고 있다(실리콘밸리 관계자 A, F, G 인터뷰, 2017.7. 24~27).

그동안 실리콘밸리에 대한 국내의 관심은 지역혁신체계 이론이나 혁신 클러스터 이론에 기초한 실리콘밸리의 형성 과정과 경제적 성공 요인에 대한 분석(Saxenian, 1994; 이종선, 2004)이나 지역혁신의 벤치마킹에 집중되어 왔다(Lee et al., 2000; Castilla et al., 2000). 그러나 실리콘밸리와 한국 기업, 산업계의 네트워크는 중국계나 인도계 네트워크처럼 깊숙이 융합되지 못한 채 주변적 영역에 머물고 있다. 한국인 네트워크가 실리콘밸리의 주류 사회와 제대로 결합되지 않는 상황에서 한국과 실리콘밸리의 교류는 혁신기업 및 기술 동향에 대한 현지 탐방이나 특파원 리포트, 정책 전문가들의 일시적 방문 등이 주를 이루고 있다(강일용, 2017; 김정욱 외, 2017; 김동철, 2018). 그럼에도 불구하고 실리콘밸리에 대한 지금까지의 연구에서는 네트워크적 관점에서의 본격적인 탐색과 평가가 제대로 이루어지지 못하고 있다. 무엇보다 실리콘밸리 한인 과학기술자들이 어떻게 네트워크 조직을 형성하고 상호 경쟁과 협력의 공동체로 연계되고 있는지, 그리고 이러한 인적자원이 현지의 주류사회 네트워크와 어떠한 방식으로 연계되고 있는지에 대한 구체적인 평가는 거의 이루어지지 않고 있다.

이 글의 주된 관심은 실리콘밸리 한인 연구자 네트워크의 실태를 파악하는 데 있다. 이 글의 문제의식은 크게 다음 두 가지 점에 있다. 먼저 실리콘밸리 한인 연구자들의 네트워킹은 어떠한 과정을 통해 형성되어왔으며, 현재 어느 수준에 있는가? 실리콘밸리 한인 연구자 네트워크는 중국과 인도 등 아시아 출신 연구자 네트워크와 비교해볼 때 어떠한 차별성과 한계점을 보이고 있는가? 둘째, 실리콘밸리 한인 네트워크와 국내 산업 및 기업과의 관계는 어떻게 연계되어 있는가? 특히 실리콘밸리 한인 연구자 네트워크가 국내 ICT 산업과 어떠한 방식으로 연결되어 있는지에 연구의 주안점을 두고자 한다.

이를 위해 이 글에서는 기존 관련 문헌 및 연구에 대한 검토와 함께, 현지방문 조사를 위해 실리콘밸리를 찾아 한인 연구자 네트워크 내에서 활동하고 있는 임원 간부 및 연구자들을 만나 심층 포커스 그룹 인터뷰(FGI)를 진행하고 이를 토대로 한인 네트워크의 강점과 약점, 기회와 위협 요인을 파악하는 분석 전략을 활용했다. 이 글은 다음과 같이 구성된다. 먼저 2절에서는 ICT 혁신 클러스터로서 실리콘밸리의 현황과 특징, 최근 혁신 기술 동향을 분석한다. 3절에서는 실리콘밸리 한인 연구자 네트워크의 형성 과정과 특징에 대해 살펴본다. 4절에서는 실리콘밸리 한인 연구자 네트워크에 대한 분석과 국내 기업과의 관계를 살펴본다. 5절 결론 부분에서는 향후 실리콘밸리 한인 연구자 네트워크가 나아갈 방향과 정부의 정책적 과제에 대해 살펴본다.

2. 진화하는 혁신기술과 실리콘밸리

1) 실리콘밸리와 혁신기술의 진화

실리콘밸리의 기업들은 1980년대부터 본격적으로 세계적 수준의 신기술과 시장의 혁신을 주도해왔다. 휴렛팩커드(HP), 마이크로소프트(MS), 애플(Apple), 인텔(Intel) 등 ICT 성장을 주도하는 대부분의 혁신기업이 실리콘밸리에서 시작되었고 실리콘밸리는 현재도 글로벌 혁신 생태계의 중심으로 글로벌 ICT 혁신기업의 대부분이 실리콘밸리에 자리하고 있다.

이미 널리 알려진 것처럼 실리콘밸리는 2차 세계대전 이후 연방 정부의 맨해튼 프로젝트를 비롯한 대규모 연구개발 투자(R&D)와 군사 기술의 상업화 등에서 비롯되었다(이종선, 2004). 특히 당시 스탠퍼드 공대학장이었던 프레더릭 터먼(Frederick Terman) 교수가 자신이 키운 제자들이 취업을 위해 동부로 떠나는 것을 막고 혁신기술기업의 창업을 돕고자 스탠퍼드 대학 부지에 설치한 리서치 파크는 전 세계 혁신기술 클러스터의 모델이

〈그림 4-1〉 혁신 클러스터 실리콘밸리의 주요 기업 분포도

자료: dailyspeculaions.com(2016.1.14).

되었다. 실리콘밸리 초기에는 휴렛팩커드, 매킨토시, 마이크로소프트 등 퍼스널 컴퓨터 개발 업체가 성장의 중심에 있었다.

2000년을 전후로 실리콘밸리의 ICT 기술은 커뮤니케이션 하드웨어 (communication hardware)가 중심을 이루었다. 시스코(Cisco), 노텔(Nortel) 은 이러한 ICT 기술의 대표적인 기업이라고 할 수 있다. 하지만 2000년대 중반 이후 실리콘밸리의 ICT 기술은 소프트웨어(software)로 무게 중심이 점차 옮겨갔다. 이에 따라 2010년 이후에는 소프트웨어 기술에 기초한 플 랫폼 형태로 운영하는 구글, 페이스북 등의 ICT 기업들이 지역의 성장세 를 주도하고 있다. 최근에는 전기자동차, 드론, 신재생에너지 등 새로 형 성되는 산업 간 융합 기술들이 시장과 기술을 주도하는 것으로 보인다.

실리콘밸리 자동차 연구소들의 주요 관심사는 ICT 산업과 전통 제조업

〈그림 4-2〉 실리콘밸리의 혁신 물결

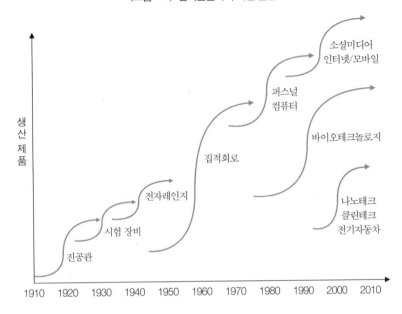

자료: clustersofinnovation.com

의 융합을 통한 새로운 산업과 서비스의 창출이다. 하나의 예로 휴대폰 기술을 통해 진화한 ICT 기술이 사람과 함께 존재하는 기존의 사물들에 연결되고 이동 수단과 결합하는 등 새로운 형태의 기술적 진화가 계속 진행되고 있는 것이다.[1] 휴대폰에 핵심 칩을 제공하고 있는 퀄컴(Qaulcom)도 최근 지문인식 기술과 자율주행자동차 개발에 적극 나서고 있다. ICT 시

---

1 자동차 부품 관련 ICT 기업들의 주가도 최근 두세 배 뛰었다. 예컨대 산타클라라에 본부를 두고 있는 자동차 컴퓨팅과 자동차 마켓에 반도체 칩 시스템과 게임 및 컴퓨터 시장에 그래픽 프로세싱 장치를 생산·제공하고 있는 ICT 기업 엔비디아(Nvidia)의 경우 최근 관련 주식이 두세 배 상승했다(실리콘밸리 현지전문가 인터뷰, 2017.7.27).

〈그림 4-3〉 실리콘밸리 자동차 리서치 랩 분포

자료: The Wall Street Journal(2015.3.27).

장에 대한 타깃도 기존의 휴대폰 시장에서 점차 차량 쪽으로 사업 관심 및 방향을 돌리고 있는 것으로 알려지고 있다. 이에 따라 향후 실리콘밸리 ICT 관련 산업들의 휴대폰(mobile)과 자동차 시장 점유율은 지금까지와는 전혀 다른 양상으로 바뀌어갈 것으로 예상된다. 특히 자동차의 경우 사람의 생명과 직결되기 때문에 관련 기술의 품질에 대한 충분한 인증이 요구되고 있다.

　최근 실리콘밸리에서는 테슬라 전기차의 열풍이 나타나고 있으며 거리에서도 많은 테슬라 전기차가 목격된다. 국내 기업 중에서 모비스(Mobis), 만도기업도 자동차 제조업체에 전자부품을 제공하고 있다. 전기자동차의 경우 이전 가솔린 엔진에 대한 노하우가 필요 없으며 다만 배터리 및 에너지 압축 기술이 매우 중요하게 부각되고 있다. 이에 따라 실리콘밸리에서는 전기자동차에 들어가는 배터리 관련 스타트업이 많이 생겨나고 있다. 특히 지난 3년간 중국계 자본이 이 분야에 집중 투자하고 있다(예를 들어, Faraday Futures, Lucid Motors 등).[2] 또한 전기자동차 배터리 관련 인력 및 엔지니어들이 더욱 필요할 것으로 보인다.

실리콘밸리에서는 반도체와 인공지능(AI) 기술의 융·복합 연구도 활발하게 이루어지고 있다. 특히 인공지능 분야를 주도하는 IT 기업들은 실리콘밸리의 새로운 혁신을 산업과 생활 전반에 적용하는 야심찬 작업들을 주도하고 있으며, 이 점에서 실리콘밸리의 혁신 에너지와 역량은 계속 증강 추세를 이어갈 것으로 보인다.

2) 실리콘밸리 창업과 일자리

「2017 글로벌 스타트업 에코시스템 리포트」에 따르면 실리콘밸리는 신규 기업의 창업과 성공에 있어서 가장 좋은 생태계를 갖고 있는 것으로 나타난다(〈그림 4-4〉 참조). 실리콘밸리에서는 스타트업 창업이 널리 장려되며 혁신적 아이디어와 신기술을 갖고 있을 경우 창업과 동시에 경제적 성공을 거둘 수 있는 가능성이 존재하고 있다. 기술과 실력만 있으면, 누구나 성공할 수 있다는 믿음과 혁신 지향의 사회문화적 환경은 실리콘밸리를 글로벌 인적자원의 중심지로 변모시켜왔다. 그리고 이렇게 형성된 글로벌 네트워크 자원들은 자신들의 출신 국가나 산업과 긴밀하게 연결되어

---

2   중국 정부는 차세대 에너지 기업뿐만 아니라 차세대 전기자동차 분야 관련 기업들을 통째로 사려고 하고 있다. 하지만 미국 정부는 메모리 사업 등 민감한 기술을 가진 사업체가 중국에 매각되는 것을 막고 있는 상황이다.

<그림 4-4> 2017 글로벌 스타트업 생태계 순위

순위		수행 성과	자금	시장 도달 범위	재능	스타트업 경험	성장 지수
실리콘밸리	1	0	1	1	1	2	1	4.2
뉴욕시	2	0	3	2	3	7	4	4.5
런던	3	▲ 3	4	4	2	10	5	4.8
베이징	4	진입	2	5	19	8	2	4.4
보스턴	5	▼ -1	6	6	12	4	3	4.0
텔아비브	6	▼ -1	9	8	4	11	7	4.5
베를린	7	▲ 2	7	9	6	5	10	4.6
상하이	8	진입	8	3	10	9	13	5.5
로스앤젤레스	9	▼ -6	5	7	15	14	11	4.2
시애틀	10	▼ -2	12	13	14	3	6	4.5
파리	11	0	14	14	9	16	8	4.2
싱가포르	12	▼ -2	16	16	11	1	20	4.6
오스틴	13	0	15	11	18	6	9	4.3
스톡홀름	14	진입	17	20	8	18	12	5.3
밴쿠버	15	▲ 3	19	19	7	15	15	4.3
토론토	16	▲ 1	18	12	5	20	18	4.7
시드니	17	▼ -1	20	10	13	12	17	6.3
시카고	18	▼ -11	13	15	20	13	14	3.9
암스테르담	19	0	10	17	17	19	16	4.8
벵갈루루	20	▼ -5	11	18	16	17	19	4.7

자료: Startup Genome(2017: 29).

세계적 수준의 '브레인 순환(brain circulation)'을 주도해왔다. 이러한 이유 때문에 실리콘밸리 스타트업의 46%가 외국 이민자들에 의해 세워지고 있다(Startup Gemome, 2017: 41).

실리콘밸리의 기업과 창업가들은 위계적으로 서열화되고 내부 혁신에 주력하는 전통적인 한국 기업의 문화와 근본적으로 다른, 수평적이고 개방적인 문화에서 성장해 지역 클러스터의 경제적 성공을 주도했다. 그러한 이유 때문에 유교적 서열과 신분, 엄격한 규율과 톱다운(top- down) 방식으로 발전해온 한국 기업들이 실리콘밸리에서 자리를 잡기 위해서는 매우 낯선 문화적 환경에 적응해야 하는 어려움이 있고 이에 적지 않은 시행착오를 겪기 마련이다.

실리콘밸리의 창업 문화와 관련해 미국의 부모들은 자녀들의 창업에 대해 매우 긍정적이며 이를 적극적으로 지원하고 장려한다. 2008년 경제 위기에도 불구하고 실리콘밸리가 여타 지역에 비해 신속하게 회복할 수 있었던 것도 이와 같은 신규 창업과 새로운 일자리 창출과 무관하지 않다. 이러한 실리콘밸리의 독특한 창업 문화와 사회 자본은 이 지역이 능력과 야심을 겸비한 인적자원들에게 최고의 매력을 유지하는 중요한 배경이 되고 있는 것이다.[3]

〈그림 4-5〉는 2001년 이후 실리콘밸리의 일자리 성장 추이를 보여준다. 2000년대 초 인터넷 버블과 2008년 세계 경제 위기 이후 일시적으로 실리콘밸리의 일자리 성장이 마이너스로 돌아선 적도 있지만 대체로 실리콘밸리 지역의 일자리는 꾸준히 증가하고 있다. 이에 따라 실리콘밸리의 일자리 성장은 2011년 이후 6년째 이어져, 2016년 2분기에는 전년 대비 3% 상승한 것으로 나타나고 있다. 실리콘밸리는 2015년 2분기에서 2016년 2분기에 4만 5621개의 일자리를 창출했으며, 이 중 62%는 실리콘밸리의 핵심이라고 할 수 있는 산타클라라(Santa Clara) 지역에서 생겨났다(Joint Venture, 2017).

실리콘밸리의 전체 고용에서 혁신과 정보생산 및 서비스가 차지하는 비중은 2016년 기준으로 25.7%로서 인접 지역인 샌프란시스코의 12.6%에 비해서도 매우 높다. 실제로 2015년 2분기와 2016년 2분기 사이에 실리콘밸리의 일자리는 컴퓨터 하드웨어, 소프트웨어, 인터넷 및 정보 서비스, 바

---

3 하지만 최근 실리콘밸리의 인건비와 집값 상승 등으로 신규 기업 창업 및 운영에 드는 비용이 비싸 애리조나와 텍사스 지역 등으로 혁신기업들이 이주하는 추세도 나타나고 있다(실리콘 관계자 F 인터뷰, 2017.7.27).

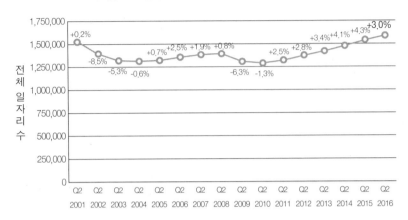

〈그림 4-5〉 실리콘밸리 일자리 성장 추이(2001~2016)

자료: Joint Venture(2017: 16).

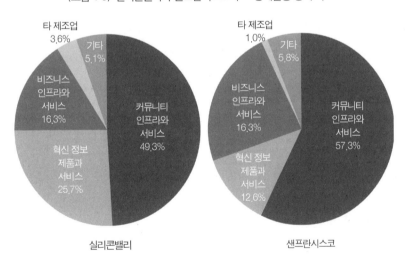

〈그림 4-6〉 실리콘밸리와 샌프란시스코 주요 경제활동 영역 비교

실리콘밸리   샌프란시스코

자료: Joint Venture(2017: 17).

이오테크 분야에서 2만 35개의 일자리를 창출해 5%의 성장세를 보였다 (Joint Venture, 2017). 2007년에서 2016년 사이에 실리콘밸리의 정보통신 (ICT) 분야의 일자리는 29.7% 증가해 매년 3%대 이상을 기록하고 있다.

3) 실리콘밸리 혁신기술 동향과 국내 산업 연관성

실리콘밸리의 ICT 산업 동향은 〈그림 4-7〉에 나타나듯이 산업별 벤처 캐피털 투자 구성 추이를 보면 대체적인 흐름을 알 수 있다. 2008년 경제 위기 이후 오바마 정부의 주요 투자정책은 신재생 에너지 분야라고 할 수 있다. 오바마 1기 행정부 시기(2008~2012) 태양광 패널 등 신재생 에너지 분야에 대한 연구와 지원이 활발하게 이루어졌다. 오바마 정부 신재생 에너지 산업 투자 정책은 실리콘밸리의 재생 에너지 관련 벤처기업의 성장에 커다란 영향을 주었다(실리콘밸리 관계자 B 인터뷰, 2017.7.25).

최근에는 모바일과 통신 분야에 대한 벤처 자본의 투자 비중이 크게 확대되고 있다. 이는 최근 실리콘밸리 ICT 산업의 차량 기술과의 융·복합 연구에 대한 투자와 긴밀히 연결된 것으로 보인다. 또한 실리콘밸리에서 활발히 이루어지고 있는 자율주행 전기자동차 관련 연구는 오바마 정부 이후 투자가 크게 확대된 재생 에너지, 배터리 산업과도 연관되어 있다(실리콘밸리 관계자 B 인터뷰, 2017.7.25). 또한 실리콘밸리에서는 반도체와 인공지능(AI) 기술의 융·복합 연구도 활발하게 이루어지고 있다.

최근 삼성전자와 SK하이닉스 등 국내 주요 반도체 생산업체들이 특수를 누리는 것도 실리콘밸리의 투자 동향과 맞물려 있다. 한국 ICT 산업의 강점은 메모리, 디스플레이 분야에 있다. 이 분야에서 한국 기업들은 제품화와 생산 부문에서 두각을 드러내고 있다.[4] 실리콘밸리 ICT 공급자라는

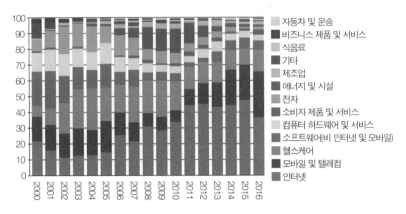

〈그림 4-7〉 실리콘밸리의 산업별 벤처 캐피털 투자 추이(2000~2016) (단위:%)

범례:
- 자동차 및 운송
- 비즈니스 제품 및 서비스
- 식음료
- 기타
- 제조업
- 에너지 및 시설
- 전자
- 소비자 제품 및 서비스
- 컴퓨터 하드웨어 및 서비스
- 소프트웨어(비 인터넷 및 모바일)
- 헬스케어
- 모바일 및 텔레컴
- 인터넷

자료: Joint Venture(2017: 32).

입장에서 볼 때 삼성은 ICT 생태계 내에서의 수요자들에게 존재감을 가질 수밖에 없다. 이 때문에 삼성은 실리콘밸리 반도체 비즈니스 게임 법칙을 주도할 수 있는 입장에 있다(실리콘밸리 관계자 A 인터뷰, 2017.7.24). 하지만 한국계 기업들은 반도체와 휴대폰 부문을 제외하면 정체 양상을 드러내고 있다(실리콘밸리 관계자 G 인터뷰, 2017.7.27).

한편 실리콘밸리 내 대표적인 CPU 반도체 칩 회사인 인텔은 최근 사물인터넷(IoT) 사업 분야에 진출을 시도해 IoT 서버 사업에 치중했으나 최근 사물인터넷에 대한 시장이 생각만큼 경영상 성과를 내지 못함에 따라 관련 분야의 인력을 대폭 축소했다(실리콘밸리 관계자 G 인터뷰, 2017.7.27). 인

---

4   하지만 최근 중국이 국가적 차원에서 공격적 투자를 하고 있어 한국이 따라잡히는 것도 시간 문제일 수 있다는 지적도 나온다. 특히 중국은 최근 랜드 메모리 분야에 관심을 가져 실리콘밸리에 관련 회사(SMC)를 차리고 다른 기업보다 30% 많은 연봉을 제시하여 연구자들을 스카우트하고 있다(실리콘밸리 관계자 A 인터뷰, 2017.7.24).

텔사의 IoT 분야에 대한 사업 부진은 IoT 관련 부품이 사업 마진이 적고 물량 위주로 가야 하기 때문에 전통적인 인텔사의 사업 방향과 맞지 않다는 의견이 대두하고 있다. 실제로 최근 인텔은 사업 부진을 이유로 명예퇴직 신청을 대거 받고 있는데 30년 이상 근무한 사람들도 회사를 많이 나간 것으로 알려졌다.(실리콘밸리 관계자 G 인터뷰, 2017.7.27).

중국계 기업들은 현재 태양광 분야에서 상당한 경쟁력을 갖고 있다. 그러나 최근 들어 미국과 중국 간에 IT 산업의 주도권을 둘러싼 경쟁이 점차 강화됨에 따라 과거와 같은 위계적 분업 구조에서도 상당한 변화의 조짐이 나타나고 있고, 이에 대한 미국의 위기의식이 점증하고 있다(실리콘밸리 관계자 F 인터뷰, 2017.7.24).

3. 실리콘밸리 한인 연구자 네트워크

1) 재미 한인과학기술자 협회(KSEA)

실리콘밸리 재미 한인과학기술자 협회(Korean American Scientists & Engineers Association: KSEA)는 1971년 박정희 대통령의 지시로 한국의 경제 발전의 멘토(mentor) 또는 자문 역할을 해줄 수 있는 재미 한인 과학기술자 네트워킹을 목적으로 결성되었다. 초기 KSEA의 활동은 한국에 대한 자문 지원, 본국에 대한 정보 및 애국적 활동 등을 중심으로 이루어져왔다. 초대 회장은 김승겸 씨였으며 6대 회장이었던 김호길 박사는 이후 포항공대 학장, 그리고 박찬모 박사는 평양과기대 총장을 역임했다. 그동안 KSEA는 한국의 과학기술 발전에도 많은 기여를 한 것으로 평가되고 있다

(KSEA 실리콘밸리 지부장 인터뷰, 2017.7.27).

현재 KSEA의 조직 비전과 목적은 사회의 복리를 위해 과학기술의 적용을 증진하고, 미국과 한국 사이의 국제적 협력을 증진하며, 재미 한국계 과학기술자들의 커리어 개발을 지원하는 데 있다. 이를 위한 KSEA의 3대 조직 임무로서 과학, 기술, 창업 분야에서 국제적 협력, 커리어 개발, 커뮤니티 서비스를 위한 기회 등을 제공하고 있다. 현재 커뮤니티 서비스 활동의 하나로 KSEA는 중고등학생을 대상으로 과학과 수학(STEM) 경시대회를 주관하고 있다.

KSEA는 2017년 6월 17일 제46대 회장단(회장 서은숙, 메릴랜드대 물리학과 교수) 출범식을 갖고 7월 1일부터 임기를 시작했다. 특히 KSEA는 한국과학기술단체총연합회(회장 김명자), 한미과학협력센터(이사장 조무제)와 공동으로 2017년 8월 9일에서 12일까지 워싱턴에서 연례 한미 과학기술학술회의(US-Korea Conference on Science, Technology and Entrepreneurship: UKC)를 개최했다. 재미과학기술자 협회에서 주관하는 한미 과학기술자 연례회의에는 매년 미국에서 활동하는 재미 과학자 1500~2000여 명이 참여하며, 한국에서도 정통부장관, 과학기술부장관 등 한국 정부기관 관계자, 기업가, 과학기술전공 대학(원)들이 참가하고 있다.

현재 KSEA에 가입한 회원이 미국 전역에 걸쳐 1만여 명에 이르고 있다. 이 중 정회원은 6000여 명이고, 4000여 명은 학생 등으로 다양하게 분포돼 있다(국기연, 서은숙 회장 ≪세계일보≫ 인터뷰, 2017.12.12). 또한 KSEA는 현재 미국 전역에 44개의 지역 지부(local chapters)를 두고 있다. KSEA 초기 시기에는 이들 지역 지부가 없었으나 미국 현지 유학생이 증가했고, 박사학위를 취득한 후 현지 대학 및 연구소, 기업체에 일자리를 갖게 된 한인 과학자 수가 크게 늘면서 지역 지부의 필요성이 대두되었다. 또한

KSEA 본부의 지도부가 매년 바뀌면서 본부와 지역 회원 간의 의견 소통이 원활하지 않게 됨에 따라 미국 전체 협회 모임(Council meeting)에서 지역 지부를 두기로 결정했다. KSEA 본부와 지역 지부 간의 의사 수렴 및 소통의 필요성 때문에 지역 지부를 두고 지부회장단 모임을 통해 지역 회원들의 의견을 수렴할 수 있는 제도적 장치를 두게 되었다.

KSEA 실리콘밸리 지부(회장 문성원)는 총 300여 명의 회원을 두고 있다. 최근 재미 과학기술자협회 실리콘밸리 지부에서 버클리 지부가 독립해 3년째 운영되고 있다. 현재 버클리 지부에는 대학원 재학생을 포함해 25~30명의 회원이 있는데 바이오 분야 연구자들이 많은 비중을 차지하고 있다.

2) 베이 K-그룹(Bay K-group)

실리콘밸리 한인 과학기술자 및 연구자들의 네트워킹 조직으로 주목받고 있는 단체는 샌프란시스코 베이(bay) 지역을 중심으로 결성된 K-그룹(Bay Area K Group)이다. K-그룹은 2006년 실리콘밸리 한인 연구자들을 중심으로 정보 교환의 필요성에서 출발해 10년이 지난 2017년 12월 말 현재 4300명이 넘는 회원 모임으로 성장했다. 현재 K-그룹은 실리콘밸리의 전통적인 분야인 소프트웨어, 반도체, 바이오텍, 그린 에너지뿐만 아니라, 기술 경영, 로보틱스, UX/UI 등 다양한 분야에서 과학기술자 및 엔지니어 간의 네트워킹 및 세미나, 이벤트 등 활발한 정보 교류 모임을 전개하고 있다. 특히 작년에는 501(c)(3)(면세 비영리 조직) 자격을 획득해 회원에게 도움이 될 수 있는 발판을 마련했다.

실리콘밸리와 샌프란시스코 베이 지역의 K-그룹 창립의 주요 배경은 한인 과학기술자, 엔지니어, 전문가 집단 사이의 정보 교환의 필요성 때문이었다. 2006년 당시 실리콘밸리에 있는 중국과 인도 연구자들 사이에는 정보 교류가 활발하게 이루어지고 있었다. 하지만 애플, 구글, 어플라이 머티즈, 마벨(아날로그 반도체 회사)과 같은 실리콘밸리의 여러 기업에 한인 과학기술자나 엔지니어 등 많은 전문가들이 근무하고 있었지만 이들 사이의 정보 교류는 그리 활발하지 않았다.

이는 실리콘밸리의 중국과 인도 전문가 그룹과 비교할 때 매우 다른 양상이라고 할 수 있다. 중국과 인도의 ICT 전문가들은 같은 개발팀 내에 같은 출신 및 동향의 사람들을 포진시켜 빠른 시일 내 성과를 내기 위해 주력하고 있다. 하지만 한국계 전문가들은 같은 팀 내에 같은 출신 동향의 사람을 심는 데 다소 주저하는 성향이 있다. 간단히 말해 한국인 스스로 서로를 부담스럽게 생각하는 경향이 있다(실리콘밸리 관계자 A 인터뷰, 2017. 7.24).

베이 K-그룹은 실리콘밸리 지역 한인 연구자들의 개별주의를 반성하고 한국계 전문가들이 정보 교류를 통해 함께 상생하고 더 발전할 수 있다는 생각에서 출발했다. 홍현근 초대 회장을 중심으로 한 베이 K-그룹의 초기 지도부는 실리콘밸리 ICT 정보 공유의 필요성에서 베이 K-그룹을 출범시켰다. 당시 베이 K-그룹 창립식에는 150여 명이 참가했으며 초기 회원은 300여 명 정도였다. 하지만 2010년에는 1000여 명으로 회원이 크게 늘었으며, 2015년 3000명을 돌파한 이후 최근에는 성장세가 다소 둔화되어 2017년 7월 말 현재 회원은 4300명으로 집계된다(Bay K-그룹 관계자 인터뷰, 2017.7.24).

초기 베이 K-그룹의 활동은 실리콘밸리 및 샌프란시스코 지역 주택 구입과 직장 등 이민 생활에 유용한 정보 교류가 주로 이루어졌다. 초기에는 지역 식당에서 만나 이렇게 단순한 정보를 주고받는 정도의 정보 교류 모임으로 시작했지만 점차 초기 멤버 사이의 공감대를 바탕으로 ICT 하드웨어와 펌웨어 중심의 기초 기술 그룹 등 4~5개 연구자 그룹을 조직하고 이를 중심으로 활동했다. 이후 베이 K-그룹에 대한 사람들의 관심으로 회원 수가 크게 늘면서 2011년 이후에는 회원 연구자들의 요구와 연구관심 분야에 맞추어 조직을 크게 확대해 10여 개 분야에서 연구 세미나를 가동하고 있다. 또한 회원 가족 간의 친목 도모를 위해 가족 피크닉과 골프 모임 등 모두 6개 동호회 그룹을 운영하고 있다.

베이 K-그룹 회원은 실리콘밸리와 샌프란시스코 지역뿐 아니라 미국 전역에 걸쳐 있기 때문에 실제로는 1000여 명의 핵심 멤버를 중심으로 한 소규모 세미나 그룹이 가동되고 있으며, 일자리(job) 관련 정보보다는 관련 기술 정보 공유가 더 주요한 축을 형성하고 있다. 최근에는 인공지능(AI)과 딥러닝(deep learning)에 대한 관심이 높아져 이 분야의 연사를 초청해 특강을 하는 모임을 갖고 있다. 베이 K-그룹은 워낙 다양한 분야에 관심을 갖고 있는 사람들이 모인 만큼 연사 특강은 너무 전문적인 내용이 아닌 일반론을 바탕으로 진행된다. 하지만 세미나가 진행될수록 다양한 부문의 전문가들이 모여 있어 진지하고 유익한 정보 교류 모임이 되고 있다(K-그룹 관계자 A씨 인터뷰, 2017.7.24).

또한 전체 회원을 대상으로 한 K-그룹의 주요 활동은 5월 통합 학술회의, 9월 회원 피크닉 행사, 12월 연례 총회 등이다. 실제 모임 활동에 드는 비용은 1만 5000달러에서 2만 달러 정도로 회원들에게 정기 회비를 받지 않고 회원들의 행사 참가비 및 자발적인 후원금으로 운영되고 있다. 최근에는 K-그룹 멤버들에게 어떻게 이득(benefit)을 줄 것인지에 더 관심을 갖고 있다. 이와 관련해 K-그룹은 외부 학술모임 및 단체와의 학술 교류와 회원들의 벤처 창업을 지원하는 활동에 초점을 두고 있다. 특히 미국 내 한국계 스타트업 지원을 위해 아이디어를 제공하거나 비즈니스 도움을 줄 수 있는 세미나 모임을 조직하고 있다.

이러한 세미나 모임은 일반 주요 학회와는 매우 다른 형태로 운영된다. K-그룹 운영진은 세미나 모임에 참석하는 청중들은 각기 관심 분야가 다르기 때문에 개론에서 시작해 청중들과의 접점을 찾아 공감대를 형성한 후 세부적인 내용으로 들어갈 것을 초청 연사에게 요청한다.(K-그룹 관계자 인터뷰, 2017.7.24). 하지만 대부분의 모임에서 특정 연구자 및 R&D 관련한 의견 개진이 매우 활발하다. 특히 경험이 많은 비즈니스 매니저와 투자자들도 참여해 창업 과정과 펀딩 등에 관한 정보를 교류하는, 매우 수준 높은 세미나로 자리매김되고 있다. 그 결과 이미 K-그룹 키즈(kids)를 중심으로 성공적으로 론칭한 스타트업 기업도 나타나고 있다. 예컨대 플리트업(Fleet-Up)은 사물인터넷(IoT) 기술을 적용한 위치 추적(location tracking) 회사로서 이미 미국 내에서 크게 주목받고 있다.

3) 한인 생명과학자들 모임(KOLIS)

실리콘밸리 및 샌프란시스코 지역에서 주목받고 있는 또 다른 연구자 그룹은 한인 생명과학자들 모임인 KOLIS(Korean Life Scientists in the Bay Area)이다. 전통적으로 미 동부지역은 바이오 연구가 강한 반면 실리콘밸리 및 베이 지역은 IT 산업이 강했다. 하지만 최근 UC 버클리와 스탠퍼드 대학 등을 중심으로 바이오 기초 분야 한인 연구자들이 점차 증가하는 추세다. 이에 따라 KOLIS는 샌프란시스코 인근에 위치한 UC 버클리(Berkeley), UC 데이비스(Davis), UC 샌프란시스코(San Francisco), 스탠퍼드(Stanford) 대학의 생명과학 관련 포닥, 대학원생 및 연구원 들을 중심으로 한 연구모임으로 출발해 2017년 7월 말 현재 300여 명의 회원이 있다.

KOLIS 그룹은 IT 산업 분야 종사자를 중심으로 조직된 베이 K-그룹과 달리 주로 바이오 기초 분야 종사자를 중심으로 다양한 활동을 전개한다. KOLIS는 1년에 두 번씩 4개 학교가 모여 봄, 가을 생명과학 바이오 분야 학술회의를 개최하고 있으며, 대학별로 매달 관련 각종 연구 세미나를 개최하고 있다. 특히 KOLIS는 버클리 대학과 스탠퍼드 대학을 중심으로 활발한 연구 활동을 전개하고 있다. UC 버클리와 스탠퍼드 대학은 기초과학이 매우 강한데 UC 버클리 캠퍼스 내에 위치하고 있는 로렌스 연구소는 미 에너지부에서 버클리 대학에 위탁 경영하고 있는 연구소로 버클리 대학 교수(faculty)와 대학원생들이 결합되어 있기 때문이다.[5] 버클리 대학 캠퍼스 내에 위치한 로렌스 연구소는 현재 6개 분야에 대한 집중 전략 연구를 진행하고 있다. 먼저 제3세대 원형 입자가속기를 포함한 입자물리 관련 연구, 바이오, 재료공학, 나노공학, 천문학(space), 에너지 연구 등이 그것이다. 또한 로렌스 연구소의 에너지 관련 분야 연구는 응용, 건물에너지, 배터리, 전력 시장 및 정책 연구를 수행하고 있다.

5　로렌스 연구소는 미 에너지부 산하의 연구소로서 연구 인력은 2200여 명, 관리 및 간접인력은 1100여 명으로 총 3300여 명이 근무하고 있으며 1년 연구예산은 9000억 원 정도이다. 현재 로렌스 연구소에는 한국 시민권을 소지한 120여 명이 근무하고 있는데 대부분은 버클리 대학에 소속된 포닥 요원이며 정규직은 10명 내외이다(로렌스 연구소 관계자 인터뷰, 2017. 7.25).

4. 실리콘밸리 한인 연구자 네트워크의 특성

1) 한인 연구자 네트워크의 SWOT 분석

최근 실리콘밸리 신규 기업 중 많은 수는 중국계와 인도계 출신들이 창업한 것이다. 무엇보다 실리콘밸리에 자리 잡고 있는 대표적 혁신기업인 구글, MS 등 많은 기업에서 인도계 출신의 CEO들이 크게 늘고 있으며,[6] 중국계 출신 엔지니어들 역시 실리콘밸리 혁신기업에서 많은 수가 활동하고 있고, 조직 내 주요 포스트를 장악하고 있다.[7]

실리콘밸리 혁신기업에도 한국계 연구자들이 많이 포진하고 있다. 하지만 사람들이 모여서 힘을 보태고 승진하고 그리고 다른 사람들을 이끌어주는 조직 문화 풍토는 인도계나 중국계 연구자들에 비해 다소 부족한 것으로 파악된다(실리콘밸리 관계자 G 인터뷰, 2017.7.27). 특히 실리콘밸리 주요 기업에서 한국계 연구자들의 그룹이 구성되어야 내부 파워가 형성되는데 한국계 연구자 중에서 CEO급까지 성장한 사람이 드물다. 또한 CEO급이 된 이후에도 적극적으로 한국계 연구자를 이끌어주는 조직 분위기와 풍토가 적어 이에 대한 더 많은 관심과 노력을 기울일 필요가 있다(실리콘밸리 관계자 G 인터뷰, 2017. 7.27).

---

6   실리콘밸리 주요 혁신기업의 CEO로 성장한 인도계의 대표적인 사례는 구글의 최고경영자가 된 순다르 피차이, 마이크로소프트의 사티아 나델라, 어도비 최고경영자 샨타누 나라옌, 글로벌파운드리의 산제이 자 등이 있다(강일용, 2017).

7   페이스북의 인공지능(AI) 개발 인력 중 절반 이상이 중국계이며, 아마존, 마이크로소프트, 구글 등 글로벌 IT 기업 임직원 중 중국 칭화대, 베이징대를 졸업한 중국인들이 수백 명씩 근무하고 있는 것으로 알려졌다(김동철, 2018).

중국계나 인도계 사람들이 "연구나 창업에서 성공해 돈을 벌면 상가나 건물을 사고, 한국 사람이 성공하면 자신의 집을 먼저 산다"는 우스갯소리가 회자되고 있지만 그만큼 한국계 연구자 간의 네트워킹과 협력이 인도계나 중국계에 비해 부족하다는 점은 분명해 보인다. 물론 우리의 미국이민 역사가 이들 인도나 중국보다 상대적으로 짧아 한인 네트워크 구축과 조직 문화 풍토를 토착하는 데 더 많은 시간과 노력이 필요할 것이다(실리콘밸리 관계자 G 인터뷰, 2017.7.27). 이를 위해 실리콘밸리 한인 연구자 네트워크를 미시적으로 분석하고 문제점을 검토해볼 필요가 있다.

(1) 강점(Strengths)

〈그림 4-8〉은 실리콘밸리 현지조사 과정에 나타난 한인 연구자 네트워크의 SWOT 분석 내용을 정리한 것이다. 실리콘밸리 한인 연구자 네트워크 형성 과정에서 강점으로 지적할 수 있는 점은 풍부한 인적자원과 우수한 대학과 연구소, 그리고 실리콘밸리의 개방적 혁신 문화를 특성으로 뽑을 수 있다. 실리콘밸리에는 스탠퍼드와 UC 버클리, 로렌스 연구소 등 우수한 연구 중심 대학과 연구소뿐만 아니라 구글, 마이크로소프트, 페이스북, 인텔, 애플 등 혁신기업이 위치하고 있어 국내외에서 학위를 받은 뛰어난 인재들이 일자리와 성공 기회를 잡기 위해 끊임없이 몰려들고 있다. 실리콘밸리 자체의 지역적 매력은 샌프란시스코 베이 지역 한인 연구자들을 꾸준히 유인하는 가장 큰 요인이다. 또한 실리콘밸리에 우수한 인재들이 몰려드는 이유 중 하나는 실리콘밸리의 문화적 개방성(openness)과 일 중심 문화를 들 수 있다. 실리콘밸리의 혁신기업들은 수직적 조직 문화보다는 수평적 조직 문화를 갖고 있다. 실리콘밸리 지역 내에서는 일 중심으로 사람을 만나고 그 업적 지향적 성과에 따라 평가를 받는 것이 일반화되

<그림 4-8> 실리콘밸리 한인 연구자 네트워크 SWOT 분석

S (강점)	W (약점)
- 풍부한 인적자원 - 우수한 대학과 연구소 - 개방적 조직 문화 - 단일 언어문화와 민족성	- 언어 의사소통 능력 미흡 - 혁신기업 내 CEO 부재 - 사회적 신뢰 미흡 - 정부 지원 활동 미흡 - 빈번한 이직 문화
O (기회)	T (위협)
- 네트워크 조직 활성화 - 글로벌 국내기업 진출 - 벤처 자본 풍부 - 창업 문화	- 단기적 기업 이익 - 조직 갈등과 불신 - 간부진 비리 - 정부의 관료적 개입

어 있다. 이러한 실리콘밸리의 기업 운영과 개방적인 문화로 한국 연구자들은 별다른 사회적 제약이나 장벽 없이 자신들의 능력을 발휘할 수 있는 기회를 갖는다(실리콘밸리 관계자 A 인터뷰, 2017.7.24).

이와 같이 실리콘밸리에 한인 연구자들이 지속적으로 몰려들고 있을 뿐 아니라 지역 내 소재 혁신기업 내에도 널리 포진하고 있음에도 불구하고 한인 연구자들이 중국계와 인도계 출신에 비해 두드러진 기업적 성과가 없고 큰 성공을 거두지 못하며 네트워킹 파워 면에서도 상대적으로 뒤떨어지는 이유를 파악하기 위해서는 실리콘밸리 한인 연구자 네트워크가 안고 있는 약점에 대해 살펴볼 필요가 있다.

(2) 약점(Weaknesses)

실리콘밸리에서 인도와 중국 연구자들의 네트워킹에 비해 한국계 연구자들의 네트워킹이 잘 안 되고 있는 이유는 한인 연구자들 간의 '사회적 유대(social ties)'가 상대적으로 약하기 때문이다. 이는 한인 연구자들이 하나의 사회적 정체성을 공유하면서 네트워크 속에서 도움을 주고받는 관계에 적극적이기보다는 주로 개인의 능력이나 학력 등 인적 자산에 의존한 경제적·직업적 활동을 더 선호한다는 것을 시사한다. 이러한 한국계 과학자들의 성향 때문에 한인 과학자들은 조직사회에서 높은 사회경제적 지위를 획득하는 데 상대적으로 어려움을 겪고 있다.

한국계 과학자와 엔지니어들은 인도계와 중국계에 비해 실리콘밸리 기업에서 CEO급으로 성공한 사람이 많지 않다(실리콘밸리 관계자 G 인터뷰, 2017.7.27). 실리콘밸리의 가장 큰 한인 네트워크라고 할 수 있는 베이 K-그룹도 지난 10년간 회원 수에서 눈부신 양적 성장을 이루어냈다. 베이 K-그룹은 다양한 연구 세미나와 소모임을 개최하고 있으며 이를 통해 회원 간 긴밀한 정보 교환과 소통이 이루어지고 있다. 하지만 10년이 지난 현시점에서 처음 K-그룹 초창기 회원들이 기대했던 만큼 조직 성과와 결과를 내지 못하고 있다. 실리콘밸리 중국계와 인도계 전문가들의 경우 서로 인간적으로 좋아하지 않더라도 일과 성과 달성을 위해서는 협조하는 편이지만, 한국계 전문가들의 경우 인도나 중국보다 기업 내 연구자들 간의 사회적 네트워크가 취약하다는 지적이 나오는 것도 이 때문이다(실리콘밸리 관계자 A 인터뷰, 2017.7.24).

실리콘밸리의 빈번한 직장 이동도 한인 연구자 네트워크 형성에 있어서 약점으로 지적되고 있다. 실리콘밸리에서는 직장 이동이 매우 빈번해서 연구자들이 한 회사에서 근무하는 평균 기간은 3년 내외인 것으로 알려져 있다(실리콘밸리 관계자 G 인터뷰, 2017.7.27). 실리콘밸리 한국계 과학기술자 및 연구자들의 경우도 기업에서 해고되면 소리 소문 없이 조용히 다른 곳으로 가는 경우가 많다. 이에 따라 실리콘밸리를 비롯한 미국 내 연구자들은 대체로 7~11번 이상 자신의 일자리를 옮겨 근무하는 것으로 나타나고 있다(실리콘밸리 관계자 G 인터뷰, 2017.7.27).

하지만 실리콘밸리를 비롯한 혁신 클러스터에서 직장 이동은 불리한 면만 있는 것은 아니다. 실리콘밸리에서 우수한 과학기술자와 연구자들은 직장 이동을 성공의 기회로 활용하는 경우가 적지 않기 때문이다. 실리콘밸리 혁신기업의 CEO로 성장한 인도계 출신 연구자들이 자신들의 연구 능력과 실력을 바탕으로 최고경영자로 성장한 경우가 이러한 예라고 할 수 있다. 실리콘밸리 핵심 연구자들의 경우 현재 근무하는 곳보다 더 많은 연봉을 주는 새로운 기업으로 직장을 이동하는 경우가 많기 때문이다. 이때 그 기업에서 기존에 근무하고 있는 경력자보다 더 많은 연봉을 받는 경우도 있으나 개인 연봉은 철저히 비밀로 부쳐지기 때문에 서로 비교하지 않고 크게 신경 쓰지 않는 분위기가 주를 이루고 있다(실리콘밸리 관계자 G 인터뷰, 2017.7.27).

한인 연구자들의 소통 능력(communication)과 기술이 약하다는 점도 하나의 약점으로 지적되고 있다.[8] 인도에서는 3000여 개의 지역 방언 및 언어가 있어 공식 언어로 영어를 사용하기 때문에 인도계 연구자들은 언어 문제가 없어 실리콘밸리에서도 비교적 빨리 적용할 수 있다. 또한 중국계 연구자들은 실리콘밸리 혁신기업에서 수적으로 다수를 점하고 있어 언어 장벽을 뛰어넘을 수 있는 인적 네트워크를 형성하고 있다. 하지만 이들 국가 출신들에 비해 한인 연구자들은 언어에 따른 소통 장벽과 인적 네트워킹 파워의 부족으로 조직 사회에서 두각을 나타내기가 쉽지 않은 형편에 놓여 있다(실리콘밸리 관계자 A 인터뷰, 2017.7.24).

---

[8] "삼성은 AMD나 Intel에 비해 고객과의 소통 면에서 약하다고 생각된다. 한국 문화는 '말보다는 행동'을 강조하는 반면, 이들 회사들의 경우는 비즈니스 대상을 설득하고 관계는 맺는 데 우리보다 훨씬 강점을 갖고 있기 때문이다"(실리콘밸리 관계자 A 인터뷰, 2017.7.24).

또한 실리콘밸리 한국계 기업 CEO들의 경우 대부분 국내 창업주로부터 대물림을 받거나 국내 본사에서 임명되는 경우가 많아 창업가 정신이 부족하다는 점도 또 하나의 약점으로 지적된다. 이 때문에 실리콘밸리를 비롯한 한국계 기업과 한국계 연구자 네트워크의 효과성에 대한 믿음은 상대적으로 취약하다(실리콘밸리 관계자 G 인터뷰, 2017.7.27). 실리콘밸리 삼성반도체 연구소도 최근에는 대부분 백인을 중심으로 한 외국계 사람을 위주로 충원하고 있는 것으로 알려졌다. 이에 따라 한국계 기업이 실리콘밸리에 진출하고 있음에도 불구하고 한국계 연구자들이 현지에서 일자리를 잡아 성장하고 클 수 있는 기회는 여전히 부족하다(실리콘밸리 관계자 G 인터뷰, 2017.7.27).

실리콘밸리 한인 과학기술자 네트워킹을 이끌어낼 수 있는 내부 거버넌스 구조가 마련되어 있지 못한 점도 약점으로 뽑힌다. 실리콘밸리 지역 내에는 다양한 연구자 그룹과 대학, 기업, 그리고 교민 사회단체들이 있지만 이러한 단체를 엮어낼 수 있는 거버넌스 구조는 없다. 또한 현재 미국에 파견되어 있는 한국 정부기관의 주재원들의 경우도 그 활동이 매우 미약해 제대로 된 역할을 수행하지 못하고 있다는 지적이 나오고 있다. 예컨대 실리콘밸리 코리안 이노베이션 센터(Korean Innovation Center: KIC)만 해도 제대로 일을 수행할 만한 사람이 없다. 이러한 지원기관들이 소기 사업을 제대로 수행하기 위해서는 현지 한인 연구자들과 사회적 신뢰(social trust)를 형성하고 그 신뢰를 바탕으로 지속적으로 사업을 수행해야 하지만 현실은 이에 미치지 못하고 있는 형편이다(실리콘밸리 관계자 G 인터뷰, 2017.7.27).

(3) 기회 요인(Opportunities)

실리콘밸리 한인 연구자 네트워크 형성 과정에서의 기회 요인으로는 최근 조직 활동이 활발하게 이루어지고 있는 베이 K-그룹이나 재미 한인 과학기술자 협회, 한인 생명과학자들 모임(KOLIS) 등 네트워크 조직의 활성화를 지적할 수 있다. 실리콘밸리 한국계 연구자들의 풍토와 문화가 단기간에 변하기는 힘들겠지만 최근 자발적으로 생겨나고 있는 연구자 그룹 세미나와 각종 모임 등 다양한 노력을 통해 한인 연구자 네트워킹 파워(networking power)를 키워나갈 필요가 있다(실리콘밸리 관계자 G 인터뷰, 2017.7.27). 문제는 실리콘밸리 네트워킹 파워를 키우기 위해서 누군가의 시간과 노력, 그리고 투자가 필요하다는 점이다. 하지만 아쉽게도 실리콘밸리와 샌프란시스코 지역에서 성공한 한국계 기업가들이 제 역할을 하지 못하고 있다는 지적이 나오고 있는 것도 이 때문이다(실리콘밸리 관계자 G 인터뷰, 2017.7.27). 이에 따라 최근 실리콘 밸리에서는 ICT 기업으로 성공한 한국계 벤처기업가와 벤처자본가를 중심으로 이에 대한 비판적 성찰이 이루어지고 있다.[9] 따라서 향후 실리콘밸리 한인 연구자 네트워킹을 강화해나갈 수 있는 토대로서 이들 성공한 기업과 벤처 캐피털리스트들의 활동에 보다 많은 기대가 모아지고 있다(실리콘밸리 관계자 A 인터뷰, 2017.7.24).

실리콘밸리와 샌프란시스코 베이 지역 연구자들 사이에서 창업에 관심

---

[9]   실리콘밸리 초창기 창업 1세대로서 성공한 암벡스 이종문 회장, 황규빈 텔레비디오 회장, 1990~2000년대 인터넷 붐을 타고 성공한 마이사이먼의 마이클 양 회장, 유리시스템즈의 김종훈 사장, 엔컴퓨팅의 송영일 대표가 그들이다. 지역 내 한인 벤처 캐피털리스트들로서는 폴 김 파라클리스토스 회장, 남태희 스톰벤처스 사장, 페리 하(Perry Ha) 드라이퍼아테나 대표 등도 실리콘밸리 한국계 기업들의 가교 역할을 수행하고 있다(김정욱 외, 2017).

을 둔 사람들이 점차 늘어나는 것도 한인 네트워크 형성에 있어서 또 다른 기회 요인이 되고 있다. 실리콘밸리 포닥 등 연구자 그룹은 빨리 직업적 안정을 찾기 위해 한국에서의 교수직 또는 연구기관의 연구원으로 취업하는 것을 선호하는 반면, 일부 국내 벤처 창업자들은 한국 시장뿐 아니라 미국 및 세계 시장을 염두에 둔 기업 경영과 창업을 위해 실리콘밸리 지역으로 모여들고 있다(실리콘밸리 관계자 A 인터뷰, 2017.7.24.). 무엇보다 실리콘밸리 지역에는 창업 실패에 대한 두려움이 적고 새로운 아이디어와 혁신기술에 대한 투자를 위해 준비된 자본이 풍부한 것도 이들 신규 기업가에게는 큰 기회요인이다.

(4) 위협 요인(Threats)

실리콘밸리 한인 연구자 네트워킹에 대한 위협 요인도 존재한다. 먼저 연구자 네트워크 조직 내 갈등과 불신, 그리고 간부진의 비리 등은 향후 경계해야 할 위협 요인이라고 할 수 있다. 특히 정부 지원이나 기업의 지원이 가져올 수 있는 모럴 해저드(moral hazard)에 대해 경계할 필요가 있다. 예컨대 이전 시기에 실리콘밸리 IT 종사자 한인 모임이 2~3개 존재했지만 모럴 해저드에 따른 지도부 불신임 및 투명성 부족 등으로 성공하지 못한 사례 및 경험이 있다(실리콘밸리 관계자 A 인터뷰, 2017.7.24).

한인 연구자 그룹의 네트워킹을 위한 정부의 인위적인 관료적 개입도 문제지만 현재 활동 중인 실리콘밸리 한인 연구자 그룹에 대한 기업들의 정보수집 활동도 또 다른 문제를 야기할 수 있다. 대체로 베이 K-그룹과 재미 한인 과학자협회 로컬 지부 등 실리콘밸리 연구자 그룹들은 외형적으로 파견된 정부 기관이나 국내 기업체에 협조하는 분위기지만 최근 한국 내 기업이 특정 연구자 조직의 회원 정보를 빼낸 문제가 발생한 이후 이를 크게 경계하는 입장을 취하고 있다. 실리콘밸리 한인 연구자 그룹 회원들은 대부분 기술정보 교환과 전문성(profession) 제고에 관심이 많은 데 비해 국내 기업체들은 이보다는 인적자원 확보에만 관심을 갖고 있기 때문이다(실리콘밸리 관계자 A 인터뷰, 2017.7.24).

이에 따라 연구자 그룹 내에서 정보 공유와 이해관계에서 서로 도움이 되지 않는 한 국내 기관 또는 기업체와 일체 공식적 관계를 하지 않고 있으며, 그러한 목적성을 갖고 접근하는 사람에게는 회원 자격을 부여하지 않는 경우도 나타나고 있다(실리콘밸리 관계자 A 인터뷰, 2017.7.24.).

2) 국내 기업과 한인 연구자 네트워크 관계

국내 기업들이 실리콘밸리와 관계를 맺은 것은 국내 반도체 산업이 태동하기 시작한 1980년대 중반기 이후 시기라고 할 수 있다. 삼성전자의 경우 1982년 실리콘밸리에 처음 진출해 2017년 현재 35주년을 맞았다. 특히 2015년에 완공된 디바이스솔루션(DS) 부문 미주 총괄 신사옥은 새너제이 지역의 랜드마크로 자리 잡았다. 삼성전자 반도체뿐만 아니라 LG 이노테크(Innotech), 서울반도체 등 국내 대기업도 실리콘밸리 연구 거점(R&D Office)을 개설해 운영하고 있다. 삼성전자의 경우 DS 부문 이외에도 삼성전략혁신센터(SSIC)를 중심으로 샌프란시스코에 스타트업을 육성하는 '삼성 넥스트', 마운트 뷰에 위치한 삼성리서치아메리카(SRA)에서는 차세대 갤럭시 폰을 연구개발하고 있다. LG전자와 LG디스플레이도 실리콘밸리 현지법인을 통해 차세대 스마트폰, 부품, 디스플레이를 연구개발하고 있으며, SK하이닉스와 SK텔레콤도 실리콘밸리 지역 내에 SKT아메리카를 설립해 운영하고 있다. 또한 최근 쿠팡과 만도기업도 실리콘밸리 현지법인을 개설해 현지화를 모색하고 있다(김정욱 외, 2017).

실리콘밸리에 진출한 국내 기업에 종사하는 한인 엔지니어들의 경우 처음부터 국내에 일정 정도 이상의 사회경제적 배경을 갖고 있는 경우가 많다. 실제로 실리콘밸리 삼성, LG의 해외 연구자 및 일반 직원들의 경우 한국 사회에서 영향력이 있는 사람들과 특수한 관계에 있거나 가족의 일원인 경우가 많다. 이 경우 현지 기업이 이들 파견 직원에 대한 고용 문제를 일정 정도 보장하고 있다 하더라도 언어 장벽 때문에 실리콘밸리 연구 협력 활동이 여의치 않은 경우가 종종 있다(실리콘밸리 관계자 F 인터뷰, 2017.7.24).

반면 실리콘밸리에 진출한 한국 기업에서 일하는 현지 한국계 연구자들은 또 다른 문제에 봉착해 있다. 한국 기업들은 연구개발과 혁신에 몰입하는 실리콘밸리의 일반적인 분위기와는 달리 혁신기술개발과 직접적인 관련이 없는 일상적 회의(예를 들어, 주간 회의, 일일 회의)에 반드시 참여해야 하는 경우가 많아 제대로 된 연구를 진행하기가 쉽지 않다는 것이다. 또한 현지 프로젝트를 이끄는 사람들의 고용 불안정 등으로 장기적인 연구 및 투자가 매우 취약한 형편이다. 연구자나 엔지니어는 자신이 속한 기업에 대한 자부심이 있어야 하는데 실리콘밸리에 있는 한국 기업에서 근무하는 사람들은 이러한 면이 부족하다. 기업의 목표 설정에 있어서도 회사는 연구자들이 자발적으로 설정한 목표보다 항상 더 높은 수치를 제시하기 때문에 이를 바탕으로 한 기업의 분배 기제는 실질적 성과에 비해 항상 저평가되고 있다. 한국 기업들의 경우 실리콘밸리 기업과의 인큐베이션(incubation) 및 R&D 협력을 꾀하고 있지만 대체로 해외 기술이 크게 앞서 있는 경우 자신들의 연구 과정과 결과에 대한 부담감 때문에 힘들어 하는 경우가 많아 해외 기술에 비해 조금 앞서거나 비슷한 경우를 선호하고 있다(실리콘밸리 관계자 F 인터뷰, 2017.7.24).

한편 실리콘밸리 외국계 기업에 종사하는 한국계 엔지니어들의 경우는 현지 기업의 조직 문화 적응에 어려움을 겪는 편이다. 일정 기간 동안 근무하게 되면 팀장과 임원으로 승진해야 하는데 활동 여건이 그리 녹록하지 않기 때문이다(실리콘밸리 관계자 F 인터뷰, 2017.7.24). 외국계 기업 한국계 엔지니어들의 가장 큰 어려움이자 단점은 사업 파트너들과의 소통 및 협상 기술이 부족하다는 점이다.[10] 이러한 한국계 엔지니어들의 의사소통 및 협상력 부족은 기업에서 CEO로 성장하는 데 큰 걸림돌이 되고 있다.

5. 결론

실리콘밸리의 한인 연구자 네트워크는 재미 한인 과학기술자협회(KSEA)와 베이 K-그룹, 한인 생명과학자들 모임(KOLIS)처럼 스탠퍼드 대학과 UC 버클리를 중심으로 한 연구 중심 대학을 거점으로 한 연구자 그룹 등 크게 세 갈래로 형성되어 있다. 이 중 베이 K-그룹은 2006년도에 설립된 이후 지난 10여 년 동안 가입 회원이 크게 늘어 2017년 말 현재 회원수가 4300명에 이르고 있다. 이처럼 베이 K-그룹의 가입자 수가 크게 늘면서 2011년 이후에는 연구자들의 요구와 연구 관심 분야에 맞춰 소프트웨어, 하드웨어 시스템 디자인, 일렉트로닉 디바이스, 바이오테크, 비주얼아

---

10 이러한 의사소통 능력과 협상 기술 부족 등으로 실리콘밸리의 미국계 엔지니어들은 근무 계약 시 "얼마를 주냐"에 관심이 있다면 한국계 엔지니어들은 "포지션이 뭐냐"에 더 관심을 두는 경우가 많다고 한다(실리콘밸리 관계자 F 인터뷰, 2017.7.24).

트 테크놀로지 등 총 10여 개 분야별 연구 세미나를 가동하고 있다.

하지만 실리콘밸리 한인 연구자 네트워크는 중국계나 인도계 연구자의 네트워킹 파워에 비해 여전히 미약할 뿐만 아니라 이들 두 국가 출신 과학 기술자 또는 엔지니어들이 차지하고 있는 기업 내 위상이나 영향력을 따라잡지 못하고 있다. 인도계의 네트워크와 비교할 때 한인들의 창업 활동은 현저히 저조하며, 주요 기업의 주류 네트워크에 진입하는 데 한계에 직면하고 있다. 실리콘밸리 한인 연구자들이 기술혁신과 창업, 주류 네트워크 진출에서 성과를 거두려면 글로벌 역량을 지닌 한인 연구자 네트워크를 강화하기 위한 체계적인 전략이 필요하다. 이와 함께 정부 조직과 현지 진출 국내 기업들과 한인 사회와의 비즈니스 및 인적자원 네트워크 개발이 요구되고 있다.

먼저 실리콘밸리 연구자 네트워크와 현지에 진출한 국내 기업이 서로 윈-윈(Win-Win)할 수 있는 협력 및 지원 관계를 형성할 필요가 있다. 현지에 진출해 있거나 현지 ICT 기업과 일정한 관계를 유지하는 대부분의 국내 기업들은 실리콘밸리 한인 연구자 네트워크를 자신들의 기업에 필요한 인적자원 확보나 새로운 혁신기술 정보를 얻을 수 있는 창구 정도로 인식하기 쉽다. 하지만 이들 기업은 실리콘밸리에서 한인 연구자들이 창업과 경제적 성공을 일궈낼 수 있도록 실리콘밸리 한인 연구자 네트워크를 포괄적으로 지원하고 후원해야 한다. 이들 경제적으로 성공을 거둔 한인 연구자들의 창업 기업들과 국내 기업을 연계함으로써 한국계 기업의 현지화와 글로벌 전략을 효과적으로 수행하는 전략적 관점의 접근이 필요하다. 실리콘밸리에 한국계 신규 창업가와 혁신기업들이 활발히 뿌리내릴 수 있도록 한인 연구자 네트워크와 국내 기업과의 연계망을 보다 다양하게 만들어나가야 할 것이다.

실리콘밸리에 진출한 국내 기업들의 기업 문화와 비즈니스 관행이 현지 문화와 신속하게 융합될 수 있도록 문화적 적응과 전환 전략 역시 중요하다. 대부분의 한국계 연구자들은 한국 기업의 조직 문화 풍토에서는 소프트웨어 등 연구개발을 지속하기기 힘들다고 생각하고 있었다(실리콘밸리 관계자 A 인터뷰, 2017.7.24). 한국 기업은 수직적 기업 조직 문화가 깊이 자리 잡고 있고 기초 및 응용 연구에 대한 지원도 미흡하기 때문이다. 미국의 경우 기업이나 정부는 자유롭고 수평적인 조직 및 연구 환경에서 연구자들이 장기간에 걸쳐 주도적으로 자신의 목표를 추구하는 문화를 용인하고 있다. 개인의 창발성을 중시하면서도 장기적 안목에서 지역 전체에서 인적자원을 확보하기 위한 경쟁이 치열하지만, 한국 기업들은 이러한 인재 경쟁에서 주변화되어 있다. 인재 경쟁에서 한국 기업들이 뒤처진 핵심 이유 중 하나가 기업 문화와 관행이라고 할 때 기존의 경영 문화를 신속하게 전환하기 위한 노력이 필수적으로 요구되고 있는 것이다.

실리콘밸리에서는 연구자가 자신의 연구 분야에 대한 생각을 자유롭게 발표할 수 있고 다른 연구자의 도움을 받을 수 있는 피드백 문화가 매우 활발하다(실리콘밸리 관계자 C 인터뷰, 2017.7.25). 이와 관련해 미국 정부의 정책 입안자나 연구 책임자들은 구체적이고 세밀한 부분까지 파악하지는 못하더라도 연구 결과에 대해 매우 꼼꼼하게 다 읽어보고 이해되지 않거나 납득이 되지 않으면 그냥 넘어가지 않는다. 특히 연구 책임 부분에 대한 전문가적(professional) 입장을 견지함으로써 연구자와 조직 성장은 물론 혁신적 기술과 제품 개발을 유도하고 있다(실리콘밸리 관계자 C 인터뷰, 2017.7.25).

한인 연구자들이 되도록 미국 현지에 남아 있기를 원하는 분위기 역시 한국 기업들에는 새로운 도전 요인이다.[11] 따라서 한국 기업들 역시 글로벌 인재를 유연하게 활용하기 위한 노력을 강화할 필요가 있으며, 이를 위한 글로벌 인재 경영 전략 및 역량이 필수적으로 요구된다. 이렇게 볼 때 실리콘밸리 한국계 기업들이 국내 조직 문화와 관행을 그대로 유지하는 한 현지화 전략은 실패할 가능성이 크다. 이와 관련해 실리콘밸리의 혁신기업 내 인도계와 중국계 중견관리자들과 CEO들의 리더십 전략을 참고할 필요가 있다. 특히 인도계 CEO들은 서번트 리더십(servant leadership)을 통해 직원과 연구자들의 요구에 귀 기울이고 조직을 화합함으로써 기업성과를 추구한다. 중국계 연구자들의 경우도 혁신기업 내 포진해 있는 지위를 기반으로 서로 밀고 끌어주는 중국인 특유의 조직 문화와 특성을 보여준다.

실리콘밸리 한인 과학기술자와 연구자 네트워킹을 이끌어낼 수 있는 내부 거버넌스 구조가 마련되어 있지 못한 점도 하나의 약점으로 꼽힌다. 따라서 당분간 한국계 과학기술자들의 네크워킹을 도와줄 수 있는 한국 정부와 민간 기업 및 단체의 다양한 정책적 지원이 필요하다. 최근 중국 정부도 이러한 과학기술자 네트워킹 구성을 위한 사업에 지원을 강화하고 있다(실리콘밸리 관계자 G 인터뷰, 2017.7.27). 이를 위해 실리콘밸리뿐만 아니라 재미 한인 연구자 네트워킹을 위한 플랫폼(platform)을 어떻게 형성할 것인지에 대한 고민과 노력이 더 필요하다.[12]

끝으로 국내외 혁신기술, 기업체들의 기술 동향과 함께 연구자 네트워

---

[11] 해외 연구자들이 국내로 돌아오는 것을 꺼리는 것은 국내 기업이나 연구소들의 수직적 조직 문화와 함께 자녀들의 경쟁적 교육 풍토로 인해 대부분 미국에서의 생활과 삶을 선호하기 때문이다(실리콘밸리 관계자 C 인터뷰, 2017.7.25).

[12] 한인 과학기술자협회(KSEA) 내에서 40년 이상 연구자로 근무한 이후 은퇴한 사람들과 젊은 창업 CEO들이 협력할 수 있도록 연결해줄 수 있는 플랫폼이 구축된다면 연구자 네트워킹의 좋은 사례가 될 수 있다(실리콘밸리 관계자 G 인터뷰, 2017.7.27).

킹에 대한 로드 맵(road map)을 제대로 그리기 위해서는 국가 비전의 큰 틀이라는 차원에서 접근할 필요가 있고, 이를 위해 기초 분야와 인문학에 토대를 둔 국가 기술 대계 및 발전 방향에 대한 제대로 된 정책 방안을 제시할 필요가 있다. 한국이 ICT와 바이오 분야에 있어서 글로벌 시장을 이끌기 위해서는 대학과 연구소에서 기초학문 분야의 아이콘이 될 수 있는 선행 연구를 해야 하고 기업도 이러한 선행 기초연구에 좀 더 많은 관심을 가질 필요가 있다(실리콘밸리 관계자 C 인터뷰, 2017.7.25). 또한 소프트웨어 기술과 인력에 대한 인프라도 더 확충되어야 한다. 생산 기술과 응용 기술을 접목할 수 있는 소프트웨어의 역할은 매우 중요하기 때문에 국가 비전의 큰 그림을 갖고 접근할 필요가 있다.[13]

---

13 해외 기술에 대한 정보와 리뷰가 전제되어야 국내 기술이 한 단계 발전할 수 있다는 점에 유의할 필요가 있다. 해외 기술 동향에 대한 사전 검토 없이는 우리가 세계 제일(number one)의 기술을 가질 수 없기 때문이다(실리콘밸리 관계자 F 인터뷰, 2017.7.24).

05 일본의 사회문화적 맥락과 ICT 클러스터의 관계에 대한 탐색적 고찰

류영진

1. 서론

일본의 'ICT 클러스터'는 일본의 기존 제조업 중심의 산업 클러스터와 상당히 유사한 듯이 보이지만 그 규모나 조밀함에서는 차이가 있다. ICT 분야 자체의 추진이 여타 산업 분야에 비해 늦었던 일본에 있어서 ICT 분야의 클러스터는 아직 주목할 만한 사례가 있을 만큼 크게 발전했다고 보기는 힘들지도 모른다. 하지만 일본은 분명 세계적으로 인정받는 부품 분야의 선진국이며, 로봇 분야와 바이오산업, 환경기술 등에 있어서는 탁월한 기술 수준을 자랑하고 있는 것도 사실이다. 마치 제조업과 ICT 분야의 과도 지점을 지나고 있는 듯이 보이는 일본에서 우리는 어떠한 특징들을 포착해낼 수 있을까?

경제학자 마이클 토다로(Michael Todaro)는 지역 간의 인구 이동을 설명하며 임금이 높은 지역으로 인구가 유입되어간다는 가정은 이미 제1세대 모델이라고 설명한 바 있다. 지금 시대는 단순히 물질적인 유인과 동기에 의해서 유입과 집적이 이루어지지 않고 또 다른 무엇인가가 존재한다고 토다로는 주장하며 그 무엇을 도시의 빛(city light)이라고 명명했다. 그것은 문화일 수도, 제도일 수도, 어떠한 매력일 수도 있다(柳永珍, 2015). 이것은 산업 주체들의 이동과 집적에도 충분히 유효한 논리다. 한 지역에 ICT 관련된 파워가 집적되고 클러스터가 만들어지는 것은 표면적으로 드러나는 조건은 물론, 그 조건을 폭넓게 둘러싸고 있는 사회문화적 맥락들의 화학적 결합(chemical linkages)이라고 할 수 있다. 일본의 사회문화적 맥락에서 일본의 저력으로서의 '클러스터의 빛(cluster light)'을 한번 찾아볼 수 있지 않을까?

쿡(Cooke, 1992)은 제품공정지식의 상업화를 촉진하는 기업과 제도들의 네트워크의 구성요소는 크게 하부구조(Infra-structure)와 상부구조(super-structure)로 구분할 수 있다고 보았다. 하부구조란 도로, 공항, 통신망과 같은 물리적 하부구조와 대학, 연구소, 금융기관, 교육훈련기관, 지방정부 등과 같은 사회적 하부구조를 포함한다. 상부구조는 지역의 조직과 제도, 문화, 분위기, 규범 등을 의미한다. 이 글은 일본의 ICT 클러스터 형성과 ICT 산업의 미래에 대해 산업적인 환경과 인프라의 측면에서 한 발짝 물러서서(아니면 한 발짝 더 들어가) 살펴보고자 하는 탐색적인 시도다. 구체적으로는 일본의 정책적 흐름을 간단히 검토하면서 정책의 특징들을 짚어보고, 그 특징들이 일본의 사회문화적 맥락과 어떤 지점에서 맞닿아 있는지를 유추해보는 것을 그 목적으로 하고 있다. 일본의 정책 자료와 문헌들에 대한 검토와 함께 ICT의 현장과 학계에 몸담고 있는 전문가들의 인터뷰 조사를 실시해 좀 더 생동감 있는 내용을 담고자 했다. 이를 위해 제2절에서는 일본의 ICT 정책의 흐름을 1990년을 중심으로 현재에 이르기까지 개괄적으로 검토한다. 그리고 그로부터 일본의 ICT 클러스터 정책이 일본 제조업 전통의 기반 위에 세워져 있음을 유추해낸다. 제3절에서는 일본의 제조업 클러스터에서부터 이어져오는 사회문화적 맥락이 일본의 ICT 클러스터 정책의 특징, 클러스터의 형성과 어떤 접점을 가지는지 검토한다. 제4절에서는 사례로서 '아키하바라-간다-츠쿠바-다마'에 이르는 클러스터 중 아키하바라를 중심으로, 제2절과 제3절의 내용들을 적용해본다. 제5절에서는 일본 ICT의 미래는 IoT에 있다고 주장한다.

2. 일본의 ICT 정책

1) 일본 ICT 정책의 개괄적 흐름

경제학자 폴 데이비드(Paul David)는 경제를 관통하는 일련의 환경에 있어서 작동하는 관성의 법칙을 '경로의존성(path dependency)'이라는 용어로 설명한 바 있다. 기술이나 시스템 등이 하나의 경로로 일단 정해지면 그 경로로부터 벗어난 새로운 것으로의 전환은 쉽게 발생하지는 않는다는 것이다. 경로의존성 개념은 일본의 ICT 클러스터의 발전과도 무관하지는 않을 것이다. 특히, 단순히 ICT의 기술 수준의 발전이 아닌 클러스터라는 전체적인 시스템의 발전에 대해서 생각해보고자 한다면 더욱 그러할 것이다. 클러스터의 형성을 위한 다양한 요소들은 역사적·문화적 맥락이라는 흐름 위에 그 종이배를 띄울 수밖에 없기 때문이다. 물론 이러한 맥락적인 검토를 위해서는 통시적으로는 일본의 문화 형성의 전반을 들여다볼 필요가 있을 것이며, 공시적으로는 ICT의 발전과 상호연관성을 가지는 여타 정책적·사회적 배경들을 종합적으로 검토해야 할 필요가 있을 것이다. 하지만 그러한 시도는 작업의 양이 너무도 방대하며, 일본 문화의 근저를 논해야 하는 어려운 과제에 필연적으로 직면하게 된다.

이 절에서는 일본의 ICT 발전의 맥락을 반영하는 한 가지로서 정책의 흐름에 주목하고 있다. 클러스터의 발생은 자연발생적인 단계적 집락보다는 입지조건과 제도의 정비를 통한 계획적 집적에 의해서 이루어지는 경우가 더 많다고 할 수 있다. 이 절에서는 일본의 ICT 클러스터의 발전을 정책적 입장에서 개괄적이나마 검토해보고 그로부터 분석에 필요한 사회문화적 맥락들을 짚어낼 수 있는 단초들을 찾아보고자 한다.

1985년부터 2015년까지 약 30년 동안 거대 통신업체인 NTT를 중심으로 보아도 시장 규모는 2배 정도 성장했다. GDP 중 ICT 관련 발전 규모는 대부분 휴대폰과 인터넷을 중심으로 한 기본 인프라 사업의 성장이며, 최근에는 거의 휴대폰 시장에 집중되어 있다. 스마트폰의 보급과 함께 1인 1대 이상의 스마트폰(및 포터블기기)도 점차 늘어가고 있으며, 동시에 가정용 고정 전화기는 줄어들어감으로써 상당히 가파른 형태로 휴대전화 시장이 성장하는 것처럼 보이고 있다.[1] 하지만 이 상태로 계속 발전을 해나가기에는 분명히 한계가 있다[노구치 마사토(野口正人)[2] 인터뷰, 2017.6.9].

---

1 단, 기존의 통신 사업과 휴대폰 사업 사이의 플러스마이너스 관계를 고려한다면 어느 정도의 성장인지는 성찰이 필요하다고도 할 수 있다.
2 정보통신종합연구소 ICT 창조연구부 경제통계분석 담당 주석연구원.

규모의 성장에 있어서 일본의 ICT는 결코 작지 않은 성장을 이뤄냈다고 할 수 있다. 이러한 성장을 이뤄낼 수 있었던 것은 일본의 ICT 관련 정책이 정부 차원의 위기감 고조에서 출발했다는 것이 그 이유 중 하나다. 1990년대에 들어서면서 일본 정부는 전 세계적인 IT 혁명의 흐름을 목격하면서 이에 대한 대응이 너무 늦다는 점을 인식하기 시작했고, 미국과도 정보화 격차가 점점 더 벌어지고 있다는 점에서 조급해지고 있던 상황이었다(郵政省監修, 1994). 일본은 인프라적으로도 광대역 인프라 공급이 뒤처졌고, 1985년 국영통신업체인 NTT의 민영화 이후 그 구조 개혁 및 정착이 지연된 상황이었다. 전반적으로 ICT 관련 전략과 추진 시점이 늦어진 상태였으며, 1990년대 후반에 이르러서는 일부 아시아 국가들과 비교해서도 인터넷 이용 환경이 크게 뒤떨어지는 상황이 되었다(김웅희, 2005). 때맞춰 사카이야 타이치(堺屋太一, 1990)가 '지가사회(知價社會)'라는 개념을 통해 ICT 관련 기술들이 앞으로의 사회를 주도할 것이라고 예견하면서 정부의 관심은 더욱 높아졌다.

하지만 일본의 뒤처짐은 역설적이게도 일본의 경제 호황이 너무도 상징적이었기 때문이라고도 할 수 있을 것이다. 일본은 1960년대부터 1990년대에 이르기까지 고도성장기를 보내며 리딩컨트리(leading country)로서 발전을 거듭해왔다. 일본의 성장은 기본적으로 높은 수준의 기술력과 제조업에 최적화된 생산 시스템에 힘입은 것이라고 볼 수 있다. 그리고 각 시대에 적절한 리딩인더스트리(leading industry)에 대한 시의적절한 산업정책과 클러스터의 설정이 보조를 맞춰주었다고 할 수 있다(龜山嘉大, 2006). 자동차 생산라인을 집적시켜 자동차 클러스터로 형성된 나고야시, 도요타시의 사례, 중공업을 집적시킨 기타큐슈시, 정밀기계공업 중심의 나가노 등 각 지역은 생산에서 소비에 이르기까지 하나의 자기완결성을 가진 지역으로 발전해나갔다. 이러한 산업화는 국가의 선별적인 특화에 의해 진행되었으며, 지역과 기업 또한 신속하고 안정적인 발전을 위해 소위 '파이프라인'이라고 불리는 중앙정부와의 관계성을 중요시 했다. 이러한 형태로 일본이 발전시켜온 제조업의 생산시스템과 발전의 방식은 수십 년에 걸쳐 일본 전국에 스며들었으며, 사회문화 및 제도 또한 그에 특화되어 수정과 발전을 거듭해왔다고 할 수 있다. 서면주의, 대면주의로 기존의 법률과 제도들은 구체화되었고, ICT 기술과의 접점을 고려하기에는 어려운 환경이었다.

이러한 위기의식에서 일본은 1994년 고도정보통신사회추진본부를 내각에 설치하고 검토를 거듭해, 2000년 'e-Japan 전략'이라는 정책을 수립하고 정보통신기술의 발전을 추진하기 시작했다. 일본은 5년간의 계획을 통해 인프라를 확장하고 관련 법규들을 정비해 정보통신기술에 대한 수요를 확보하고자 했다. 2003년 'e-Japan 전략II'를 설정하면서 본격적으로 ICT는 새로운 경제발전 수단으로서, 산업의 일부로서 다루어지기 시작한다. 인터넷 이용률을 끌어올리고, 매력적인 콘텐츠들을 개발하는 등의 문제로 관심이 옮겨가고, 정보기술을 통해 새로운 산업과 시장을 창출하는 '신가치 창조'가 전략II의 중심축으로 등장하기 시작한다(김웅희, 2005). 이에 일본의 문부과학성도 2002년 '지적 클러스터 창생계획'을 내놓으면서 발을 맞추게 된다.

일본은 본격적인 산업으로서의 ICT를 구상하면서 경제정책과의 연관성을 모색하기 시작했고, 2009년 'ICT 뉴딜정책'을 제시함으로써 구체화를 시도한다. ICT 뉴딜정책의 제언과 함께 정책적인 수준에서의 본격적인 ICT 클러스터의 형성에도 드라이브가 걸리기 시작한다. 뒤이어 발표되는 '하토야마 ICT 플랜(2009.3)', '스마트 유비쿼터스 네트워크 사회실현 전략

(안)(2009.6)'에서는 100조 엔 규모의 시장을 가지는 신성장 동력으로서 ICT 분야를 규정하고 의료, 에너지, 콘텐츠 등 다양한 분야와 ICT와의 융합을 골자로 한 계획을 수립하고 있다. 하지만 ICT를 클러스터화하는 것에 있어서 일본이 택한 방법은 기존의 제조업 기반의 클러스터에 ICT를 함께 접목하는 방식이었다. 가메야마 요시히로(亀山嘉大)는 일본이 이러한 전략을 택한 이유를 다음과 같이 설명한다.

> 지방 도시에 있어서 산·학·관 연계를 효과적으로 기능시키기 위해서는, 무에서 유를 만드는 것이 아니라 지금까지 개개의 지방 도시에서 배양해왔던 산업을 대학과 연구기관의 맹아(seeds)로서 이어주는 것이 중요할 수밖에 없었다. 지금까지의 역량과 매칭을 하지 않을 경우 기존 산업과 신규 산업 사이의 거리가 너무 멀어져 그 결과를 기대하기 힘든 것이 일본의 상황이었다(亀山嘉大, 2006: 38).

'정보가전 등의 일본의 강점을 살린 일본 독자의 전략'(IT戦略本部, 2002)이라는 일본의 정책적 슬로건에서도 짐작할 수 있듯이, 일본은 기존의 가전제품 등의 강점을 가지는 제조업 기반에 ICT라는 옷을 입히는 것을 '일본 독자의' 전략이라고 보고 있다.[3] 위기감에서 출발한 일본의 ICT 발전 정책은 5년이라는 짧은 시간 동안에 폭발적으로 인프라를 확장시키면서 기반을 갖추는 데 성공한 반면 구체적인 산업으로 성장하는 데 있어서는 기존 제조업의 기반들에 기대는 부분 역시 클 수밖에 없었다고 할 수 있을

---

3   김웅희(2005)는 이를 '일본형 IT 전략'이라고 보고 있다.

것이다. 위기감이라는 조급함 속에서 가장 효율적으로 신속하게 ICT를 사회에 정착시키고 산업으로서 발전시키기 위한[4] 방법은 이미 충분히 갖추어진 체계를 활용하는 방법이었다. 일본 정보화의 궤적에서 나타난 방책은 대체로 일본 사회의 발전 경로를 따라서 고안된 '일본적 처방'의 연속선상에 있다(김웅희, 2005). 특히 지역 재생과 같은 시대적인 요구와 1990년대 이후 대기업들의 해외 이동으로 인해 발생하는 중소기업들의 위기에 대한 생존전략 요구 등이 겹치면서 ICT 클러스터는 쇠퇴하는 지역에 활기를 불어넣을 수 있는 소재로서 주목받게 된다. 즉, 일본의 ICT 클러스터는 ICT의 클러스터라고 규정되기보다는 기존 클러스터에 ICT가 접목되었다고 보는 것이 더 타당할 것이다.[5]

2) 일본의 ICT 클러스터 정책

일본에서는 사실 클러스터라고 부를 수 있을 만한 것이 없습니다. 클러스터를 '집적되어 있는 지역'이라고 정의했을 때, 일본의 '지역'을 ICT에 관련해 독자적으로 끌어나갈 수 있는 단위로서 볼 수 있는지는 의문입니다(니시오카 야스유키(西岡靖之)[6] 인터뷰, 2017.6.10].

---

[4] 박정현(2009)은 일본의 ICT가 산업정책의 한 부분으로 본격적으로 다루어진 것이 2008년 후반기 일본 국내 경제의 심각한 침체 등에 대한 대응에도 이유가 있다고 설명하고 있다. 즉, 일본은 ICT에 대한 고려에 있어서 신속함과 효율성이라는 부담을 지속적으로 가졌다고 볼 수 있을 것이다.

[5] 제조업 관련 인프라를 가지고 있던 북부 규슈에 반도체 관련 ICT 클러스터가 형성되고, 후쿠오카가 콘텐츠 관련 클러스터, 정밀기계 공업이 발전한 나가노 지역이 전자부품, 디바이스 관련 클러스터 등으로 구성되어 가는 것도 이러한 정책적 맥락의 영향이 크다고 할 수 있다.

[6] 호세이 대학교 디자인공학부 시스템디자인학과 교수.

일본의 ICT 관련 정책이 위기감에서 출발하고 있으며 그런 만큼 속도감 있고 가시적인 성과를 추구하고자 하는 것은 쉽게 이해할 수 있다. 하지만 앞서 정책을 개괄하면서도 알 수 있었듯이 클러스터라는 용어를 ICT에서 사용한 것은 문부과학성의 2002년 지적 클러스터 창성계획에 이르러서이며, 본격적인 클러스터 형성에 관심을 가지고 박차를 가하기 시작하는 지점은 2009년 ICT 뉴딜 이후라고 할 수 있다. 그 이전까지의 정책은 우선적으로 ICT라는 새로운 테크놀로지를 일본에 스며들게 하는 것, 즉 인프라를 확충하고 법과 제도를 재정비하는 것에 정책의 역량이 모두 맞춰져 있었다고 보는 것이 타당하다. 지역적 또는 집적되는 범위적 형태의 클러스터라는 형태로 ICT에 접근하는 정책적인 움직임은 거의 없었다.

현재까지의 일본의 정책들은 대부분 '휴대전화 중심 정책'이라고 할 수 있습니다. 소비자들이 현재 요구하는 기술에 대한 보급을 중시하는 정책에 많은 에너지를 할애하고 있습니다. 미래적인 의미에서의 정책은 각 성(省)·청(庁)이 실시하고 있는 '지역정보화정책'들이 있다고 할 수 있습니다. 하지만 이러한 구상은 클러스터의 구상과는 거리가 멀다고 할 수 있습니다(노구치 마사토 인터뷰, 2017.6.9).

노구치 마사토의 인터뷰에서도 나타나듯이, ICT를 지역적인 범위에서 적용하고자 하는 정책적인 움직임은 지역정보화정책에서 처음 시도되었다. 지역정보화정책은 정보화 산업들의 민영화가 추진되기 시작한 1980년대 전반부터 '구 우정성'을 중심으로, '구 통상산업성', '구 자치성', '구 건설성', '구 국토성', 농림수산성 등에 의해서 실시되어왔다. 각 성들이 특정 지역을 일종의 정보화기술 실험 지역으로 설정하고 지원하는 것이 주요 골자이며, 지자체 레벨에서 구체화를 요구하는 일종의 정보화 지침 사항들이다. 대표적인 예로는 텔레토피아 구상(총무성), 뉴미디어 커뮤니티 구상(구 통산성), 그린토피아 구상(농림수산성), 인텔리젠트 커뮤니티 구상(건설성) 등이 있다. 정책 목표에 있어서는 정보 인프라의 정비가 기본적인 방침이며, 구체적으로는 ① 지역 커뮤니티 활성화, ② 지역에로의 정보 산업 유치, ③ 원격 의료 등에 의한 지역 의료 및 복지의 충실화, ④ 학교 현장에의 정보기술 도입에 의한 정보 리터러시 등 교육에의 공헌, ⑤ 지역 간 정보 격차의 시정, ⑥ 지역 정보 발신에 의한 관광객의 증대 등이 주요한 목표로 포함되어 있다.

총무성이 일본종합연구소에 의뢰하여 구성한 사례 정리에 의하면 지역정보화정책은 총 4가지의 유형으로 구별된다.

① 로지스틱 타입: 기존의 중앙 집중적 수직적 형태의 ICT 환경을 재정비해 효율화를 도모하는 구상
② 그룹 포밍 타입: ICT 관련 인재들을 집적시키거나 그룹을 만드는 것을 통해 완전히 새로운 아이디어로부터 시스템을 구축하는 구상
③ 멀티프로젝트 타입: 지역 활성화 및 지역 아이덴티티 강화를 위한 복수의 목적적 프로젝트 활동에 대해 ICT를 활용하는 구상
④ 기반설비 타입: 지역 내의 ICT 인프라를 정비 확충하는 구상

노구치 마사토는 인터뷰에서 지역정보화정책이 클러스터 구상과는 거리가 멀다고 평가했고, 앞서 구체적인 정책 목표에서도 알 수 있듯이 정책 자체가 클러스터를 지향하고 있지는 않다. 지역의 정보기술 환경 개선과 적용이 중심 과제로 설정되어 있는 것이다. 하지만 지역정보화정책은 일

본의 지역 단위에서의 ICT 정책의 초기 형태이자, 집적이라는 형태로 ICT를 적용하고자 하는 전 단계적인 정책이라는 측면에서 나름의 의미를 가지고 있다. 또한 구체적인 실행을 지자체의 정체성과 기획에 위임한 '보텀업(Bottom-up)' 형태의 추진이었다는 점에서도 의미를 가진다.[7]

일본의 경우 기존의 산업 부문에 있어서도 마이클 포터(Michael Porter)의 클러스터 개념을 애매하게 받아들였다. 일본에서는 포터의 클러스터 개념을 광의의 클러스터 개념으로 인식해왔으며, 더욱이 산업 클러스터 전략에 대해 일본의 문부과학성이나 경제산업성이 각각 '지적 클러스터'와 '산업 클러스터' 계획을 2001년부터 클러스터 육성정책으로 수행해왔지만 여기에서 사용한 클러스터의 개념은 산업 집중이나 포터의 클러스터를 혼재하여 사용해왔고 그러한 개념을 분명하게 구분해서 사용하지 않았다(나주몽, 2004: 49). 산업 클러스터와 지적 클러스터 사이의 차이와 특징, 한 지역 내에서의 구별 등도 상당히 모호한 상태였다. 이후 일본의 과학기술정책연구소(科學技術政策硏究所, 2003)는 '특정 산업 분야에 소속되어 상호 간에 관련된 기업과 기관이 지리적으로 근접한 혁신적인 집단이며 공동체와 보완성에 의해 연결되는 것'으로서 일본의 개념으로 '협의의 클러스터'라는 개념을 제시했다. 산업 집적이나 포터의 클러스터와는 구별되는 개념으로서 재정의하면서, 산업 클러스터와 지적 클러스터의 상호 연계를 '지역 클러스터'라고 정리했다. 지역재생산업클러스터위원회(地域再生産業クラスター委員会, 2003: 21)에 의하면, 협의의 클러스터가 성공적으로 형성되기 위한 5가지의 중요한 요소를 다음과 같이 정리하고 있다.

---

7   각 유형 중에서 그룹 포밍 타입이 가장 많았다. 이는 지역이 인재에 대한 요구가 높음을 보여주는 것이다.

① 키퍼슨(key person)의 존재

② 산업 기반·기술 기반의 존재

③ 핵이 되는 대학·연구기관의 존재

④ 인큐베이터 등의 정비

⑤ 행정의 역할: 지방경제산업국의 공헌, 지방자치단체의 지원

노구치 마사토와 니시오카 야스유키는 서양의 클러스터라는 개념과 유사한 관점에서 지역의 산업에 접근하는 정책으로서는 '국가전략특별구역'(이하 '특구')이 있으며, ICT 분야도 특구 형성 정책의 한 부분이 됨을 설명했다. 실제로 일본에서 '산업 클러스터'의 대상으로서 처음 선택된 바 있는 '규슈 실리콘 아일랜드', '규슈 지역 환경·리사이클 산업 교류 플라자(K-RIP)' 등은 현재 후쿠오카와 기타큐슈시를 중심으로 하는 특구로서 지정되었다. 즉, 특구는 일본 특유의 협의의 클러스터 개념을 이어받으며 지역정보화정책의 맥락에서 구체화된 일종의 '지역형의 작은 클러스터'다. 특구는 "산업의 국가경쟁력을 강화하고 국제적인 경제 활동의 거점을 형성하는 것에 관해 종합적이고 집중적인 정책을 추진하기 위해, 소위 암반 규제 전반을 타파하는 것"을 주요 골자로 하고 있는 정책이다. 즉, 지정된 특구를 중심으로 규제를 파격적으로 완화해 특정 산업들의 자율성과 발전을 도모하는 정책이다.[8] 대부분 하부구조 분야에 대한 투자와 법적 규제 자체를 유연화하는 것에 초점이 맞춰져 있다. 물론, 이 정책은 ICT만에 국한되어 있지 않지만, 의료 특구의 경우에는 ICT를 도입한 원격 의료에 대

---

8   2013년 아베 정권의 '아베노믹스'의 세 개의 화살 중 하나로서도 비중 있게 다루어지는 정책
     이다.

한 규제완화를 비롯해, '드론 특구'(지바현 지바시), '빅데이터 활용 특구'(히로시마현 이마바리시), '전기자동차 특구'(가나가와현 전체) 등 관련된 지점들이 많다.

특구는 규제 완화와 정책적 케어에 중점을 두고 있는 한편, 동시에 '지역 활성화'에 가까운 성격을 가지고 있는 정책이기도 하다. 각 지역들이 가지고 있던 기존의 주력 산업들이 시대의 변화와 함께 쇠퇴하고 이에 대한 해결책으로서 각 지역의 새로운 동력을 찾는 방안으로서의 특구이기도 한 것이다. 이런 면에서 특구는 '지역혁신체계(Regional Innovation System)'와 더욱 유사한 개념이라고 할 수 있다. 지역혁신체계는 '혁신을 발생시키는 지역의 사회적·경제적·제도적 총체'로서, 지역정책(낙후지역개발)으로서 의미를 지닌다.

지역혁신체계란 혁신 과정에 관련된 자원, 조직, 기관뿐만 아니라 이들 사이의 상호 관계를 규정하는 지역 문화를 포괄한다. 지역혁신체계는 국가 간·지역 간 혁신 능력의 차이는 사회적·제도적 차원에서 비롯된다고 보고 그 개선 방안을 마련하는 데 중점을 둔다. 이에 반해 클러스터적 접근은 관련 산업·기관의 집적이 기업 경쟁력을 향상시키는 점에 착안해 거시와 미시의 중간적인 산업기술정책을 강조한다. 최근에는 두 접근 간 상호 수렴되는 현상이 나타나고 있으나 각자 강조점에 차이가 있다. 지역혁신체계는 관심 대상이 교육, 사회문화 등 매우 광범위하나 클러스터는 특정 업종과 관련된 대학·연구소·제도에 관심을 둔다. 이러한 차이 또한 상대적이어서 지역혁신체계 정책이 특정 업종·부문과 관련됨에 따라 클러스터 정책과 흡사한 모습을 보이고 있다(문미성, 2004: 4).

하지만 일본의 특구 개념은 제도적 차원의 획기적인 혁신을 중심으로 하고 있다고 해도 그 범위가 전방위적이라고는 보기 어렵다. 특정 부분의 규제만을 완화하는 것을 골자로 하는 특구의 경우 지역의 전체적인 시스템 개선을 도모한다고 보기는 어려운 것이다. 다시 말해 특정 분야에만 집중하고 있기 때문에 지역의 전체적인 역량 향상과는 괴리가 생기기 쉬운 것이다. 즉, 특구는 지역 활성화 정책으로서의 '지역혁신체계'와 산업정책으로서의 '클러스터'의 교점에 존재하는 정책 형태라고 할 수 있을 것이다.

개괄적인 검토를 통해 다음과 같은 소결들을 뽑아볼 수 있다. ① 일본의 ICT 정책은 위기감이 출발점이 되고 있다는 점이다. 이러한 위기감은 일본 ICT의 인프라를 급속도로 발전시키는 정책적 압박이 되었다. ② 또한 위기감에서 출발한 일본의 정책은 효율적인 성장을 추구하고자 했고, 이로 인해 ICT 클러스터의 성장이 기존의 제조업을 성장시킨 맥락에 상당 부분 영향을 받고 있을 가능성이 높다는 점이다. 일본에 있어서 ICT 클러스터는 기존의 집적 단위에 ICT를 입히는 작업이었기 때문이다. ③ 일본의 ICT 클러스터가 제조 거점 형성 전략이 중심이 되는 이유도 유추가 가능하다는 점이다. 일본의 ICT 클러스터는 주로 부품 관련 생산 거점으로서 언급되는 경우가 많다. 이것은 기존의 제조업 역량을 적극적으로 활용하고자 하는 정책적 흐름의 반영이라는 점이다. 또한 앞으로의 일본의 ICT 클러스터가 지향하게 될 움직임도 '일본형'이라는 정책 개념 속에서 읽어낼 수 있다. ④ 일본의 정책적 특성에서 살펴본다면 일본의 클러스터는 일반적인 개념의 클러스터라는 개념과 지역 활성화의 개념 사이에 위치해 있다는 점이다.

3. 일본의 특수성

일본의 정책적 흐름에서 살펴본 내용들에 기초해, 과감히 설명을 해보자면 ICT 정책의 이전과 이후가 상당히 뚜렷이 구분된다. 또한 제조업 중심의 물질적·사회문화적 기반을 그대로 계승하며 ICT를 그 위에 연착륙시키고자 하는 시도라고 할 수 있다. 총무성의 2011년 '디지털 일본창생 프로젝트' 내부 자료를 보면 ICT 정책에 있어서 중요한 과제로서 '산업', '정부', '지역'의 저력을 끌어올리는 것에 초점을 맞추는 것을 들고 있다. 지역과 산업과 정부가 하나로 묶여 있으며, 특히 산업 부문의 경우는 '일본의 강점을 살린 신기술'이라는 부분이 강조되고 있다(総務省, 2011). 흥미로운 점은 일본의 ICT 자체는 2000년을 기점으로 위기의식과 함께 급속히 외연의 인프라를 확장시켰다는 점이다. 여기서 '일본의 강점'을 살리고자 하는 전략은 필연적으로 ICT 이전의 일본과 맞닿을 수밖에 없다. 즉, 일본 ICT의 발현은 확연히 그 구분점이 보이지만 그 이면의 맥락은 그러데이션처럼 이어지고 있는 셈이다.

1) 폐쇄성과 낮은 사회 이동

ICT는 네트워킹으로 표상되는 동시성과 개방성을 그 특징으로 하는 기술체계다. 하지만 그러한 기술이 존재한다고 해서 모두가 급속히 개방적인 사고로 전환되는 것은 아니다. 오히려 기술의 발전이 문화에 의해 선택될 수도 있다. 이일래(2015)는 일본의 온라인 게임이 발전하지 못한 이유를 설명하며, 온라인 게임을 위한 기술이 없어서가 아니라 일본의 고립적·폐쇄적 특성이 온라인 플랫폼 형성을 크게 원하지 않았기 때문이라고 논한다. 일본의 경우 ICT 기술 그 자체도, 그리고 ICT 클러스터의 구성도 이러한 맥락 속에서 충분히 볼 수 있다.

일본은 기본적으로 낮은 사회적 이동성을 보이는 국가다. 역사적으로 봉건적 체제의 폐쇄성 경험과 '무라샤카이(村社会)'[9]라고 불리는 고립적 공동체 문화가 오랫동안 유지되어온 것도 중요한 요인이겠지만, 근대 일본의 교통 인프라가 민간 주도로 개발되면서 이동에 드는 비용이 매우 비싸다는 점도 큰 역할을 했다. 이러한 일본의 폐쇄성은 지역에서의 닫힌 사회 및 세습과 고착화로 이어지던 직업의 세계 등을 통해 일본인에게 이어져 오고 있다(최관, 2008: 81). 아베 마사히로(阿部真大, 2013)는 일본의 젊은이들은 도시로의 이동을 크게 고집하지 않으며, 자신이 거주하는 현(縣) 이외에 다른 지역으로의 이동도 선호하지 않고 있고 그러한 경향은 더욱더 강해질 것으로 보고 있다. 이러한 특징은 일본의 제조업 산업 클러스터의 형성에도 반영되었고, 클러스터 정책은 특정 지역 내에서 조달, 생산, 소비가 순환하는 자기 완결형을 지향했다(関満博, 1993; 陳正達, 2012). 내부 완결적인 구조는 산업 구조 속에서의 이동도 제한하는 경향이 강하다. 이러한 경향은 인재들의 순환에도 영향을 주어 일본은 기업 인재들의 순환이 내부에서만 이루어지는 경향이 강하다.[10]

ICT 클러스터의 형성 역시 기본적으로 각 지역의 제조업 자원들을 활용하는 방식으로 정책이 운영되었던 만큼 제조업 클러스터 형성에도 영향을

---

9   하나의 촌락을 중심으로 구성되는 마을 공동체의 단위이다. 일본 문화의 큰 틀을 형성하는 하나의 요소로서 자주 언급된다. 현대 일본의 버스정류장 체계들도 대부분 무라샤카이의 전통에 기반을 두고 있는 것들이 많아 정류장의 간격이 짧은 것 등이 예로서 자주 등장한다.

10   프랭크와 쿡(2008: 102)은 이러한 일본의 특성이, 인재들의 경쟁적 순환을 저해한다고 설명하면서, 일본 기업 간부들의 임금이 미국과 비교해 현저하게 낮은 이유 중 하나로 분석한다.

미치고 있는 폐쇄성은 중요한 키워드가 될 수밖에 없다.

> ICT 분야의 인재 부족이 자주 다루어지지만, 사실 인재 자체가 부족하지는 않습니다. 단, 인재들이 기업 내에서 정체되어 있을 뿐입니다. 엔지니어들이 새로운 아이디어를 가지고 움직이는 유동성이 부족한 것입니다. 일본의 인재 순환이 활발하지 못한 이유 중 하나는 정착한 곳에서 새로운 곳으로 이동하기 위한 징검다리 역할 및 완충지대 역할을 해주는 곳이 없기 때문입니다[오카지마 야스노리(岡島泰憲)[11] 인터뷰, 2017.6.9].

오카지마 야스노리의 인터뷰에서도 유추할 수 있듯이, 일본의 폐쇄성은 인재의 흐름(Brain Circulation)을 유도하는 데 있어서는 불리하게 작용할 수밖에 없다.

2) '모노즈쿠리(ものづくり)'와 '직인(職人)' 그리고 '고다와리(こだわり)'

제조업에 대한 일본의 감각은 소위 '일본적 모노즈쿠리'로 불리며, 일본 산업을 대표하는 상징처럼 취급되고 있다. 일본의 제조업과 제조 정신까지를 포함하는 의미의 모노즈쿠리는 일본 제조업의 번영이 일본의 전통과 고유문화에서 유래하고 있음을 나타내는 문화적 상징이다(김도훈, 2007). 그리고 이러한 모노즈쿠리를 이어오는 장인(maestro)들이 바로 직인(職人)이다.

---

11   IoT 공용 공장 DMM.make.akiba 에반젤리스트.

일본 제조업의 경쟁력 원천으로서, 강한 현장의 존재가 거론되는 경우가 많다. 품질은 현장에서 만들어지는 것이다. 상시 개선 마인드를 가지고, 문제의 원인, 그리고 원인의 원인을 탐구하면서, 생산 시스템 전체로서 이상적 형태를 향해 변화를 지속한다. 모노즈쿠리에 대한 긍정적인 자세가 현장의 모티베이션이 되고, 자기연찬(自己研鑽)의 프로세스와 함께 제품의 품질로서 구체화되어간다(西岡靖之, 2015: 205).

일본은 기본적으로 물(物)로서 표상되는 것을 생산하는 것에 대해 자부심을 가지고 있으며, 그것을 행하는 이들에 대해 상당히 높은 가치를 부여하고 있다. 모노즈쿠리는 일본 제조업의 생산 시스템을 관통하는 하나의 키워드이며, 다른 말로는 '심화된 효율'이라고도 부를 수 있다. 이것은 생산 시스템 전체에 대한 매크로적 효율이 아니라, 물질에 대한 마이크로 수준에서의 세밀화를 추구하는 것에 있어서의 효율이라고 할 수 있다. 정밀화되고 세밀한 한 가지 대상에 대해서 최대한의 한계 지점까지 발전시켜나가는 것이며, 이것은 특히 정밀기계공업의 부품 시장에서 일본이 세계를 휩쓰는 저력이 되어준 문화적 기반이었다. 이러한 점이 잘 드러나는 또하나의 문화적 키워드가 '고다와리'다. 고다와리는 직인들이 가지고 있는일종의 고집이며 신념이라고 할 수 있다. 프라이드(pride)와도 유사한 개념이라고 할 수 있으나 좀 더 '집착'에 가까운 의미를 가지고 있다. 이러한고다와리는 상대방에게 전해져 느껴지는 것에 목적이 있지 않고 스스로가그것을 지키고 이어가며 더욱 정제해가는 것에 가치를 두는 것을 의미한다는 점에서 일반적인 프라이드와는 차이가 있다. 즉, 아무도 알아주지 않더라도 고집스럽게 자신만의 방향성과 기술을 유지, 발전, 계승하는 것에집착적으로 천착하는 것이다. 팔리고 대중화되기 위한 것보다는 생산물

그 자체가 고유한 특성을 가지도록 만드는 것에 더욱 무게를 두고 있는 것이다.[12]

유승호·선원석(2014)은 모노즈쿠리와 직인이라는 발상은 이미 일본사회의 일상에 내재(embedded)되어 있으며, 직인들의 의식은 상위해석수준(high construal level)에 있다고 밝힌다. 이러한 정신은 일본의 제조업을 집약형 단순노동이 아닌 보다 고도의 정신적으로 높은 기술 활동으로 규정되게 만들어주었으며, 클러스터에 있어서도 현장 중심주의의 힘으로 작은 지역에서도 고도로 집약화(김도훈, 2007: 85)를 가능하게 했다. 니시오카 야스유키는 이러한 점에 대해서, "유럽의 경우는 현장에 많은 권한을 주고 있다고는 말할 수 없다. 현장에 대한 매니지먼트를 어떻게 할 것인지의 의미가 더욱 강하다고 할 수 있다. 일본은 현장 그 자체가 중심이 되는 경향이 강하다"라고 설명한다. 이러한 특성은 앞서 설명한 폐쇄성과도 상응하여 지역별로 자기 완결성을 가진 내부적 제조업 클러스터를 조직하는 데 정신적인 기반이 되었다.[13]

하지만 이와 같은 특징들은 일본에 뿌리 깊게 이어져오고 있으며 동시에 견고한 만큼 역효과로 작용하는 부분도 존재한다. 먼저 니시오카 야스유키(西岡靖之, 2015)의 지적처럼, 모노즈쿠리의 정신이 이어져온 지역(현장)일수록 ICT와는 성질이 잘 맞지 않는 것이 현실이라는 점이다. '기계와

---

12 이러한 '고다와리'를 이어갈 수 있는 인내와 능력은 '곤조(根性)'라는 개념으로 높이 평가하고 칭송되게 된다.

13 이러한 높은 수준의 기술력에 대한 추구와 신뢰는 창업 및 기업 환경 내에서도 '신뢰'라는 사회적 자본을 형성하는 주요한 요소가 된다고 할 수 있다. 후쿠야마(Fukuyama, 2001: 12)는 고도의 훈련과 전문성으로 대표되는 일본의 문화로부터 일본의 사회적 자본을 읽어낼 수 있다고도 분석하고 있다.

기계의 연계', '기계와 인간의 연계'라는 ICT의 2가지 차원에 있어서, 서양의 ICT가 전자에 주목하고 있다면 후자에 주목하고 있는 것이 일본이라고 할 수 있을 것이다. 일본의 ICT 클러스터 정책이 기존의 제조업 클러스터의 궤도를 상당 부분 차용하고 있음을 고려한다면 ICT라는 것을 사회 전반을 관통하는 패러다임으로서 '테크놀로지'로 의식하기보다는, 세련되게 고도화시켜 나가야 할 '엔지니어링'으로 받아들이게 되는 것도 이와 무관하지 않다.

또한 비용의 증가 문제도 동반되게 된다. 규슈경제조사협회(九州経済調査協会, 2017)는 일본의 생산성이 세계적인 수준에서 살펴보면 상당히 낮은 수준임을 지적하면서, 그 이유로 제품 또는 서비스의 질을 특정 수준 이상으로 성장시키는 것에 요구되는 비용의 급격한 증가를 꼽았다. 100m 단거리 육상에서 0.01초 기록을 단축하는 과정처럼, 경제학적 의미의 한계비용이 막대한 수준으로 급격히 증가할 수밖에 없는 것이다.[14] 물론 이러한 단일 분야에 있어서의 지속적인 심화 작업은 충분히 의미가 있다고 할 수 있지만, 새로운 기술의 개발이나 새로운 기술에 적응하기 위한 작업과 동떨어져 있다는 것이 문제다. 이 비용은 생산물의 이용료에 전가되거나 보조금의 형태로 정부 재정에 전가되는 형태가 될 수밖에 없다. 그리고 이러한 상황은 필연적으로 가격 상승을 동반하게 되며, 내수 시장에 있어서는 높은 가격 부담의 문제로, 국제 시장에서는 경쟁력 저하와 신기술과의 조화에 있어서 어려움을 나타내는 문제로 이어질 수밖에 없게 된다.

---

14   노구치 마사토의 인터뷰에 따르면, 일본의 ICT 관계 기업들은 부품 비용 절감을 위한 심화연구를 지속해왔다고 한다. 경제학적 의미에서 본다면 막대한 비용을 들여 비용 절감 기술을 개발하는, 어떤 의미에서는 제로섬의 상태가 지속되고 있는 셈이다.

마지막으로 기술력에 대한 신뢰가 맹신으로 발전하는 경우 세계 시장의 트렌드에서 경쟁을 이어가기가 어렵다는 점이다. 파나소닉, NEC, 소니 등 일본 유수의 기업들은 자신의 기술력에 대한 지나친 믿음으로 인해 세계 시장에 적절히 대응하지 못했다. 소니는 일본 국내에서 1000개 이상의 전자기기 개별 상품을 생산하고 있었으며, 거의 대부분의 상품이 독립된 특허기술을 가지고 있었지만, 오히려 기술에 대한 자신감으로 새로운 흐름을 읽어내는 것에는 실패했다.

다시 말하자면, 국제사회는 고집스럽게 과고도화(過高度化)된 기술에 대해서 매력을 느끼지 못하며, 국내사회는 높은 비용에 의해 점점 한계에 부딪히게 되는 이중의 벽에 직면하고 마는 것이다. 이러한 문화적 맥락은 ICT에 있어서 일본의 저력이기도 하겠지만 동시에 한계이기도 한 것이다.[15]

3) 선특화 후결합 전략

일본의 ICT 클러스터 형성에 있어서 정책 측면에서 정리해낼 수 있는 특성은 선특화 후결합 형태의 전략이라고 할 수 있다. 일본의 폐쇄성과 모노즈쿠리, 직인의 문화적 맥락 속에서 성장한 기존의 산업 클러스터들을 참조하고 있는 ICT 클러스터 정책들은 필연적으로 각 지역이 가지고 있는 특성에 맞게 ICT 기술을 특화한 이후에 이를 연결하는 방식을 택하는 경

---

15 일본의 창업 문화에 있어서도 이러한 모노즈쿠리와 직인 정신은 영향을 미치고 있다. 기술에 대한 전수는 도제식의 형태라는 인식이 강해 독립자보다는 계승자로서의 자기규정(유승호·선원석, 2014) 측면이 있기 때문이다. ABBLab의 대표이사인 오가사와라 오사무(小笠原治)는 한 인터뷰에서 "일본은 모노즈쿠리가 강하다고 하지만, 아이디어로 창업을 해서 생산하는 사람은 적다"라고 밝히고 있다.

향으로 흘러가게 되었다. 사회문화적 맥락에 기반해 정책적으로 발현되고 있는 프로세스적인 특성이라고 부를 수 있을 것이다. 뒤에 살펴볼 아키하바라-간다-츠쿠바-다마 지역을 아우르는 클러스터도 그러하지만, 후쿠오카-기타큐슈에 이르는 북부 규슈의 클러스터, 나가노를 중심으로 하는 정밀기계공업 클러스터 또한 같은 경우에 해당된다.

이러한 특성은 일본의 사회적 자본 중 하나인 신뢰를 형성하는 데 주요한 포인트라고 할 수 있다. 일본은 서양에 비해 전체적인 사회적 신뢰 정도는 낮은 것으로 인식되지만, 기업, 회사, 경제체제 전반적으로는 신뢰가 높다. 일본은 혈연, 학연 등의 관계에 기반을 둔 신뢰보다 사회 속의 2차 집단에 기반을 둔 신뢰가 더 보편적(임혜란, 2007: 125)이기 때문이다. 일본의 정책은 내부의 특화를 위해서도 산·학·관 협력이라는 기조 아래에 다양한 주체들을 수평적으로 교류시키기 위한 네트워크 사업을 반드시 포함하고 있다. 지역의 특성을 반영하는 지역 내의 다양한 주체들은 서로 지식을 교환하고 아이디어를 생산해나간다. 이 단계를 효율적으로 완성시켜나가기 위해서는 거시적인 단위의 접근보다는 우선 작은 규모의 지역 단위에서 추진해나가야 할 필요가 있다. 그리고 그 시스템이 어느 정도 궤도에 오르면 특화된 덩어리들을 다시 큰 클러스터로 한 단계 확장시켜 연결을 시도하는 것이다. 클러스터에 있어서 사회적 신뢰 형성과 그 원천은 제도에 기반을 두고 있다고 할 수 있으며, 이러한 협력을 유도하기 위한 네트워크 형성을 위해 정부의 역할이 중요했다고 할 수 있다(坂田一郎 외, 2005).

4. 주요 사례

1) '아키하바라-간다-츠쿠바-다마'

아키하바라-간다-츠쿠바-다마 지구(이하 '아키바 지구')는 일본의 정책적
인 지향점과 일본의 ICT 기술이 도달하게 될 미래의 모습이 잘 드러나는
곳이라고 할 수 있다. 아키바 지구의 핵심 지역이라고 할 수 있는 아키하
바라와 간다 지역은 면적 157ha에 이르는 세계 최대 규모를 자랑하는 전
자상가 지구였다. 냉장고, 전기밥솥 등 소위 백색가전(白色家電)이라고 불
리는 일본의 최고 수준의 전자제품들이 거래되는 곳이었고, 일본의 최신
기술 트렌드를 망라하는 첨단 기지였다. 하드웨어적인 것들뿐만이 아니라
게임 소프트웨어, DVD 등 콘텐츠 부문에서도 상징적인 지위를 확보하고
있던 최전선이었다. 문화적으로 '오타쿠의 성지'로 불리며 특정 기기나 콘
텐츠의 마니아층들이 집결하는 곳이었다.[16] 하지만 버블이 붕괴되고 IT 붐
이 불기 시작하면서 아키하바라 지역은 쇠퇴하기 시작했다. 그리고 일반
가전제품들이 대형 양판점을 통해 거래되기 시작하면서 전자제품의 메카
로서의 아키하바라의 지위는 역사 속으로 사라질 위기에 처했다.

하지만 정책 차원에서 아키하바라 지역이 '도시긴급재생정비지역 구상'

---

[16] 아키하바라로 유입되는 이들이 소위 '오타쿠'라 불리는 폐쇄적 성향의 마니아들이라는 것 또
한 폐쇄성의 경향과 상통하는 면이 있다. 또한 오늘날 '오타쿠'라는 의미가 창의성과 혁신의
실험자(기타바야시 켄·서성욱, 2009), 프로슈머(임찬수·이윤지, 2012), 창의적 아이디어의
생성 및 변형의 주체(이병민, 2013), 데이터베이스 소비문화를 주도하는 주체(류영진, 2015)
등 오히려 ICT 분야에서 창조적인 역할을 수행할 수 있는 행위자들로 인식되고 있음을 생각
한다면 상당히 상징적인 측면이 있다.

에 포함되면서, 아키하바라 지역은 기존의 인프라인 전자 분야에 ICT를 융합시키는 새로운 거점으로 탈바꿈을 시작하게 된다. 아키바 지구의 도시긴급재생정비지역 구상은 1997년부터 2012년까지 15년에 걸쳐서 추진되었는데, 그 목적은 '문화, 정보, 교류의 IT 관련 기능을 집중적으로 입지시켜 아키하바라 지역이 가지는 특성을 충분히 살려 IT 산업 거점으로 육성'하는 데에 있었다(首相官邸, 1997).

[정비의 목표]

아키하바라역 주변에 있어서 대규모 저미이용지(低未利用地)[17]의 토지 이용 전환 등을 통해 전기 상가와 연계한 세계적인 IT 관련 산업 거점을 형성. 간다 지역에 있어서 건축물의 리노베이션과 함께 시가지 재편 및 정비를 통해 도쿄역 주변 등의 도시 기능과도 연계한 다양한 매력을 가진 활력 있고 안전하며 쾌적한 복합 시가지를 형성.

[도시개발 사업을 통해 증진해야만 하는 도시 기능에 관한 사항]

아키하바라 지역에 있어서는 IT 관련 산업 등 새로운 산업 기능 도입 및 새로운 기능과 연계하는 상업·업무·교류 기능의 강화. 간다 지역에 있어서는 교육·문화·교류 기능을 충실하게 함과 동시에 거주 기능을 강화(도시재생긴급정비사업 아키하바라 간다 지역 지역정비 방침)

---

17 '저미이용지'는 일본 국토교통성이 정의한 용어로, "적정한 이용이 도모되어야만 하는 토지임에도 불구하고, 장기간에 걸쳐 이용되고 있지 않는 '미이용지'와 주변지역의 이용 상황에 비해 이용 정도(이용 빈도, 정비 수준, 관리 상황 등)가 낮은 '저이용지'의 총칭"이다[일본 국토교통성, http://www.mlit.go.jp/totikensangyo/totikensangyo_tk2_000022.html(검색일: 2018. 6. 27)].

앞서 일본의 ICT 관련 정책에서도 파악했듯이, 기존의 맥락에 ICT를 접목시키기에 아키하바라 일대는 가장 적절한 조건을 갖추고 있다고 할 수 있었다. 아키하바라 지역은 제조업의 최신 기술들이 가장 먼저 선보여지는 곳이었으며, 새로운 아이디어들이 전시되는 곳이었다. 정비의 목표에서도 드러나듯이 기존의 전기 관련 역량을 적극적으로 활용하고자 하는 의지가 나타나고 있다. 양판점들이 들어서면서 전자상가 거리로서의 위상이 많이 축소되기는 했지만 그것이 아키하바라 간다 지역의 아이덴티티 자체를 무너뜨린 것은 아니었다. 1950~1960년대에 개업한 각종 부품점들은 고집스러운 모노즈쿠리와 직인들의 문화를 반영하듯이 건재하고 있었다.[18] 정비계획에 의하여 먼저 도쿄도는 약 346억 엔을 투여해 신속하게 아키하바라 지역의 토지구획을 재정비하기 시작했고, 산학 관련 시설, 상업시설, 업무시설을 배치할 수 있도록 기반을 다듬었다. 이후 재정비된 총 157ha 달하는 지역에 대해서 복합역사개발, 스카이브리지 건설, 거주 환경 개선, IT 거점 형성을 위한 시설 입지 등 구체적인 방안이 수립되었고, UDX라는 민간 회사에 도쿄도가 공공 부지를 빠른 속도로 양도해 착공까지 1년이 채 걸리지 않을 정도로 추진이 빨랐다(최종석·김영훈, 2010).

이후 이곳에는 다양한 공간들이 입지하기 시작했는데, 대표적인 공간이자 상징적인 공간이 DMM.make akiba(2014.11. 오픈, 이하 메이크 아키바)다. 메이크 아키바는 정책적으로 다듬어진 터전 위에 형성되었다는 점, 새로운 모노즈쿠리를 추구한다는 점에서 일본적인 ICT의 맥락이 잘 드러나는 현장이라고 할 수 있다. 또한 동시에 일본의 젊은 인재들의 흐름을 볼

---

[18] 오히려 이렇게 낡은 부품이 필요할까라는 생각이 들 정도로 넓은 스펙트럼의 부품들을 취급하고 있다.

수 있어 일본의 미래를 상징하는 곳이라고도 할 수 있다.

일본의 성인 콘텐츠 제작 업체인 DMM.com이 출자해 설립한 메이크 아키바는 일종의 '공용 공장'이다. 셰어오피스, 이벤트 개최, 비즈니스 거점, 기술자 체재 등으로 활용하는 공간인 메이크 아키바 베이스와 프로토타이핑을 지원하는 각종 기자재를 갖춘 메이크 아키바 스튜디오로 구성되어 있는 메이크 아키바는 IoT를 중심으로 하는 새로운 제품에 대한 아이디어를 실현할 수 있도록 젊은 인재들의 입주를 적극적으로 받아들이고 있으며, 다양한 비즈니스 기회를 가질 수 있도록 지원하고 있다. 2017년 현재 약 30여 개 팀과 개발자들이 설비를 활용해 다양한 시작품들을 생산해내고 있다.

DMM.make.akiba는 'IoT 스타트업'을 지원하는 것을 기본으로 하고 있으며, 관련 분야의 젊은 인재 및 창업 희망자들을 우선해 받아들이고 있는 상황입니다. 일본에서는 새로운 아이디어에 대한 실험을 시도하는 것이 대기업에 소속된 기술자들이 아니라면 힘든 상황입니다. 대기업에 소속된 인재들뿐만이 아니라 아이디어를 가지고 있는 많은 인재들이 손쉽게 대대적인 설비를 활용할 수 있는 프로덕트 환경을 지원하는 것이 목적입니다. IoT 장르의 스타트업을 중심으로 하는 이유는 '하드웨어'의 중요성에 대한 인식 때문입니다. 현재까지 일본의 ICT 관련 계열의 공동 개발 공간은 소프트웨어 개발자들을 중심으로 제공되어왔습니다. 하지만 소프트웨어는 ① 개인의 PC로도 충분히 개발 가능한 것이며, ② 이미 소프트웨어 개발을 지원하는 공동 공간도 많아 개발 환경이 잘 갖추어진 편입니다. 물론 이것은 개발을 위한 환경을 지칭하는 것으로 소프트웨어 자체가 우수하다는 것과는 다른 의미입니다. ③ 그리고 어느 정도 소프트웨어 개발 환경은 포화 상태에 이르렀다고도 할 수 있습니다. 소프트웨어 관련 스타트업은 이미 그 자체로 진입과 퇴출이 상당히 활발하고 자유로운 상태입니다(오카지마 야스노리 인터뷰, 2017.6.9).

이후 메이크 아키바에는 벤처기업 'Cerevo', 투자 업체 'ABBALab' 등이 이어서 입주하면서 활동에 더욱 탄력을 받게 된다. 인적 순환도 상당히 활발한 편이며 국제적인 차원에서의 마케팅 및 세미나 등의 이벤트도 끊임없이 개최되고 있다. 현재는 인체 움직임의 빅데이터를 기록해 예술적 재현 및 스포츠 관련 분석 등을 실현할 수 있는, 신발+센서(CPU)+스마트폰의 연동 시스템인 'Orphe', 가상의 홀로그램과 인공지능의 접목을 통해 음성 실내 리모트컨트롤을 시도하는 'Gatebox' 등 독창적인 신상품들이 개발되었다.

아키바 지구에 대한 정책적 접근은 모노즈쿠리적인 전통을 가진 지역을 재활성화하고자 하는 전형적인 전략이라고 볼 수 있다. 전자전기 산업의 상징적 구역을 그대로 다시 호출해 새로운 옷을 입히고자 하는 전략이다. 해당 지역의 주된 개선은 '특구'의 개발 형태와 유사한 제도와 환경 정비라는 측면에서 이루어졌으며 정비된 인프라에 관련 자본과 인재들이 들어섰다. 인재들의 집적에 대해서는 직접적인 지원이 이루어지거나 하지는 않았다. 새로운 인재들의 순환을 주도하는 대표적인 시설인 메이크 아키바의 경우도 '새로운 모노즈쿠리'를 지향한다는 측면에서 일본의 사회문화적 맥락은 다시 한번 드러난다고 할 수 있다.

도쿄 도심의 아키하바라가 IoT를 중심으로 거점화가 되어가고 있을 때, 도쿄 서부에서는 전자 관련 중소기업과 기업 R&D 센터, 대학이 밀집해 있는 '다마 지역'[19]과 업무핵도시로서 계획적으로 정비된 '오메시'를 연계하는 '다마실리콘밸리 구상'이 추진되었다. 우선 기본적으로 세 지역 자체가 정책적인 집적을 중심으로 형성된 곳들이다. '다극법'[20] 제22조 제4항에 의거해 1989년 책정된 '업무핵도시(業務核都市) 기본 방침'이 각 지역을 특정 기능들이 집적의 형태를 이루게 하는 계기가 되었다. 업무핵도시는 '다극법정령'으로 정하는 11개의 집적 대상이 되는 중요 업무시설을 특정 지역에 집중적으로 위치시키는 것인데 11개 시설은 다음과 같다.

- 연구시설
- 정보처리시설
- 전기통신시설 또는 방송시설
- 전시시설 또는 상품 전시회장시설
- 연수시설 또는 회의장시설
- 교통시설(도로 및 비행장에 있어서는 민간 사업자에 한함)
- 고도의 건축 설비의 제어 및 작동 상태의 감시를 실시하기 위한 기능을 가지는 시설
- 유통업무시설

---

19 1998년부터 도쿄도가 추진한 '다마 거점정비기본계획'에 의해 세워진 뉴타운으로 5개 지역 (하치오지, 다치카와, 다마 뉴타운, 아오우메, 마치다)을 대상으로 하고 있다. 현재 일본의 첨단 산업지구로 상당히 유명한 곳이기는 하지만 이곳에 입지한 기업들은 사실 가격이 싼 부지로의 이전이 동기가 된 경우가 대부분이다. 다극법의 실행 이후 해당 지역으로의 산업시설의 집적을 유도하고자 하는 목적을 확실히 한 것은 사실이지만, 그 수단으로 선택한 것은 부지의 비용 혜택 정도뿐이다. '다마 클러스터'라는 이름으로 불리기는 하지만 사실 클러스터 내에 대한 소속감은 크게 높다고 보기 힘들며, '집적'되어 있다기보다는 '집중'되어 있는 경우라고 볼 수 있다.

20 수도권정비계획을 구상함에 있어서 중심으로 집중되는 형태가 아니라 자립 도시들을 육성해 수도권 주변의 지역들과 균형을 고려한 발전을 이루기 위해 그 정비 방향 및 계획을 명시한 법령.

- 교양문화시설
- 스포츠 또는 레크리에이션 시설
- 스포츠, 음악, 전시 등의 용도를 위한 다목적 기능

다마실리콘밸리 구상은 '다마 지역에 포함된 3개시(하치오지시, 다치카와시, 다마시)의 기능 분담이나 제휴 등을 추진함으로써, 네트워크형 사회의 형성을 선도해, 도쿄 도시권 서부에서 광역 제휴 거점으로서 동경권의 발전에 기여하는 것'에 기본적인 목적을 두고 있다. 학원 도시인 하치오지는 학원 도시로서의 기능을 살려, 산학 교류를 핵심으로 하는 연구개발 기능의 강화, 다치카와시는 국가 행정기관 등의 이전을 시작으로 한 업무와 상업 기능의 강화 및 문화·정보·교류 기능의 도입, 다마시는 인재, 기업 등의 집적이나 교육·문화·정보의 기능을 각각 분담하고 이들의 네트워크를 통해, 서부 방면을 전개하는 첨단적 산업, 대학·기업의 연구개발 기능 등을 극대화하여 광역적인 신산업 창조 존(Zone)을 형성하는 것을 목표로 하는 구상이다. 2015년까지 인구 약 86만 명, 취업자 수 42만 명(취업 비율 1.00)이 비전으로 설정되었다.[21] 현재 다마 지역은 전자기계를 중심으로 집적이 되어 있으며, 전자기계 부분 출하액의 비중은 일본 전국 평균의 2배에 달하고 있다(石倉洋子 외, 2003: 87).[22]

여기에 더해 도쿄 지역의 북부에 정책적으로 국책연구기관들을 집적시켜 형성한 '츠쿠바 학원 도시'[23]를 아키바 지구와 연결시키려는 계획도 추

---

[21] 하치오지, 다치카와, 다마, 오메 등 지역들의 업무핵도시로서의 발전 및 개발에 대한 자세한 사항들은 국토부의 「도쿄출장보고서」(2010)를 참고.

[22] 하지만 다마 지역도 대부분은 제조업이 아직도 중심 산업이다.

진하게 된다. 도쿄도는 아키바 지구를 정비하는 계획의 일부로서 '츠쿠바 익스프레스'를 2005년 개통하게 된다. 츠쿠바익스프레스를 통해 아키바와 츠쿠바는 약 1시간 정도로 이동이 가능한 권역이 되었다. 각 지역들은 독립적인 거점으로 계획되고, 각 거점들을 연계된 클러스터로 구성하고자 하는 것이다. 앞서 정책에서도 살펴보았듯이, 선특화 후결합의 전략으로 아키바 지구가 하나의 클러스터로 형성되어가는 모습을 볼 수 있다.[24]

2) 일본의 한계

지금까지 일본의 정책에 대한 흐름을 개괄하고 표면적이나마 일본의 맥락을 짚어보려고 했다. 그리고 사례로서 아키바 지구를 살펴봄으로써 그러한 정책적 방향성과 일본의 사회문화적 맥락이 어떤 식으로 보이는지 살펴보고자 했다.

아키바 지구는 전형적인 일본의 정책적 클러스터 거점 전략에 포함되어 있다고 할 수 있으며, 또한 그 이면에는 일본적인 폐쇄성, 모노즈쿠리와 직인의 정신과 함께 정책 프로세스로서의 선특화 후결합의 양상도 볼 수 있었다. 전술했던 바와 같이 이러한 일본의 특징들은 양날의 검과 같은 부분이 있다.

그런 만큼 일본이 가지고 있는 한계점도 추측해볼 수 있다. 먼저, 인재

---

23 1968년부터 1980년까지 도쿄도 츠쿠바시로 국책연구기관, 교육기관 등 총 31개 기관을 이전시켜 구성한 도시다.

24 물론 츠쿠바 학원 도시는 현재 에코테크, 우주항공 등으로 성과를 내고 있음을 생각해본다면 클러스터 내의 교류가 있고 순환하고 있는지는 성찰해보아야 할 대상이다.

의 순환(brain circulation)이 제한적이라는 점이다. 'MIJS(Made In Japan Software & Service) 컨소시엄'이 2016년 4월 일본판 실리콘밸리를 목표로 하는 JAPAN Tech Valley 프로젝트 실시를 발표하면서 일본에 실리콘밸리가 형성되지 않는 중요한 원인 중 하나로 '수준 높고 다양성을 가진 인재들의 유동성이 보장되는 노동시장의 부재'를 꼽았다.[25] 일본의 정책이 특화된 다양한 주체들을 이어주는 것을 주요 골자로 하고 있어 언뜻 순환이 잘 이루어질 듯하지만, 순환의 풀이 제한적인 내부 순환에 머물고 있다는 것이다. 이는 세계적 수준에서의 순환으로 보자면 더욱 문제가 되는 것이 사실이다. 또한 일본 내부의 자체적인 인재 육성과 수급도 그다지 긍정적이지 않은 상황이다.

일본은 제조업의 쇠퇴 위험도보다 IT 분야의 쇠퇴 위험도가 훨씬 더 높은 상황입니다. 모노즈쿠리가 일본의 문화라고 하더라도 전체 인구 감소율보다 모노즈쿠리 인구의 감소가 더 높은 것도 사실입니다. 이러한 리스크 차이는 사실 교육 부분의 문제, 즉 '교육 미스매치'에 있습니다. 현재 배우는 것과 앞으로 필요한 것의 차이가 현저한 상황입니다. 고등학교의 '정보' 과목은 사실 수험에 밀려 버려진 과목이나 다름없고, 학생들의 인문계 지향이 강해짐에 따라 공학적인 인재의 밸런스가 무너지고 있습니다. …… 로봇의 도입은 우려할 문제가 아닙니다. 절대 인구가 줄고 있는 상황에서 로봇의 도입이 가져올 마이너스 효과는 거의 없을 것입니다. 중요한 것은 그러한 로봇 사회를 이끌어 갈 절대 인재가 부족하다는 것입니다(니시오카 야스유키 인터뷰, 2017.6.10).

---

25   자세한 내용은 マイナビニュース(2016.4.5) 참조.

일본의 ICT와 IoT가 발전적인 미래를 맞이하기 위해서는 '인재의 유동화', '교육 과정의 개선'이 필요합니다. 어쩌면 두 가지는 연계된 문제라고도 할 수 있습니다. 현재까지도 교육 과정이 강조하고 있는 인재상은 '충실'이라고 할 수 있습니다. 지시에 의한 실행에 초점이 맞춰져 있습니다. 이것은 스스로를 창조적으로 내세우는 것에 걸림돌로 작용합니다. 새로움이 중요한 발전의 요소인 오늘날에는 어떤 의미로는 치명적이라고 할 수도 있습니다(오카지마 야스노리 인터뷰, 2017.6.9).

일본도 물론 ICT 클러스터를 지속적으로 유지하기 위해서는 인재들이 필요함을 인지하고 있다. 일본 총무성의 2016년 『정보통신백서』에 의하면 인재 육성을 위한 정책으로 프로그래밍 교육 추진, e-넷 카라반의 추진, 미디어 리터러시 향상의 3가지를 제시하고 있다. 인재라는 것이 중요한 키워드가 된 것이다. 하지만 이것은 내부적인 육성을 골자로 하고 있으며 결국 유연한 인재의 내외부적 순환에는 눈에 띄는 정책이 없는 것이 사실이다. 물론 니시오카 야스유키와 오카지마 야스노리도 지적하고 있듯이 일본 내부의 교육을 개선하는 문제는 인재의 확보와 중요한 상관관계를 가질 수 있다. 하지만 교육의 개선은 성과가 나오기까지 오랜 시간이 걸릴 수밖에 없다. 또한 장기적인 관점에서 새로운 아이디어를 지속적으로 접하고 세계적인 아이디어를 흡수하는 순환의 과정은 교육의 차원 자체를 한 단계 끌어올릴 수 있도록 하는 중요한 요소라고 할 수 있다.

다행히 2017년에 들어서면서부터 ICT 부문에 있어서 인재 부족 문제가 대두되어감에 따라, 글로벌 인재들을 일본으로 받아들이기 위한 정책들이 전개되기 시작하고 있다. 대표적인 움직임 중 하나가 비자제도 완화로 '고도 인재 외국인 대상 포인트 우대제도(Point-based Preferential Immigration

Treatment for Highly Skilled Foreign Professional)'를 운영하고 있다. 이 제도는 2017년부터 5월 7일부터 본격적으로 추진되었다. 소위 일본판 그린카드라고도 불린다. 고도 학술연구 활동(A), 고도 전문기술 활동(B), 고도 경영관리 활동(C)이라는 세 분야로 구별되어 있다. 각 분야를 구성하는 총점 100점의 채점 기준이 있다.[26] 이 채점 기준은 전적으로 능력 중심으로 구성되어 있으며 총점 70점 이상을 획득하면 최장 5년의 비자를 획득할 수 있고 자격을 일정 기간 이상 유지하면 그대로 영주권을 부여하는 형태로 이루어져 있다. 문호 개방 및 이민에 대해 정책적으로 상당히 폐쇄적인[27] 성향을 지닌 것으로 알려진 일본에 있어서 해당 제도는 가히 파격적인 시도라고 할 수 있다. 막 시작된 정책 변화인 만큼 효과에 대해서는 그 귀추를 좀 더 주목해볼 필요가 있다.

비자제도 정비 등이 인재들의 정착을 유도하기 위한 직접적인 제도라고 한다면, 간접적인 형태의 인재 유도 시도는 ICT 기반과 문화와의 융합이라고 할 수 있다. 리처드 플로리다(Richard Florida)의 창조도시론(Creative City)[28]이 부각된 이후 일본 내에서도 창의적인 인재를 확보하기 위해서는 문화적 콘텐츠를 융성시킬 필요가 있다고 판단했다. 일본은 문화 입국, 쿨

---

26 고도 전문기술 활동(B)의 채점 기준을 살펴보면, 학위의 유무, 직무 경력, 연구 실적, 자격증, 일본어 능력, 연구비 및 기술혁신 촉진을 위한 자금 지원을 받는 기관 및 기업에 취업 등 철저히 개인의 능력 위주로 채점을 시도하고 있음을 알 수 있다.

27 일본의 영주권 취득 기준은 10년으로, 평균 2~3년 정도인 다른 선진국들에 비해 크게 장벽이 높은 것은 일본의 폐쇄적 성향을 잘 반영하는 좋은 예이다.

28 창조도시론에서는 현대사회의 도시 발전에는 '기술', '인재', '관용'이라는 3가지의 키워드가 중요해지고, 새로운 인재들인 '창조계급(Creative Class)'들은 문화적으로 다양하고 즐거우며 매력적인 곳을 선택해 모여든다고 설명한다. 플로리다는 창조계급들이 추구하는 문화적인 도시를 분석하기 위해, 쿨니스 지수, 보헤미안 지수 등을 설정해 각 도시를 비교 분석하기도 했다. 자세한 내용은 리처드 플로리다(2002, 2008)를 참고.

재팬 정책 등을 표명하고 자국의 문화 콘텐츠를 적극적으로 세계로 발신하고 있다.

아키바 지구의 경우에도 문화적 요소와 적극적으로 융합을 시도한 시설들이 상당수 포함되어 있다. 아키바 지구 내에 '2K540', 'mAAch-ecute' 등 첨단 테크와 컬처를 융합하는 '크레비즈(CreBiz)'[29] 형태의 공간들을 구축했고, 자유 스페이스를 다수 배치했다. 아키바 지구는 본디 애니메이션, 게임, 서브컬처 등에서 유명했던 만큼 관련 부문들도 활성화시키고 있다. 하지만 문화정책과의 적극적인 융합으로 세계로부터의 '일시적 집객'에는 성공하고 있지만 이들이 '장기적 인재의 풀'로 연결된다고 보기는 어렵다.

두 번째는 일반화 전략에서 뒤처질 가능성이다. 현재의 일본은 '일본형'의 전략으로 인프라 부분과 자율주행자동차, 환경에너지 등 몇몇 분야에서 성과를 달성하고 있지만, 그와 동시에 이러한 기술력들의 일반화에서는 뒤지고 있는 실정이다(김태은, 2007, 2014). 일본의 1세대, 2세대 통신망들이 세계 표준으로 거의 채택되지 못하고 일본 내에서만 유통되고 있는 것이 좋은 예라고 할 수 있다.

일본의 파나소닉이 스마트폰 유럽 시장에서 철수를 결정하게 된 것도 이러한 대표적인 사례라고 할 수 있다. 파나소닉은 스마트폰의 전 세대 모델이라고 할 수 있는 '피처폰'을 스마트폰의 기본적인 틀로 설정했다. 폴더형식의 피처폰은 일본 국내에서는 고령자들에게 간단하게 접근할 수 있는

---

29 크리에이티브 비즈니스(Creative Business)의 줄임말로 창조산업 또는 창조사업으로 불린다. 기존의 고정관념에 얽매이지 않고 새로운 아이디어를 중심으로 가치를 창출하는 비즈니스를 총칭한다. 제품의 기술개발과 수익 창출만을 중시하는 것이 아니라 개인의 창의성과 독창성, 상상력을 자극하고 성장시켜 이를 산업 자원으로서 활용하는 것을 강조한다. 이를 위해서 단순한 작업장이 아닌 놀이, 자유, 다양성 등이 포함되는 문화적인 요소의 융합이 중시된다.

인기 상품이었다. 파나소닉은 피처폰을 스마트폰화한 '라쿠라쿠폰(らくら くフォン)'을 개발해 고령자층을 공략하고자 했다. 하지만 고령자들도 젊 은 사람들과 마찬가지로 디자인성이 높은 타사 제품을 선호해 파나소닉은 막대한 손실을 떠안게 되었다. 일본에서 현지화된 고성능의 제품을 해외 시장에 그대로 적용하고자 하는 시도는 소비자들에게 외면당할 수밖에 없 었다.[30]

일본 내수 시장을 대상으로 '국내 산업으로서 특화'하는 것은 결코 미래가 있을 수 없다. 절대 인구는 지속적으로 감소할 것이며, 이는 내수 시장의 축소 로 필연적으로 이어지기 때문이다. 2060년경 인구는 8000만 수준까지 줄어들 것이고, ICT의 절대적 시장 규모 자체도 축소될 수밖에 없다. 현재의 1억 정 도의 인구 수준으로 분명 단기적 차원에서의 발전은 가능하지만 결코 장기적 일 수는 없는 것이다. 결국 세계화는 선택이 아닌 필수인 상황이지만, 일본은 현재 일부 부품 시장에서 셰어를 가지고 있는 듯이 보이지만 세계 시장 상황 이 바뀌면 한 번에 무너질 수도 있다. ICT만큼 기술의 변화가 빠른 시장도 없 기 때문이다(노구치 마사토 인터뷰, 2017.6.9).

2017년 현재 일본 인구는 1억 이상으로, 어느 정도 수준에서는 내수 시 장만으로도 ICT 시장을 유지할 수 있는 상황이라고 할 수 있다. ICT 부품 분야에서 일본의 '강소'라고 불리는 중소기업들은 세계 시장을 타깃으로 삼고 있지 않다. 하지만 일본에서도 해외로부터의 제품 수입이 점차 증가

---

30   파나소닉의 사례는 한국능률협회컨설팅(2017)을 참조.

하고 있고, 1990년대 중반 이후 일본 국내 산업의 공동화와 함께 이른바 기업 간의 계열 관계가 붕괴되고 있다. 따라서 일본의 중견·중소기업은 종전의 대기업 중심의 계열로부터 이탈해 세계와 직접 경쟁하면서 자립하지 않으면 안 되게 되었다(정형일, 2003: 206). 니시오카 야스유키 교수는 인터뷰를 통해 일본의 현재 상황이 "세계화라는 리스크에 도전하고자 하는 의지가 없는 상태"이며, "극복해야 할 공동의 목표가 아직 없는 상태"라고 말한다. 세계의 감각에 반드시 맞춰가야 할 필요성을 아직 일본은 느끼지 못하고 있다고 할 수 있는 것이다. 분명한 것은 그 속에서 일본은 보편성과는 점점 더 다른 궤도로 달려나가게 된다는 점일 것이다.

5. 일본의 미래: IoT와 그 전망

일본의 ICT 산업은 기술적 수준만을 놓고 본다면 결코 세계적으로 뒤처진다고 말할 수 없다. 권하나·최성관(2016)에 의하면 한중일의 ICT 산업연관을 비교하면 총생산의 효과도, 자국 내 부가가치 창출효과도 일본은 한국을 앞서는 것으로 나타났다. 게임 분야 플랫폼을 예로 들어 일본과 한국을 비교했던 이일래(2015)의 지적처럼 기술적인 환경과 문화적인 측면은 어느 한쪽이 종속변인이 되는 관계라고 할 수 없다. 기술 환경과 문화 간에는 어떤 상관관계 또는 선택적 친화력이 있다는 점이다. 이런 면에서 생각해보자면 일본의 ICT가 IoT를 향해서 특화되어가고 있다는 점은 특별히 놀랄 만한 부분이 아니다. 일본의 사회문화적 맥락에서 IoT는 선택적 친화로서의 대상이라고 할 수 있다. 오히려 일본은 그 지점에서 강점을 가지고 있다고 할 수 있다. 일본의 ICT 클러스터는 이러한 맥락에서 생산 거점형 클러스터의 성격이 강하며, 동시에 물질과 ICT의 결합인 IoT에 상당한 정책적 기대를 걸고 있는 것이 사실이다.[31] 일본은 ICT라는 새로운 흐름을 자신들의 사회문화적 맥락에 얹혀 가장 실현 가능성이 높은 방향으로 특화를 진행시키고 있다. 일본의 다양한 정책적 시도들은 이러한 사회문화적 맥락을 반영하고 있다. 현재 아키바 지구에서 태동하는 젊은 인재들과 아이디어들도 대부분 아키바 지구의 기존의 사회문화적 맥락과 정책적 서포트가 함께 합쳐져, 'ICT+모노즈쿠리=IoT'라는 공식을 따라 흐르고 있는 상황이며, 아키바 지구의 역할도 '새로운 모노즈쿠리'의 프로토타입을 지향하고 있다.

현재 시점에서 보아도 일본의 IoT는 M2M 등 분야에 있어서는 상당 부분 발전되었으며, 이것은 일본의 모노즈쿠리적 배경 위에서 탄생한 하나의 흐름이며 가장 지향하기 쉬운 비전이라고도 할 수 있다. 단, 일본의 M2M을 비롯한 여타 ICT 관련 기술들에 대한 태도는 언제나 새로운 것에 대한 개발보다는 이미 개발된 것들에 대한 첨예하고 심층적인 효율화에 고집스럽게 매달리는 모습을 보이고 있다. 이러한 감각은 신속함에 있어서는 불리할 수밖에 없으며, 앞서 규슈경제조사협회(2017)도 지적한 바처럼 지속적인 코스트의 증가로 이어지게 된다. 모노즈쿠리적인 심화가 가져오는 역설이다.

구글 등이 IoT에 접근하는 방식을 보면, 프로토타입을 신속히 개발한 후

---

[31] 일본의 2016년 『정보통신백서』에서는 IoT를 빅데이터, AI와 함께 경제 축소 문제와 인구 감소, 고령화 문제 등 일본의 전반적인 혁신을 이끌어낼 수 있는 핵심 기술로서 강조하고 있다. 자세한 내용은 총무성(総務省, 2016)의 제1장 참조.

릴리스하는 순환 구조로 이루어져 있다고 할 수 있습니다. 일본은 이 방식에 익숙하지 않습니다. 외국의 기업들이 이러한 방식에 익숙한 이유는 인터넷을 중심으로 하는 기업들이 ICT를 주도하면서 속도에 대한 감각과 새로운 아이디어에 대한 피드백을 신속히 처리하는 노하우를 습득했기 때문입니다. …… 이런 면에서 외국인에게 일본은 매력적이지 않은 측면이 있습니다(오카지마 야스노리 인터뷰, 2017.6.9).

즉, 일본의 이러한 IoT에 있어서의 가능성과 선진성은 역으로 일본을 세계적 흐름에서 다시 멀어지게 만들 수도 있음을 고민할 필요가 있을 것이다. 김규판(2016)에 따르면, 일본은 지금도 여전히 미세 조정이 동반되는 통합형 제품을 생산하기 위한 노동력과 기술력을 보유하고 있고, 제품 생산과 공급을 위한 풀세트형의 산업 구조를 보유하고 있음을 간과할 수 없다고 했다. 하지만 동시에 이러한 시스템은 분명한 한계가 있을 수밖에 없다고 지적하고 있다. 2차적 집단을 통해 끊임없이 이루어지는 접촉과 교류가 결국 내부적 순환에 머무르고, 기술력의 발전이 '깊이'의 부분에서만 관철되며 '넓이'의 부분에서 그렇지 못한다면, 일본의 제조업 클러스터가 고민에 빠질 수밖에 없었던 '갈라파고스화(Galapagosization)'를 다시 경험하게 될지 모른다.

니시오카 야스유키 교수는 일본 ICT의 미래는 결국 '모노(物)'에서 찾아야 한다고 역설한다. 일본의 강점을 그대로 유지하는 것에서부터 일명 모듈화라고 할 수 있는 분리와 세밀화를 지속적으로 이어가고, 이에 더해 모듈화된 세부적 요소들을 메타적 관점에서 매니지먼트하는 기능을 발전시킨다면 충분히 일본만의 ICT가 자리 잡을 수 있을 것이라고 전망했다. 일본의 강점이 모노즈쿠리적 전통 위에 서 있는 것이며, 또한 그것이 일본적

ICT의 아이덴티티가 될 수 있고, 이러한 사회문화적 맥락이 강점이 되고 그 강점을 적극적으로 활용하는 것에 활로가 있다는 입장에 동의한다면, 그리고 그 실현의 형태가 IoT라는 것이 어느 정도 개연성 있는 흐름이라고 한다면, 일본은 기존의 제조업 클러스터가 달려온 궤도를 이에 맞추어 어떻게 보완해야 할 것인지를 진지하게 다시 고민할 필요가 있을 것이다. 오카지마 야스노리와 니시오카 야스유키가 일본 ICT의 미래에 대한 비전을 말하면서 함께 언급한 부분은 그러한 고민에 있어서 중요한 의미를 가진다.

전 세계적으로 글로벌 IoT는 구글이나 아마존 같은 소프트웨어 기반 회사들이 주도하고 있는 것이 현실입니다. 그러나 일본은 기존의 산업이 제조업에 의해 장악된 상태이며, 이 제조업에 기반을 둔 기업들이 그대로 ICT 시장으로 참여하고 있는 상황입니다. IoT를 잘 다룰 수 없는 것은 당연한 현상이며 당장 그 개념부터 고민해야 하는 상황인 것도 사실입니다. NEC(일본전기 주식회사) 정도 되는 일본 최고 수준의 기업도 일명 워터폴 방식으로 ICT를 다루려 합니다. 새로운 세탁기 모델을 만드는 프로세스와 같은 프로세스로 ICT를 다루려는 것입니다(오카지마 야스노리 인터뷰, 2017.6.9).

일본의 ICT는 접근 방식과 콘셉트에 있어서 큰 약점을 가지고 있습니다. '변화에 대응하지 못하면, 그 변화가 클수록 데미지도 비례해 커지게 됩니다.' 소니와 도시바, 샤프가 실패한 것은 경제성장기의 방식, 자신들의 성공 신화를 신뢰하고 이를 고수했기 때문이었습니다(니시오카 야스유키 인터뷰, 2017. 6.10).

소니의 경우 1950년대 초반 진공관으로부터 트랜지스터로 핵심 기술 부문이 변화할 때 이에 뛰어들어, 소비자 '선점 전략'[32]을 구사하며 세계적인 기업으로 성장했다. 소니는 워크맨과 CD로 이어지는 아날로그 기술의 혁신에 있어서 최전선에 서서 소비자들에게 소비의 욕구를 불러일으키는 선발주자이자 트렌드메이커로서 세계 가전 시장의 정점에 군림했다. 하지만 결국 소니는 하드웨어 시장의 점유도와 지배력을 소프트웨어 분야로 그대로 확장·이식하려는 전략을 선택하면서, '융합적 발상'을 추구하는 애플에게 주도권을 내어주게 된다. 즉, 20세기 아날로그 시대의 전략을 그대로 21세기 디지털 시대에 적용하려고 함으로써 실패를 맛본 것이다. 20세기의 기술혁신을 심화시켜나가던 소니는 21세기의 완전히 새로운 변화인 디지털에 대한 소비자의 욕구를 읽어내지 못했던 것이다. 자신들의 틀에 갇혀버린 낡은 '선점 전략'의 실패인 것이다.

일본의 사회문화적 맥락은 제조업을 자국의 트레이드마크로 자리매김하는 데 중요한 밑거름이 되었다. 그와 동시에 제조업으로 경제발전을 이룩하고, 그 경험의 맥락 속에서 물적 기반을 꾸려가며 일본의 사회문화적 특징은 정체성으로서 더욱 공고해져왔다. 세계의 시선은 일본을 주목했고 '일본적 모델'이라는 경제발전 모델을 분석하고 벤치마킹하고자 하는 시도 또한 끊이지 않았다. 하지만 세계의 관심과 수요가 제조업 분야에서 ICT 분야로 옮겨가기 시작하자 일본의 사례는 한 발짝 느린 것들로 취급되게

---

32 소비자들의 욕구가 우선적으로 존재한다고 생각하고 이 욕구를 파악해 이에 반응하고자 하는 시장 전략을 '반응 전략'이라 부른다. 즉, 소비자들의 욕구를 읽어내는 것이 중요한 요점이다. 역으로 소비자에게 새로운 욕구를 형성해 시장에 제시하고 이를 필요로 하는 소비자를 적극적으로 구성해나가는 시장 전략을 '선점 전략'이라고 한다. 즉, 선점 전략은 새로운 문화를 제시하고 이끌어나가는 전략이다.

되었다. 오히려 가장 성공한 방식이 가장 부적절한 방식이 될지도 모르게 되었다. 일본은 자국의 최고 전성기를, 그것도 세계로부터 주목을 받을 만큼 독자적 형태를 가졌던 전성기의 신화로부터 효율적으로 탈피를 시도해야 하는 상황에 당면하게 되었다. 이러한 현황에서 ICT 부문이 뒤처지고 있다는 위기감은 일본으로 하여금 기존 산업의 기반 위에 ICT를 연착륙시키고자 시도함으로써 효율성을 추구하도록 만들었다. 이는 완전히 새로운 전략을 창안하거나 외국 사례를 도입하는 등의 방식보다는 일본이 가지고 있는 기존 제조업 중심의 특성을 그대로 유지하도록 했다. 일본은 클러스터라는 개념을 수용함에 있어서도 '협의의 클러스터'라는 지역 중심의 개념으로 발전시키고, 이는 현재는 '특구'라고 불리는 중간적인 개념으로 점점 정착되어가고 있다. 클러스터의 개념도 일본적인 형태로 이어지고 있는 것이다.

일본의 지역 중심 문화와 함께 모노즈쿠리, 직인 정신, 고다와리 등 일본의 제조업 발전 과정을 관통하며 유지되어왔던 사회문화적 맥락들은 현재의 ICT 집적 형태에 있어서도 그 근저에 흐르고 있다. 그리고 그 맥락은 일본적인 저력이기도 하지만 동시에 한계이기도 했다. 앞서 서론에서 '도시의 빛'의 비유를 인용해 일본의 '클러스터의 빛'을 찾을 수 있지 않을까 언급했다. 지역의 사회문화적 맥락과 환경이 결합해 만들어질 클러스터의 빛은 다양한 인재와 산업 역량들을 유인할 수 있는 일종의 등대와 같은 빛이지 않을까? 하지만 등대의 빛이 그러하듯 그 빛은 배들을 유도하는 길잡이가 될 수도 있지만 그것이 유일한 빛이 되어버릴 수도 있다. 유일한 빛일수록 오히려 한 방향으로만 보게 하여 넓은 시야를 속박해버릴 수도 있음을 일본은 경계해야 하지 않을까?

06 영국의 첨단기술 클러스터 정책 추진 현황과 과제

김원동·박준식

1. 머리말

마이클 포터(Michael Porter)에 의하면, '경쟁'은 "우리에게 불안감을 주기도 하지만 사회발전의 원동력"이다. 이런 관점에서 그는 "기업뿐만 아니라 사회를 더 좋게 만드는 경쟁의 힘을 인식"하는 것이 중요함을 강조하면서 자신의 경쟁이론 중 가장 중요한 개념의 하나로 '클러스터(Cluster)'를 꼽았다. 그는 클러스터를 "기업, 공급자, 관련 산업 그리고 전문기관들이 지리적으로 집중되어 있는 것"이라고 정의했다(마이클 포터, 2015: 4~33). 포터의 클러스터 개념을 검토한 국내의 한 연구자는 그의 개념 정의에 "네트워

※   이 글은 ≪지역사회학≫ 19권 1호에 발표된 김원동·박준식의 글을 일부 수정·보완한 것이다.

크의 형성을 통한 신지식과 기술개발"이라는 요소가 명시되어 있지 않음을 지적했다. 이를 보완한다는 차원에서 그는 클러스터를 "일정 지역에서 수평 혹은 수직적으로 관련된 기업들이 대학, 연구소, 지자체 등과 네트워크를 형성하여 새로운 지식과 기술을 창출하는 것"이라고 재규정했다. 기업과 관련 기관들이 단순히 모여 있는 게 아니라 그것들 간의 네트워크 형성을 통해 '혁신' 기반을 구축할 수 있다는 점이 바로 클러스터의 장점이라고 보았기 때문이다(복득규, 2003: 125~127).

클러스터에 대한 국내의 관심은 이미 10여 년 전에 부상했고, 그로 인해 세계 주요 국가의 클러스터 혹은 그와 유사한 형태의 산업단지들이 국내 독자들에게 알려지기 시작했다(카스텔·홀, 2006; 국가균형발전위원회, 2004, 2005). 하지만 클러스터에 대한 연구는 그 중요성에도 불구하고 이후 그렇게 활성화되지 못했다. 다행스러운 것은 클러스터가 최근 우리 사회의 여러 분야에서 다시 조금씩 이목을 끌고 있다는 점이다(정순구·최근희, 2013; 김세원 외, 2014; 이종호·이철우, 2015; 임종빈 외, 2016; 박희현·김예원·신건철, 2016; 김남현, 2017; 문휘창, 2017). 이런 분위기는 무엇보다도 ICT의 진화[1]와 지구화의 심화에 따라 날로 격화되어온 국제 경쟁에서 미래의 먹거리를 위해 시급히 돌파구를 찾아야만 하는 우리의 절박한 현실이 투영된 것으로 보인다.

그렇다면, 우리 사회에서 영국의 클러스터 연구는 그동안 어떤 내용이 어떤 방식으로 이루어져왔을까. 외국 학자들의 클러스터 연구 성과를 번역, 소개한 것도 있지만 국내 연구자들이 외국의 대표적인 클러스터의 핵

---

[1] 한국에서의 ICT 부문의 진화 궤적과 현황 및 과제에 대해서는 김원동(2017: 23~70)을 참조하기 바란다.

심 내용을 요약 또는 분석한 것이 대부분이다. 예컨대, 정부의 적극적인 정책 개입 이전 시기에 진행되었던 케임브리지 테크노폴 사례(카스텔·홀, 2006: 182~194; 정준호, 2004: 74~95), 지역재생의 관점에서 문화에 초점을 둔 셰필드클러스터 사례(이병민, 2004), 스코틀랜드의 에든버러와 글래스고를 중심으로 한 실리콘글렌 사례(조혜영, 2005: 129~171), 요크셔-험버 식품 클러스터 사례(이병오·김태연, 2009), 셰익스피어 축제 중심의 스트래퍼드 문화 산업 클러스터 사례(이영준·신동호·배준구, 2007), 런던의 테크시티 사례(이병민, 2016), 영국 뉴캐슬 문화 산업 클러스터와 미국 및 프랑스 사례의 비교 연구(배준구 외, 2007) 등이 그것이다.

이러한 선행 연구들로 인해 영국의 클러스터 사례들에 대한 정보와 지식은 국내에서도 어느 정도 축적된 셈이라고 할 수 있다. 그럼에도 불구하고 영국이 근자에 역점을 두고 추진해온 클러스터 정책인 '영국의 첨단기술도시' 프로젝트에 대한 이해는 일천한 듯하다. 물론 그 주된 이유 중 하나는 영국 정부의 첨단기술 클러스터 육성정책이 본격적으로 추진된 지 아직 10년이 채 되지 않았기 때문일 수 있다. 그렇지만 브렉시트(Brexit) 논의가 한창 진행되고 있는 시점임을 감안한다면, 영국이 과연 어떤 산업정책의 연장선상에서 자국의 경쟁력을 회복하고 강화하고자 하는지를 제대로 파악하는 것은 영국에 대한 우리의 인식 지평을 확장하는 데 있어 매우 중요한 의미를 지닐 수 있을 것으로 판단된다.

이런 관점에서 이 글에서 설정한 연구 목적은 다음과 같다.

첫째, 영국 정부에 의해 강력하게 추진되어온 첨단기술 클러스터 정책의 주요 내용과 주장들을 검토해보고자 한다. 영국 첨단기술 클러스터 정책의 본격적인 시발점, 동기, 거시적 정책 방향의 변화와 특징, 향후 추진 방향 등에 관해 알아보려는 것이다. 영국의 첨단기술도시나 첨단기술국가 등의 용어가 여러 글에서 혼용되는 경향이 있기 때문에 이에 대한 논의는 양자의 개념적 차이와 의미, 등장 배경 등에 대한 명확한 이해에도 도움이 되리라 생각된다. 둘째, 첨단기술 클러스터 정책을 구체화한 '첨단기술도시 프로젝트'의 추진 현황을 첫 번째 논의에서 확인한 정보를 토대로 살펴보고자 한다. 여기에서는 클러스터의 성장과 관련해 특히 기업체와 대학의 연계성을 어떻게 인식하고 있는지에 대해 짚어보려 한다.

셋째, 현재까지의 첨단기술 클러스터 정책의 추진 성과를 정부와 주요 관련 인사들의 평가를 통해 들어보고, 그 주장의 설득력을 정부에 의해 제시된 몇 가지 성과 지표와 일각의 문제 제기들에 견주어 생각해보려 한다. 이 맥락에서는 영국의 첨단기술 클러스터 정책에서 강조하는 첨단기술 분야의 고급 인력, 즉 '인재'의 문제에 주목하고자 한다. 특히, 영국 정부가 외국인 인재의 유치 과제를 어떻게 바라보고 있고, 브렉시트 이후로 이 점에 있어 예상되는 어려움은 무엇인지에 대해서도 검토해볼 것이다.

2. '첨단기술도시 런던'에서 '첨단기술국가'로

2010년 11월 4일, 데이비드 캐머런(David Cameron) 총리는 영국 런던의 동부지역(East End)에 미국의 실리콘밸리(Silicon Valley)에 필적할 만한 세계 최고 수준의 첨단기술도시를 조성하겠다는 야심찬 계획을 발표했다 (Gov. UK, 2010).[2] 영국 클러스터 정책의 추진 배경과 의미를 이해하기 위

---

2 캐머런의 발표는 바로 직전에 집권했던 노동당 정부의 주요 정책이었던 창조산업정책보다는 첨단기술 클러스터정책에 역점을 두겠다는 선언으로 볼 수 있다. 주지하듯, 노동당 정부는

해서는 무엇보다도 먼저 현재 영국 정부의 웹 기록보관소에 저장되어 있는 당시의 발표문(UK Government Web Archive, 2013)³을 꼼꼼히 살펴볼 필요가 있다.

캐머런은 쇼어디치(Shoreditch)와 올드스트리트(Old Street)부터 올림픽 공원까지 펼쳐 있는 런던 동부지역(East London)의 창의성과 에너지를 결집시켜 육성한다면, 런던이 첨단기술 기업의 성장과 혁신을 주도하는 지금의 미국 실리콘밸리에 버금가는 첨단기술의 세계적인 중심지 중 한 곳이 될 수 있다고 강조했다. 그 이유 중 하나를 캐머런은 이 지역이 갖는 잠재력에서 찾았다. 즉, 이 지역은 첨단기술 기업체의 사무·연구 공간으로 사용할 수 있게 확보되어 있는 넓은 부지, 올림픽 공원의 녹지 공간, 카페, 스포츠 시설, 공항과의 근접성 같은 강점을 갖추고 있을 뿐만 아니라 런던에 명문 대학들이 포진해 있기 때문에 '세계적으로도 가장 역동적인 작업환경을 창출할 수 있는 잠재력'이 있다는 것이었다. 3년 전인 2007년경만

1997년 집권 이후로 2010년까지 '멋진 영국(Cool Britannia)', '창의적 영국(Creative Britain)'을 슬로건으로 내걸고 문화에 역점을 둔 이른바 '창조산업(Creative Industry)' 육성정책을 추진해왔다(정상철, 2013). 보수당의 캐머런으로 정권 교체가 이루어진 후 캐머런은 창조산업에서도 물론 '기술'의 중요성을 강조하기 시작했지만(정상철, 2013), 마침내 앞의 발표를 시발점으로 산업정책의 기조를 '첨단기술 클러스터' 사업으로 전환하고자 했던 것이다. 영국 창조산업의 특징에 대한 자세한 논의는 앞서 인용한 정상철의 논문을 참조하기 바란다. 이와 함께 영국 창조산업의 최근까지의 성장 추이와 현황 등에 대한 정보는 Mateos-Garcia and Bakhshi(2016)와 Mateos-Garcia, Klinger and Stathoulopoulos(2018)에서 도움을 받을 수 있다.

3 이 웹 주소는 영국 총리실(the British Prime Minister's Office)의 공식 사이트이기도 하다. 여기에 게시된 A4 용지 8~9쪽 정도 되는 분량의 이 발표문에는 영국 첨단기술 클러스터 정책의 방향과 핵심 내용이 담겨 있기 때문에 다소 길더라도 그 주요 사항들을 정리, 소개하고자 한다. 따라서 이하의 내용 중 별도의 본문주나 각주가 없는 것은 모두 이 발표문에 의거한 것임을 밝혀둔다.

해도 이곳의 신생 창업 기업(startup)은 15개에 불과했지만 이제는 벌써 100개 이상의 첨단 기업들이 둥지를 틀고 활동하고 있음을 그는 환기시켰다. 그는 대기업이 아니라 매우 혁신적이고 고속성장의 잠재력을 지닌 그런 중소기업들을 이 지역에서 전략적으로 집중 육성하겠다고 했다(UK Government Web Archive, 2013). 그는 이런 방식으로 새로운 일자리를 확충하고 지속가능한 성장을 견인해가겠다는 의지를 피력한 것이다. 캐머런이 일자리와 부를 창출할 수 있는 사업 아이디어를 가진 전 세계의 인재들이 영국에서 사업을 할 수 있게 새로운 사업가 이민 비자제도를 도입하겠다고 선언한 것도 이런 맥락에서였다. 또 그는 이 지역의 신생 창업 기업들이 자체 개발한 기술을 보호하고 상업화할 수 있게 지적 재산권법을 인터넷 시대에 걸맞게 재검토해 보완하고 퀄컴(Qualcomm) 같은 이 분야의 전문 기업들을 유치해 이런 문제에 대한 자문을 필요로 하는 기업에 제공할 것이라고 했다. 미국의 실리콘밸리와 같은 창조적 혁신을 장려할 수 있게 산학 협력의 측면에서 유니버시티 칼리지 런던(University College London)과 러프버러 대학(Loughborough University) 같은 지역 명문 대학이 이 계획에 동참하기로 했다는 점도 언급했다. 캐머런은 또한 영국 최대의 전신전화 회사 브리티시 텔레콤(British Telecom)뿐만 아니라 세계적인 전략컨설팅 회사 맥킨지(McKinsey and Company), 인텔(Intel), 구글(Google), 페이스북(Facebook) 같은 가장 역동적인 글로벌 기업들이 이 지역에 진출해서 각자의 전문 역량을 통해 이곳에서 활동하는 신생 창업 기업들의 성장을 돕도록 설득해왔고, 실제로 성과가 나타나고 있다고도 했다(UK Government Web Archive, 2013). 요컨대, 캐머런의 '첨단기술도시, 런던 동부지역(East London Tech City)' 프로젝트는 높은 성장률을 보이는 신생 창업 기업, 대학, 투자자, 글로벌 기업과 인재들이 한곳에 모여 진정한 '혁신 네트워크'

를 구축할 수 있게 지원하고 육성함으로써 이 지역을 첨단기술의 세계적인 중심지로 탈바꿈시키려는 영국 클러스터 정책의 청사진이라고 할 수 있다.

캐머런의 클러스터 정책이 어떤 내용을 담고 있고, 그동안 어떻게 변화해왔는지에 대한 좀 더 자세한 설명은 'techcityuk.com'이라는 명칭의 공식 사이트⁴에서 발견할 수 있다. 이 사이트는 앞서 살펴본 정책을 압축해 주고 있을 뿐만 아니라 그간의 정책 추진 과정에서의 변화와 특징을 보여준다.

이 웹사이트에서는 '영국의 첨단기술도시(Tech City UK)' 프로젝트가 '첨단기술도시 런던(London Tech City)' 또는 '실리콘 라운더바우트(Silicon Roundabout)'로 알려져 있는 영국 런던 동부지역의 디지털 첨단기술 업체 클러스터를 육성하기 위해 2010년 데이비드 캐머런 총리에 의해 시작된 것임을 환기시킨다. 이후 이 프로젝트는 대상 지역을 확장해 '잉글랜드 북부 첨단기술지역(Tech North)'까지 포함한 '영국의 첨단기술도시 및 잉글랜드 북부의 첨단기술지역(Tech City UK and Tech North)'으로 발전했고, 점차 다른 나머지 지역까지 포괄할 수 있게 활동 영역이 더 확대되었다(Tech City UK, 2018c).

그렇다면 이 계획은 구체적으로 어떤 방식으로 추진되어왔는가?

이 계획의 실현을 위해 영국 정부는 '신생 창업 기업 대상의 성장 단계별 맞춤형 프로그램(tailored programmes for startups at different stages of growth)',⁵ 영국 전역의 디지털 첨단기술 부문을 조망하기 위한 연구

---

4   https://www.techcityuk.com
5   https://www.techcityuk.com/programmes

(research),[6] 그리고 첨단기술 산업에 있어 중요한 의미를 갖는 핵심 의제들에 초점을 둔 각종 '지식 공유 행사(knowledge-sharing events)'[7]와 같은 일련의 사업[8]을 시행해왔다. 이는 고성장 기업들을 늘려가고, 이 부문에 대한 사회적 관심도를 제고할 수 있게 뒷받침함으로써 이런 업체들이 이번에는 정부의 정책 형성을 돕는 그러한 순환체계를 구축한다는 목표 아래 기획된 것이었다. 또 영국 정부는 신생 창업 기업들의 성장을 방해하는 기술과 재정 문제 같은 것을 해소하기 위한 일도 이 계획의 틀 속에서 추진해오고 있다. 이처럼 여러 프로그램과 지원을 통해 영국 정부는 정책적으로 전국에 산재해 있는 유망한 디지털 사업체들의 경쟁력을 강화하고 성장을 촉진함으로써 영국을 지금보다 좀 더 '번영하고 개방적인 사회'로 끌어올리려는 비전을 향해 가고 있는 것이다(Tech City UK, 2018a, 2018b).[9]

그러면 영국의 첨단기술도시 프로젝트는 캐머런 이후 어떤 변화를 겪고 있고 그 특징은 무엇인가? 캐머런의 후임 테리사 메이(Theresa May) 총

---

6   https://www.techcityuk.com/research

7   https://www.techcityuk.com/events

8   좀 더 구체적으로 부연하자면, 영국 정부는 첨단기술국가의 비전을 실현하기 위해 3대 주요 프로그램을 운영해왔다. 영국의 첨단기술도시 프로젝트팀을 통해 디지털 신생 창업 기업이 설립 초기 단계에서부터 완전한 성숙 단계에 이르기까지 단계별로 도움을 주는 '사업체 생애 주기 프로그램(Business Lifecycle Programmes)', 온라인 디지털 사업 아카데미(online Digital Business Academy)와 기존의 디지털 플랫폼을 활용해 디지털 경제에 요구되는 새로운 기술을 배울 수 있게 하고 기술국가 비자제도를 통해 해외 최고 기술 인재들의 국내 유치를 돕는 '인재 육성 프로그램', 그리고 각종 자료와 정보를 이용하고 네트워크를 구축하는 데 도움이 될 수 있게 「첨단기술국가 리포트(Tech Nation Report)」와 같은 연구 출판물을 제공함으로써 전국의 디지털 생태계가 건전하게 발전할 수 있게 추적 관찰하는 프로그램 등이 그것이다(Tech City UK, 2018a, 2018b).

9   이런 일들을 구체적으로 왜, 그리고 어떻게 하는지에 대한 보충 설명을 위해서는 Tech City UK(2018c)를 참조하기 바란다.

리의 클러스터 정책에 대한 다음과 같은 입장 발표(Tech City UK, 2017a)에서 확인할 수 있다.

2017년 11월경 메이 총리는 발표문에서 전임 캐머런 수상에 의해 2011년 시작된 이 정책이 2014년 이후로는 잉글랜드 북부지역의 디지털 첨단기술 창업 기업까지 프로그램의 적용 대상에 포함시키기에 이르렀고, 더 나아가 서부지역의 브리스틀과 바스에서 스코틀랜드의 에든버러와 글래스고까지 뻗어왔음을 먼저 상기시켰다. 그로 인해 영국의 많은 지역에 디지털 클러스터가 조성되었고, 첨단기술 부문은 영국에서 가장 빠르게 성장하는 산업으로 성장했다고 평가했다. 전임자의 클러스터 정책 방향이 옳았음을 기본적으로 인정하는 발언이라고 할 수 있다. 그럼에도 불구하고 그녀는 영국이 첨단기술 부문에 있어 유럽의 중심 국가로 발돋움하기 위해서는 이러한 클러스터를 영국 전역에서 발전시키고 강화해야 할 시점이 되었음을 강조했다. 이는 곧 이제는 영국을 특정한 도시나 권역이 아니라 '하나의 첨단기술국가(one Tech Nation)'로 묶어서 생각하고 그런 바탕 위에서 구체적인 첨단기술 클러스터 육성 정책을 추진해야 한다는 주장이었다. 런던에서 출발하여 잉글랜드 북부지방으로 확장되어온 '영국의 첨단기술도시' 네트워크를 전국적으로 더욱 확대해 하나로 엮는 '첨단기술국가' 프로젝트로 발전시켜야 한다는 메이 총리의 주장은 이런 배경에서 제시된 것이었다(Tech City UK, 2017a).

그녀는 자신의 문제의식을 뒷받침하기 위한 정책적인 지원 조치들도 함께 발표했다. 예컨대, 세계 도처에서 디지털 기술 전문가를 비롯한 최고 인재들의 영국 유치를 용이하게 하기 위해 특별 비자의 숫자를 1000명에서 2000명으로 배로 늘리겠다고 했다. 이는 영국 정부가 브렉시트로 인한 노동력의 국제적 이동이 위축될 소지가 있는 상황에서 첨단기술 부문의 고숙련 노동력 확보에 내재된 '국제적 성격(global nature)'을 인지하고, 전 세계로부터 '최고의 인재(brightest and best)'를 적극 유치함으로써 디지털 기술 영역의 지속적인 성장을 가속화하려는 시도라고 볼 수 있다(McMullan, 2017; Tech City UK, 2017a). 인공지능과 같은 첨단기술로 공공 영역의 문제 해결을 돕고 첨단기술도시의 네트워크를 전국적으로 확장하기 위한 일련의 사업에 향후 4년에 걸쳐 2000만 파운드를, 그리고 온라인 사이버 위협에 대처하기 위한 청소년 훈련 프로그램에 2000만 파운드를 추가 투자하겠다는 선언도 했다(McMullan, 2017; Tech City UK, 2017a). 다시 말해 이는 독립적인 첨단기술 중심지를 전국에 조성하고 이를 강력한 네트워크로 상호 연결하는 데 대대적인 투자를 함으로써 국가 자체를 첨단기술 부문의 최정상급 수준으로 끌어올리겠다는 의지를 표명한 것이라고 해석할 수 있다. 이 발표에 따르면 '영국의 첨단기술도시'는 2018년 4월부터 '첨단기술국가'로 명칭도 바뀐다고 한다(Tech City UK, 2017a, 2017g).

첨단기술국가 프로젝트에서 제일 우선시되는 계획은 런던을 포함한 전국 11개 지역에 소재한 첨단기술 클러스터의 네트워크화를 추진함으로써 디지털 기업들의 성장을 도모하려는 것이다. 좀 더 구체적으로 살펴보면, '영국의 첨단기술도시 및 잉글랜드 북부의 첨단기술지역', 즉 런던과 잉글랜드 북부지역의 3개 클러스터인 북서지역, 요크셔 및 북동지역 클러스터(the North West, Yorkshire and North East) 간에 이미 구축된 네트워크에 추가로 자원을 투입함으로써 성장 잠재력이 있는 나머지 7개 지역의 첨단기술 클러스터를 결합하려는 프로젝트라고 할 수 있다. 이런 계획에 따라 영국 정부는 첨단기술국가를 구성할 11개 클러스터 지역을 선정했다. 잉글랜드 동부의 케임브리지(East of England: Cambridge), 남서부의 브리스틀·바스(Bristol·Bath), 북서부의 맨체스터(North West: Manchester), 북동부의 뉴캐슬(North East: Newcastle), 요크셔와 험버사이드 지역의 리즈와 셰필드 (Yorkshire & Humberside: Leeds·Sheffield), 중부의 버밍엄(Midlands: Birmingham), 엠포 회랑 지역의 레딩(M4 Corridor: Reading), 스코틀랜드의 에든버러·글래스고(Scotland: Edinburgh·Glasgow), 북아일랜드의 벨파스트(Northern Ireland: Belfast), 웨일스의 카디프(Wales: Cardiff), 대런던권의 런던 (Greater London: London) 등이 그것이다(Tech City UK, 2017a).

3. 영국의 첨단기술도시 프로젝트의 추진 현황

앞서 살펴본 바와 같이, 영국의 첨단기술 클러스터 정책은 첨단기술도시 프로젝트를 통해 추진되어왔다. 이런 관점에서 BBC가 〈영국의 첨단기술도시(Tech City UK)〉에서 영국의 디지털 첨단기술 클러스터에 관한 지역별 자료들을 재검토하면서 제시한 다음의 그림 2개와 그에 대해 자체 분석하고 해석(BBC, 2016)한 내용은 눈여겨볼 만하다.

〈그림 6-1〉에 의하면, 유명한 첨단기술 업체들이 몰려 있는 것으로 알려진 런던 클러스터가 사업체의 숫자 측면에서 다른 지역보다 실제로 일자리가 압도적으로 많음을 얼핏 봐도 알 수 있다. 하지만 지역별 인구와 첨단기술 분야의 일자리 숫자를 결합시켜 재분석해보면 〈그림 6-1〉과는 다른 모양의 〈그림 6-2〉를 발견하게 된다는 것이다.

〈그림 6-1〉과 〈그림 6-2〉를 비교해보면, 흥미로운 사실들을 확인할 수 있다. 〈그림 6-2〉는 첨단기술 분야의 일자리와 인구 비율을 함께 고려해볼 경우에는 앞서의 상위 5개 지역 중 맨체스터와 레딩·브랙널포리스트 (Reading & Bracknell Forest) 지역만 남고, 그러한 일자리가 가장 많은 런던

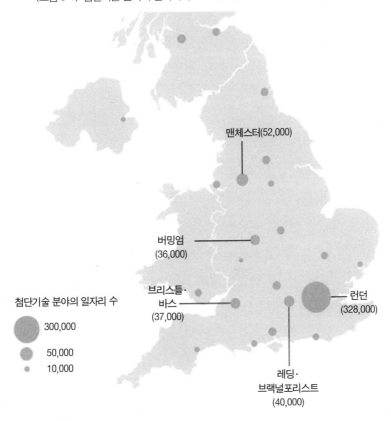

〈그림 6-1〉 첨단기술 분야의 일자리가 7000개 이상 있는 영국의 상위 5개 지역

맨체스터(52,000)

버밍엄
(36,000)

브리스틀·
바스
(37,000)

첨단기술 분야의 일자리 수

300,000

50,000

10,000

런던
(328,000)

레딩·
브랙널포리스트
(40,000)

자료: BBC(2016).

은 탈락하며, 3개 지역이 새로 등장함을 보여준다. 또 이 기준에 의하면,
케임브리지, 레딩·브랙널포리스트, 옥스퍼드·애빙던(Oxford & Abingdon)
이 선두를 달리고, 그 뒤를 맨체스터와 사우샘프턴(Southampton)이 잇고
있음을 알 수 있다. 특히 BBC는 케임브리지, 레딩·브랙널포리스트, 옥스
퍼드·애빙던의 3개 지역이 모두 자연과학, 공학, 컴퓨터 분야에서 유수한
대학들이 위치해 있다는 사실이 결코 우연이 아님을 강조한다.

〈그림 6-2〉 주민 100명당 첨단기술 분야의 일자리 숫자 비율로 본 상위 5개 클러스터 지역

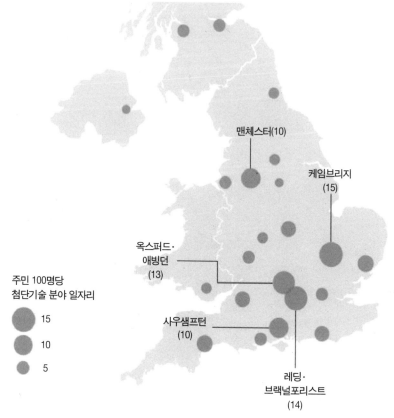

맨체스터(10)

케임브리지
(15)

옥스퍼드·
애빙던
(13)

주민 100명당
첨단기술 분야 일자리

15

10

5

사우샘프턴
(10)

레딩·
브랙널포리스트
(14)

주: 위의 통계는 첨단기술 분야의 일자리가 7000개 이상 있는 지역만을 대상으로 한 것임.
자료: BBC(2016).

그렇다면, 〈그림 6-1〉과 〈그림 6-2〉 그리고 이에 대한 BBC의 해석을
우리는 과연 어떻게 봐야 하고, 또 여기서 확인할 수 있는 것은 무엇일까?
이 주제를 다룬 기사에서 BBC의 초점은 〈그림 6-1〉보다는 〈그림 6-2〉
에 맞춰져 있다. 하지만 영국의 첨단기술 클러스터를 이해함에 있어 우리
는 이 분야의 일자리들이 어디에 많이 분포되어 있는지에 대한 양적 분포

실태를 알 필요가 있고, 이런 측면에서 〈그림 6-1〉은 그 나름대로 정보로서의 가치가 있다. 〈그림 6-1〉을 통해 일자리의 양적 측면에서 영국의 대표적인 디지털 기술 클러스터 지역이 런던을 필두로 한 맨체스터, 레딩·브랙널포리스트, 브리스틀·바스, 버밍엄임을 파악하는 것도 영국 첨단기술 부문의 현실을 이해하기 위해서는 필요하다는 것이다. 이와 함께 〈그림 6-2〉는 지역별 인구 규모를 감안할 경우에는 맨체스터, 레딩·브랙널포리스트와 더불어 케임브리지, 사우샘프턴, 옥스퍼드·애빙던의 3개 권역이 첨단기술 클러스터가 상대적으로 잘 조성되어 있는 주요 지역이라는 점을 놓치지 말아야 함을 일깨워준다. 특히, 〈그림 6-1〉과 〈그림 6-2〉는 맨체스터와 레딩·브랙널포리스트가 첨단기술 부문 일자리에 있어 지역 인구 대비뿐만 아니라 절대적인 숫자의 측면에서도 영국을 대표하는 클러스터 지역이라는 사실을 간명하게 보여주고 있음을 기억해야 할 것이다. 그런가 하면, 케임브리지, 레딩·브랙널포리스트, 옥스퍼드·애빙던의 3개 지역에 자연과학이나 공학 분야의 명문 대학들이 포진해 있다[10]는 점은 첨단기

---

10 일례로 케임브리지 대학의 경우를 보면, 케임브리지 대학은 미국인들이 하버드 대학을 설립할 때 본받고자 했던 모델이었을 뿐만 아니라 그 대학의 소재 지역을 케임브리지 대학이 위치한 도시의 이름을 따서 '케임브리지'로 똑같이 명명(命名)할 정도로 일찍이 '세계 최고의 대학'으로 손꼽혀왔다. 하지만 케임브리지 대학이 유서 깊은 상아탑으로서의 역할에서 탈피해 전형적인 농촌이었던 이 지역을 유럽의 대표적인 첨단 산업 클러스터로 탈바꿈시키는 데 나서서 주도적인 역할을 수행한 것은 1970년대 이후다(강현수, 2010). 물론 이 시기 즈음에 이르러서는 케임브리지 대학을 비롯한 영국의 대학들이 미국 대학들에 비해 질적으로 크게 뒤처졌다고 생각하는 영국 내부의 평가와 위기의식이 제기되기도 했다(박지향, 2014: 424). 이와 같은 일각의 시선도 있었지만, 케임브리지 대학은 탁월한 과학적 연구 성과와 우수한 졸업생들을 기반 삼아 '케임브리지 사이언스파크(Cambridge Science Park)'를 처음 설립했고, 시와 인근 지역에 다수의 사이언스파크와 창업보육센터들이 연이어 들어서게 하는 계기를 마련했다. 또 케임브리지 대학은 정부 및 혁신기업들과의 긴밀한 '상호 협력적 거버넌스'를 구축하면서 이 지역을 지금과 같은 세계적인 첨단 산업 클러스터로 성장시키는 데 결정적인

술 부문의 클러스터 형성과 성장에 산학 연계와 양질의 인력 공급이 매우 중요함을 새삼 확인해준다.

그러면, 영국 첨단기술도시 프로젝트의 추진 결과는 어떤 양상을 보여왔는가? 이에 대한 답변의 실마리는 영국 정부가 '영국의 디지털 첨단기술 생태계(the UK digital Tech Ecosystem)'에 관한 가장 포괄적인 분석 결과라고 자부하는 「첨단기술국가 2017」 보고서에서 발견할 수 있다.

영국 전역에서 활동하는 디지털 기술 업체의 설립자와 피고용인 등을 비롯한 수많은 관계자와 기관들을 대상으로 조사·분석해 취합한 이 종합 보고서는 서두에서 "디지털 첨단기술 부문의 투자, 인재, 기술 및 디지털 공동 작업에 관한 한 영국은 이제 유럽을 비롯한 국제무대에서 선도자의 위상을 갖게 되었다"라고 단언한다. 이 보고서에서 그러한 주장의 근거로 제시한 7가지 주요 조사 결과를 정리해보면 다음과 같다(Tech City UK, 2017c).

첫째, 2016년 영국의 디지털 첨단기술 투자액은 68억 파운드에 이르렀고, 이는 독일, 프랑스, 네덜란드, 덴마크, 이탈리아, 스페인과 같은 유럽의 다른 국가들보다 50% 이상 많은 액수다. 둘째, "투자와 인재를 끌어들일 뿐만 아니라 기술과 혁신의 생성지라는 점에서 대학은 디지털 생태계의 본질적인 구성요소"라고 할 만큼 중요한 의미가 있는데, 유럽의 최고 명문 대학 20개 중 8개가 영국에 위치해 있다.[11] 셋째, 런던은 2006년에 베

기여를 해왔다(이종호·이철우, 2015).

11 여기서 8개 명문 대학이란 옥스퍼드 대학(University of Oxford), 케임브리지 대학(University of Cambridge), 임피리얼 칼리지 런던(Imperial College London), 유니버시티 칼리지 런던(University College London), 런던정치경제 대학(London School of Economics and Political Science), 에든버러 대학(University of Edinburgh), 킹스 칼리지 런던(King's

를린, 암스테르담, 파리, 바르셀로나 등보다 거의 3배 이상 많은 2만 2000여 회의 회합을 주최함으로써 디지털 기술 공동 작업에 있어서 두각을 드러냈다. 이런 면대면 회합들을 계기로 맺게 되는 네트워킹이 디지털 사업체의 성장과 성공에 있어 매우 중요한데, 이런 행사들을 주도한 것이 영국의 성공에 결정적인 역할을 했다. 넷째, 2015년 영국의 디지털 첨단기술 업체의 생산액은 불과 최근 5년 사이에 300억 파운드(성장률로는 22%) 증가한 1700억 파운드에 달한 것으로 추정될 정도로 디지털 사업체가 성장한 것으로 나타났다. 다섯째, 영국 디지털 첨단기술 분야의 일자리는 2014년 156만 개에서 2015년 164만 개로 증가했는데(Tech City UK, 2017h), 이는 성장률로는 2011년과 2015년 사이에 디지털 분야 외에 다른 분야의 사업체가 창출한 일자리 수의 증가 속도에 비해 2배 이상 빠른 것이었다. 여섯째, 2016년의 경우, 지역 클러스터는 디지털 첨단기술 부문에서 45억 파운드 이상의 투자액을 유치함으로써 영국 전역에 걸쳐 매우 혁신적인 네트워크가 구축되어 있음을 보여주었다. 예컨대, 2016년의 경우 영국 전체 디지털 첨단기술 부문의 투자액 중 거의 70%는 에든버러, 케임브리지, 브리스틀과 바스, 옥스퍼드, 맨체스터, 셰필드와 같은 런던 이외 지역 소재 클러스터의 첨단기술 업체들이 유치한 것으로 나타났다. 일곱째, 영국 디지털 첨단기술 부문의 노동자는 디지털 이외 부문의 노동자에 비해 영국 전체 경제에 거의 두 배 더 기여한 것으로 나타났다.

College London), 맨체스터 대학(University of Manchester)을 말한다. 위의 보고서에서는 영국의 주요 대학들이 앞으로도 이러한 학문적 탁월성을 확실하게 유지하면서 브렉시트가 야기할 수 있는 도전적 문제들을 다루어갈 수 있게 해야 함을 강조한다(Tech City UK, 2017j).

그러면, 영국 주요 지역의 첨단기술 클러스터에는 첨단기술 부문의 일자리가 실제로 얼마나 있고, 월급 수준은 어느 정도이며, 신생 창업 기업은 해마다 얼마나 설립되고 있을까? 또 지역별 특화 분야에는 어떤 것들이 있고, 그 지역에 본부를 둔 기업과 주요 외국계 기업으로는 어떤 것들이 있을까? 이런 점들에 대한 사실을 파악하는 것은 영국 디지털 클러스터의 성격과 현황을 개괄적으로 이해하는 데 있어 매우 요긴한 토대가 될 수 있다. 여기서는 앞서 살펴본 바와 같이 영국의 첨단기술국가 프로젝트에서 역점을 두고 있는 전국 11개 첨단기술 클러스터 소재지[12]를 중심으로 살펴보려 한다.

〈표 6-1〉에서는 앞서 〈그림 6-1〉과 〈그림 6-2〉에서 드러난 사실들을 부분적으로 재확인하게 되는 것도 있고, 새로운 것들도 있다. 따라서 되도록 중복을 피하되 영국 첨단기술 클러스터의 몇 가지 특징을 지역을 중심으로 정리해보면 다음과 같다.

첫째, 영국의 주요 클러스터 지역 중에서 디지털 첨단기술 부문의 일자리가 다른 지역에 비해 압도적으로 많고 월급 수준이 최상위이면서 연간 창업 기업이 가장 많은 곳은 역시 런던이다. 하지만 인구 비율을 고려한 일자리 숫자로 환산해볼 경우, 런던은 케임브리지, 레딩, 맨체스터 등의 도시보다 첨단기술 부문의 일자리가 적은 편이다. 이는 런던이 다른 지역보다 첨단기술 부문의 일자리나 연간 창업 기업 숫자가 절대적으로 많고

---

12 한 가지 유념할 것은 11개 클러스터가 위치해 있는 지역의 경계를 관련 자료들마다 조금씩 다르게 분류하고 있어서 이하의 본문에서 정리하는 클러스터 소재지는 11개가 아닌 13개 지역으로 분류했다는 점이다. 하지만 지역의 세부적 분류에 있어 다소 차이가 있다 해도 영국 첨단기술 클러스터의 전체적인 윤곽을 파악하는 데는 별 무리가 없으리라고 판단된다.

<표 6-1> 영국 주요 첨단기술 클러스터 소재지의 일자리와 특화 분야 및 기업체 현황 개관

	일자리[1]	주민 100명당 일자리 수[1]	광고에 제시된 월급 (단위: 파운드)	연평균 창업 기업 수[2]	특화 분야	외국계 기업	해당 지역에 본사를 둔 기업
케임 브리지	19,000	15	46,730	353	·인공지능 ·사물인터넷 ·데이터 분석 .	·ARM ·Apple ·Microsoft ·Thales ·Amazon ·Qualcomm ·Spotify	·Darktrace ·Frontier Developments ·Featurespace
브리 스틀· 바스	37,000	6	47,063	225	·교육공학 ·반도체 ·비디오게임	·Amazon ·HP ·Unity Oracle	·Majestic, ·Yumzee, ·Intouch Games
맨체 스터	52,000	10	47,349	898	·앱개발 ·미디어 디지털 마케팅/ 엔터테인먼트 ·보건의료기술	·Google ·Priceline	·Apadmi ·The Lad Bible ·PushDoctor
뉴캐슬	20,290	3	51,213	211	·핀테크 ·게임	·Ubisoft ·Epic Games ·CCP Games	·Sage ·Orchard Systems ·ZeroLight
리즈	24,000	3	50,041	314	·보건의료 ·핀테크 ·앱개발 ·소프트웨어 ·전자상거래	·Rockstar Games	·Double Eleven ·Sky Bet ·Instantcart
셰필드	18,961	-	46,278	173	·교육공학 ·소프트웨어 개발	·WANdisco ·NXP	·Desq ·Sumo Digital ·Xactium
버밍엄	36,000	3	43,718	557	·업무용 소프트웨어 ·온라인 도박	—	·Majestic ·Yumzee ·Intouch Games
레딩	40,000	14	53,255	605	·연구개발 ·소프트웨어	·Nvidia ·Symantec	·Altitude Angel ·Cloud Direct

	일자리		월급	주민 100명당	주요 기술 분야	대기업	주요 창업 기업
에든버러	21,000	4	53,019	363	·금융기술 ·보건의료기술 ·전자상거래 ·정보과학	·Amazon ·Rockstar ·FanDuel ·Toshiba	·Axios Systems ·Craneware ·Skyscanner
글래스고	26,000	4	48,404	331	·클라우드 컴퓨팅 ·핀테크 ·전자상거래	·Cloudwick Technology ·FanDuel	·Iomart ·M Squared Lsaers ·SwarmOnline
벨파스트	8,000	2	37,785	128	·전자상거래 ·앱개발 ·디지털 광고	·Intel ·Uuawei ·Ericsson	·BT Research ·Coderus ·Kcom
카디프·스완지	19,000	3	43,459	103	·핀테크 ·영업용 소프트 웨어 개발 ·의료공학	·Alert Logic	·Confused.co ·Energist Medical Group ·Dezrez
런던	328,000	4	61,803	7,682	·핀테크 ·인공지능 ·디지털 미디어	·Amazon ·Facebook ·Google ·Microsoft	·Shazam ·Transferwise ·Deliveroo ·Citymapper

주: 1 '일자리'란 디지털 첨단기술 분야의 일자리를 말함. 2 연평균 산출 대상 기간은 2011~2015년. 3 맨체스터 통계에서 '광고에 제시된 월급'과 '연평균 창업 기업의 수' 항목은 맨체스터시의 것을 확보할 수 없어 그레이트맨체스터(Greater Manchester)의 통계 자료로 표기. 4 뉴캐슬 통계에서 '주민 100명당 일자리 수'는 뉴캐슬시의 것을 확보할 수 없어 '뉴캐슬과 더럼 카운티(Newcastle & County Durham)'의 통계 자료로 표기. 5 레딩 통계에서 '일자리'와 '주민 100명당 일자리 수'는 '레딩과 브랙널포리스트'의 통계 자료로 표기. 6 카디프와 스완지 통계에서 '광고에 제시된 월급'과 '연평균 창업 기업의 수' 항목은 이 두 도시를 포함한 '웨일스 남부지역(South Wales)'의 통계 자료로 표기.
자료: BBC(2016); Carey and Mercer(2017)에서 재구성.

평균 수입도 높지만 케임브리지, 맨체스터, 레딩 등과 같은 주요 클러스터 지역에 견주어보면 창업이나 취업이 상대적으로 쉽지 않은 곳임을 보여준다. 둘째, 지역별 인구 규모의 차이로 인해 런던과는 상당한 차이가 있지만 그래도 런던 이외의 지역 중 일자리와 연평균 창업 기업체 숫자가 많은 곳은 맨체스터, 레딩, 버밍엄 등의 순인 것으로 나타났다. 특히, 런던을 제외한 나머지 지역 중에서 첨단기술 부문 클러스터의 규모가 가장 큰 곳은 맨체스터다. 셋째, 영국 주요 디지털 첨단기술 클러스터 지역에서 일자리가 매우 많거나 적은 런던, 맨체스터, 벨파스트 등을 제외하면 대부분의 지역에서 일자리는 대개 2만 개 내외임을 알 수 있다. 넷째, 영국 주요 첨단기술 클러스터에 위치한 업체 종사자들의 평균 임금은 양극단을 뺄 경우, 대략 5만 파운드 내외 수준[13]이라고 할 수 있다. 다섯째, 주민 대비 첨단기술 부문의 일자리가 가장 많은 도시는 케임브리지인 것으로 나타나 눈길을 끈다. 상대적 비율로 보면 런던의 거의 4배에 달한다. 이와 같이 일자리가 많은 것은 기업 창업의 산실 역할을 하는 지역 대학의 영향인 것으로 보인다. 케임브리지에서 25마일 반경 내에 등록된 '지식집약형 기업(knowledge-intensive companies)'이 4500개나 된다는 것은 '케임브리지의 야심 찬 창업 기업 문화(Cambridge's ambitious startup culture)'가 명문 케임브리지 대학과 밀접하게 연결되어 있음을 시사한다(*The Guardian*, 2018. 1.18). 여섯째, 북아일랜드의 수도 벨파스트는 첨단기술 부문의 일자리가 인구 비율로나 절대적인 규모 면에서 영국의 다른 주요 클러스터 지역보다 훨씬 적고 월급 수준도 매우 낮다.[14] 벨파스트보다는 나은 편이지만 카디프와 스완지[15]도 다른 지역보다 이런 측면에서 뒤쳐져 있는 것으로 드러

---

13 2017년 영국의 첨단기술국가 조사(Tech Nation Survey 2017)에 의하면, 광고에 제시된 디지털 첨단기술 일자리의 평균 임금은 5만 663파운드로 이는 디지털 이외 부문 일자리의 평균 임금 3만 5155파운드에 비해 44% 더 높은 수준인 것으로 나타났다(Tech City UK, 2017h; *The Guardian*, 2017.10.17).

14 영국 내의 다른 클러스터 지역보다 여러 지표에서 상대적으로 떨어지기 하지만 벨파스트의 첨단기술 부문은 최근 몇 년 사이에 크게 성공을 거두었고, 건물 임대료와 인건비가 저렴하고 정부의 지원도 받을 수 있어 창업하기에 좋은 곳이라는 평가도 있다(Franklin-Wallis, 2016).

15 웨일스 정부의 투자 덕분에 웨일스 남부지역의 첨단기술 부문에 순조로운 성장 조짐이 이어져온 것은 사실이지만 그럼에도 여기서 시작한 창업 기업계에는 지식을 서로 공유하면서 전체 생태계를 풍요롭게 만들어갈 만한 인물들이 너무 적다고 지역의 관계자들은 호소한다. 따라서 이들은 창업 환경을 비롯한 기업 생태계 전반에 활기를 불어넣을 수 있는 각광받는 지역 기업들의 성장과 출현이 절실히 요구된다고 얘기한다(Franklin-Wallis, 2016). 이런 분석

났다. 이는 결국 정부의 호언에도 불구하고 아직 북아일랜드와 웨일스 지역이 영국 다른 지역의 첨단기술 클러스터 부문에 비해 성장이 지체되어 있음을 시사한다. 일곱째, 핀테크, 소프트웨어와 같이 여러 지역의 클러스터에서 동시에 관심을 갖는 분야도 있지만 영국의 지역별 클러스터는 비교적 다양한 영역으로 특화되어 성장하고 있다.

4. 영국 첨단기술 클러스터 정책의 성과와 문제점

영국의 첨단기술도시 프로젝트팀은 그간의 노력으로 인해 런던은 이제 디지털 사업체의 육성을 돕는 다른 국가의 '첨단기술 중심지들(tech hubs)'이 부러워하는 '유럽 첨단기술의 수도(Europe's tech capital)'로 자리매김하기에 이르렀다고 자평한다. 앞서도 언급한 바와 같이, 이 팀은 이 프로젝트를 미래지향적인 '첨단기술국가'로 개칭하고 런던을 포함한 전국 11개 지역을 하나의 강력한 네트워크로 연결함으로써 영국을 첨단기술 분야의 세계 최정상 반열에 올려놓는 것을 목표로 삼고 있다(Tech City UK, 2017a, 2018d).

그러면, 영국 클러스터 정책을 주도해온 정부 책임자와 관계자들은 이

은 지역에 첨단기술 부문의 많은 일자리를 창출하고 성공적인 클러스터로 성장해가기 위해서는 무엇보다 양질의 인적자원이 중요함을 암시한다. 영국 이외의 주요 선진국 사례를 살펴봐도, ICT 산업의 성공은 첨단기술 부문에서의 고급 인력 육성과 공급 여하에 달려 있음을 확인할 수 있다. 가령, 스웨덴이나 핀란드와 같은 북유럽 국가와 미국은 ICT의 발전을 위한 사회투자 전략에 있어 뚜렷한 차이점을 보여주지만 ICT 산업의 인적자본 육성에 초점이 맞추어져 있다는 점에서는 공통점이 있음을 발견할 수 있다(김영범·박준식, 2017).

정책의 성과를 과연 어떻게 평가하고 있을까?

메이 총리는 「첨단기술국가 2017」 보고서의 서문에서 이런 디지털 경제의 선구자들이 '위대한 영국의 성공 스토리'의 선두에 있고, '핀테크(Fin Tech)'에서 '인공지능(Artificial Intelligence)'에 이르기까지 새로운 첨단기술에 관한 한 영국은 이미 세계를 이끄는 국가라는 자부심을 드러냈다. 특히, 그녀는 유럽연합을 탈퇴하면서 영국의 확고한 새로운 미래를 건설하기 위해서는 정책적·전략적으로 디지털 첨단기술의 영역과 지역을 확장해가는 것이 정부로서도 매우 중요하다는 점을 강조했다(Tech City UK, 2017b).

다른 한편, '영국의 첨단기술도시' 프로젝트의 의장과 최고경영자는 향후 브렉시트로 인한 도전과 기회의 국면에서 영국의 디지털 경제와 클러스터의 성장을 좌우할 핵심 동인은 바로 '인재(talent)'와 '투자(investment)'라는 점을 역설했다. 이는 「첨단기술국가 2017」 보고서의 작성을 준비하는 과정에서 접했던 응답자들이 분명하게 지적했던 사항으로서 앞으로도 각별히 유의할 필요가 있다는 것이다. 이들은 이런 측면들에 비추어볼 때 지금까지의 성과는 '영국의 강력한 디지털 생태계의 미래'를 낙관할 수 있게 해준다고 전망했다(Tech City UK, 2017f).

하지만 이들의 장밋빛 자체 평가와는 달리 문제점을 지적하는 비판의 목소리도 있다. 이를테면, 북부지역의 신생 창업 기업가들은 남부지역에 비해 북부지역의 내부 교통 여건이 좋지 않고, 중앙정부와 국내외 투자자들의 관심도 여전히 미약하다고 호소한다. 비판자들도 물론 북부지역에 소프트웨어 부문의 세이지(Sage), 온라인 소매 업체 허트(The Hut)를 비롯한 첨단기술 분야의 대기업만 해도 12개 업체나 된다는 점을 인정한다. 또 맨체스터, 셰필드, 뉴캐슬 등에서의 신생 창업 기업 클러스터의 발전에 힘입어 2016년 첨단기술 기업체에 대한 투자가 10년 이래 최고치를 기록할 정도로 최근 북부지역의 디지털 첨단기술 부문이 호황을 맞고 있다는 점도 이들은 빼놓지 않고 거론한다.[16] 하지만 문제는 도로나 철도와 같은 교통망의 노후화와 부족이 북부지역의 일자리 창출과 성장 잠재력을 저해하고 있다는 것이다(The Guardian, 2017.4.13). 예산을 투입해서 주요 도로들을 개보수하고, 버스와 철도 이용 방식에 있어 오이스터 방식의 매표체계(Oyster-style ticketing system)를 도입함으로써 교통 연계성을 개선하려 하고는 있지만 문제를 근본적으로 해결하지는 못하고 있다는 것이다. 주거비를 비롯한 생활비가 런던보다 저렴해서 디지털 기업들이 이곳에서 창업을 하지만 많은 젊은이가 더 나은 직업을 찾아 지역을 떠나고 싶어 한다는 점도 이들에게는 걱정거리다(Maewski, 2016). 또한 영국의 투자자들이 미국의 투자자들보다 위험 부담을 감수하기를 꺼리고, 장기적인 성장보다는 수익성에 초점을 두는 경향이 있다는 점도 문제라고 한다. 이들은 실리콘밸리의 투자자들이 여전히 런던 쪽으로 크게 기울어져 있다는 점을 지적한다(The Guardian, 2017.4.13). 따라서 정부가 나서서 정책적으로 북부지역 내의 연결성을 개선하는 데 우선순위를 두고 투자하면서 북부와 남부지역 간의 격차를 줄여가지 않으면 북부지역의 성장은 지체되고, 잠재력도 충분히 실현될 수 없으리라는 것이 이들의 주장이다.

첨단기술도시의 시발점인 런던 동부지역에서는 디지털 기업들이 몰려

---

16 잉글랜드 북부지역에 대한 또 다른 분석에서도 디지털경제가 이 지역의 번영을 가져온 중요한 원천이 되고 있다는 점을 지적한다. 예컨대, 이 지역의 디지털 일자리는 다른 부문에 비해 10배 증가했고, 지난 5년 사이에 디지털 경제의 생산성은 11.3% 성장함으로써 디지털 이외 경제 부문의 2.5% 성장을 월등하게 앞지른 것으로 나타났다는 것이다(Dellot, 2016).

들고 공간 경쟁이 치열해지면서 발생하는 우려의 목소리도 들린다. 대표적인 것이 사무실 임대료 급등 문제다. 예컨대, 쇼어디치의 어떤 사무실은 최근 3년 사이에 임대료가 거의 갑절로 올랐다고 한다. 신생 창업 기업들은 물론이고 이곳에 터를 잡고 있던 기업들도 높은 임대료를 감당하지 못해 이곳을 떠나야 할 지경이라는 것이다(*The Guardian*, 2016.4.12).

그러면, 디지털 첨단기술 부문에서의 가장 큰 도전거리 중 하나로 간주되는 '인재'의 측면에서는 어떤 문제가 제기되고 있는지 영국 첨단기술도시 프로젝트팀의 최근 조사 결과에 비추어 생각해보자.

먼저 조사에서 드러난 몇 가지 주요 결과를 살펴보면(Tech City UK, 2017d, 2017e), 디지털 첨단기술 부문의 외국인 노동자 비율은 13%로 나머지 부문의 영국 경제 전체의 외국인 노동자 비율인 10%보다 높았다. 이 부문의 영국인 노동자 중에 석사 또는 박사 학위 소지자 비율은 10.5%인 것에 반해 비유럽연합 출신 국가의 노동자 중에는 17.6%, 유럽연합 회원국 출신의 노동자 가운데는 그 비율이 12.5%인 것으로 나타났다. 영국인보다 외국인, 특히 비유럽연합 국가 출신 노동자의 고학력자 비중이 높은 것으로 드러난 것이다. 외국인 노동자가 차지하는 고용 비중의 측면에서는 유럽연합 회원국에서 이주해온 노동자보다는 비유럽연합 회원국 출신 노동자의 비율이 높았지만 2011년에서 2015년 사이의 기간을 보면 비유럽연합 국적 소지자보다 유럽연합 회원국 출신 노동자의 고용이 빠르게 증가함으로써 그 격차가 감소한 것으로 나타났다. 즉, 이 기간 동안 비유럽연합 출신 노동자의 고용 비중은 줄곧 7%였지만 유럽연합 국가 출신 노동자가 차지하는 고용 비중은 4%에서 6%로 증가했다. 지역별로 보면, 이 부문의 외국인 노동자가 가장 많은 곳은 런던이었다. 런던의 디지털 첨단기술 산업 부문의 노동자 중에는 유럽연합 출신의 노동자가 11%, 비유럽연합 국적의 외국인 노동자가 20%를 차지할 정도로 그 비중이 컸다(Tech City UK, 2017d, 2017e).

이런 일련의 조사 결과는 영국이 외국, 특히 기술력 있는 비유럽국가 출신의 고학력 인재들을 디지털 첨단기술 부문에 적극 유치해왔음을 보여주며, 이는 영국이 추구하는 첨단기술국가의 청사진을 낙관적으로 전망할 수 있게 해주는 하나의 근거가 될 수 있다. 이 조사는 원래 브렉시트 협상의 불확실성으로 인해 향후 이 부문의 외국인 고급 노동력의 고용이 위축되지 않을까 하는 우려에서 시도되었지만 그 결과를 해석하는 영국 정부의 태도를 보면, 이 문제에 대해 비교적 안도하는 분위기가 느껴진다. 하지만 최근 유럽연합 회원국 출신 인재의 유입이 증가하고 있는 추이를 볼 때, 영국 정부는 향후 브렉시트 협상의 성격 여하에 따라 적어도 첨단기술 부문에 유럽연합 회원국 출신 인재를 유치하는 데 어려움이 발생할 수 있다는 점에 좀 더 경계심을 가져야 할 것으로 보인다. 브렉시트의 영향으로 유럽연합 회원국 출신 인재를 확보하는 데 차질이 생길 수 있고, 그로 인해 디지털 첨단기술 부문의 성장도 타격을 받을 수 있기 때문이다.[17] 물론

---

17 실제로 런던의 디지털 첨단기술 부문의 경영자들 사이에서는 영국의 브렉시트 결정으로 인해 첨단기술도시로서의 런던의 국제적 명성이 이미 손상을 입었고, 특히 노동력의 자유로운 이동이 불가능해져 우수한 외국인 인력을 유치하는 데 제약을 받게 되면 런던이 이 분야에서 쌓아온 주도적 위치도 타격을 받게 될 것이라는 우려의 목소리가 높다. 다시 말해, 첨단기술 부문 인재들의 신생 창업 기업 설립을 위한 최적의 장소이자 세계적인 인터넷 기업들의 투자지로서의 런던의 위상이 브렉시트에 따른 외국인 고용의 제약으로 인해 위협을 받을 수 있다는 것이다(Holton, 2017). 브렉시트 국민 투표가 실시되기 이전에도 영국의 첨단기술 부문 관계자들은 유럽연합에 계속 남는 것을 압도적으로 선호하는 입장이었다. 첨단기술 부문의 관점에서는 투표 시행 자체가 좋은 소식이 아니었고, 관계자들은 브렉시트로 결정이 나더라도 '디지털 첨단 부문에서는 유럽 단일 시장(Digital Single Market)'에 접근할 수 있게 정부가 유럽연합과 확고한 연계성을 유지해야 한다는 주장을 제기하기도 했다(The Telegraph,

위의 조사 보고서는 말미에서 디지털 부문의 역량 있는 외국인 이민 문제를 고려하는 것이 중요함을 강조하고는 있지만(Tech City UK, 2017e: 15) 외국인 인력 수급의 전망이나 유치 전략이 구체적으로 제시되어 있지 않다는 점에서 이 점을 강조할 필요가 있어 보인다.

또 첨단기술 부문의 외국인 노동자, 특히 학력이 높은 고숙련 외국인 노동력이 전국으로 분산되기보다는 런던과 그 인근 지역에 집중되어 있다는 사실에서도 함축된 문제점을 도출해낼 수 있다.

물론 첨단기술 부문의 외국인 인재들이 런던으로 쏠리는 데에는 나름 타당한 이유가 있다. 인구 구성의 다양성, 문화적 편의시설, 첨단기술 부문의 생태계와 같은 여러 측면에서 런던은 다른 지역보다 강점을 갖고 있고, 그러한 고급 노동력에 대한 산업 수요가 많기 때문에 당연히 런던으로 외국인 인재들이 몰려드는 것이다(Tech City UK, 2017e: 11). 하지만 뒤집어 생각해보면, 이는 런던 이외의 나머지 지역에서는 성장 동력의 인적 기반이 상대적으로 취약할 수밖에 없음을 시사한다. 이런 관점에서 영국 정부는 우수한 외국인 노동력을 적극 유치해야 할 뿐만 아니라 이들이 전국의 주요 클러스터 성장 지역으로 골고루 스며들 수 있도록 노력할 필요가 있다. 다시 말해, 영국 정부는 전국의 주요 클러스터 거점 도시들의 사회문화적 제반 환경을 개선함으로써 정주도시로서의 매력과 경쟁력을 한층 높일 수 있는 체계적인 방안을 마련하는 데에 관심을 기울여야 한다는 것이다. 요컨대, 중앙정부는 내국인 인재 육성과 첨단기술 부문의 우수한 외국인 노동력 유치에 주력하되 이들이 전국의 클러스터 거점 지역에 분산, 정

2016)는 점을 상기할 필요가 있다.

〈그림 6-3〉 영국으로 이주한 첨단기술 노동력의 지역별 정착 비율 (2016)

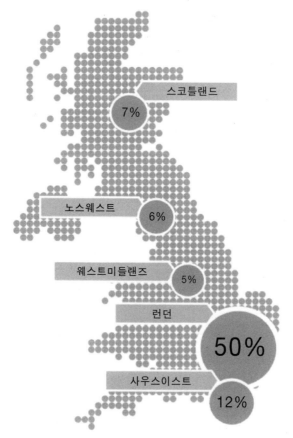

자료: Tech City UK(2017i).

착해 지역별 특성의 온전한 발현과 성장에 기여할 수 있게 유도하는 계획
도 적극적으로 강구할 필요가 있다. 이것이 첨단기술국가 프로젝트의 실
현 가능성을 높이는 매우 기본적이면서도 유효한 전략이 될 수 있음은 재
론의 여지가 없다. 전국적 수준에서 지역 대학, 기업, 지방정부 등이 지역
간 네트워크를 활성화하고 지역별 강점과 결속력을 극대화하는 가운데 지

속적인 성장과 균형 발전을 도모할 수 있으려면, 무엇보다도 지역에 터를 잡고 자신의 미래를 설계하는 우수한 인적자원이 지속적으로 공급되어야 하기 때문이다.

5. 맺음말

영국은 캐머런 내각 출범 이후로 첨단기술 부문에 중점을 둔 클러스터를 전국적으로 육성하고 상호 긴밀한 네트워크를 구축함으로써 국가경쟁력을 높이겠다는 비전을 제시했다. 또 영국 정부는 이를 실현하기 위해 지속적으로 정책적 관심을 기울여왔다. 이런 시도는 일단 방향을 제대로 잡았고, 일정한 성과를 축적해온 것으로 보인다. 고부가가치를 생산하는 첨단기술 부문을 적극적으로 육성하는 것에 승부를 건 전략도 그렇고, 런던 중심의 발전 전략에서 전국을 아우르는 클러스터 정책으로 진화하면서 마침내 '하나의 첨단기술국가'를 지향하고 있다는 점에서도 그렇다. 말하자면, 첨단기술 클러스터 프로젝트를 토대로 미래 영국의 국가경쟁력을 확보하고 강화하려는 분명한 기획 의도를 엿볼 수 있다는 얘기다. 더 나아가, 첨단기술 클러스터의 성장에 있어 인재가 차지하는 위상을 명확하게 인식하고 이민 비자제도의 개선을 통해 해외 인재를 유치하고, 인재 육성과 창업의 산실로서의 대학의 역할에 주목하고 있는 점도 우리의 평가를 호의적인 방향으로 기울게 한다. 디지털 경제 부문 일자리의 급속한 증가, 다른 업종에 비해 디지털 부문 노동자들의 높은 생산성과 임금 수준, 특화된 지역별 클러스터의 조성과 이를 매개로 한 지역경제의 성장 등도 긍정적인 평가를 하게 만드는 또 다른 요인들이다.

하지만 영국의 첨단기술국가 비전과 미래를 마냥 낙관하기는 어려운 측면도 있다. 정책의 성공을 보여주는 가시적 지표와 관계자들의 자평과는 별개로 비판적인 평가들이 있기 때문이다. 이를테면, 북부지역의 교통인프라를 비롯한 사업 환경의 상대적 낙후성과 그 귀결로서의 남북지역 간 성장 격차, 런던과 인근 지역에 비해 북부지역의 신생 창업 기업이나 기존 업체들에 대한 국내외 투자자들의 소극적인 태도, 치솟는 사무실 임대료와 거주비 등으로 인한 런던지역의 사업 환경상의 취약점, 브렉시트가 야기할 것으로 예상되는 유럽연합 회원국 출신 인재 유치에서의 어려움, 첨단기술 부문의 외국인 고급 노동력의 런던 편중 등이 그것이다. 이는 영국 정부가 첨단기술 클러스터의 성공적인 안착과 지속적인 성장을 위해 반드시 해결해야 할 난제(難題)들이다.

결국 영국의 첨단기술 클러스터는 긍정적·부정적 요인들이 혼재되어 있는 상태에서 성장의 궤도로 확실하게 진입할 수 있게 치밀한 전략을 부단히 모색해야 할 현실에 직면해 있다. 그러면, 어느 대목에서 실마리를 발견할 수 있을까? 이 맥락에서 되짚어보게 되는 것이 영국인들의 국가 정체성이다. 스코틀랜드가 독립을 시도했음에도 불구하고 영국인들은 지역을 불문하고 여전히 영국인으로서의 국가 정체성을 폭넓게 공유하고 있다(김원동, 2016). 브렉시트로 인한 국가 미래의 불확실성은 위기이기도 하지만 같은 국민으로서의 일체감을 갖고 있는 영국인들을 하나의 강력한 공동체로 다시 결속시키면서 국가경쟁력을 다질 수 있는 절호의 기회가 될수도 있다. 영국 정부와 국민 및 산업계가 특히 주목해야 할 대목이다. 이를테면, 영국이 전국의 첨단기술 클러스터 간의 긴밀한 연계성에 기초해 '하나의' 첨단기술국가로 지속가능한 성장을 이루기 위해서는 스코틀랜드나 북아일랜드, 웨일스와 같은 지역의 낙후성을 구조적으로 시급히 개선하는 데 자원을 집중 투자해야 한다. 이런 방향에서의 대폭적인 사회투자가 가능하려면 국가경쟁력 제고를 위한 장기적인 지역발전전략에 잉글랜드를 비롯한 여건이 좋은 지역의 정부와 시민들이 적극 공감하고 협력할 수 있게 만드는 이념적 구심점이 있어야 하고, 또 그것이 현실적으로 작동해야 한다. 영국인들의 정체성에 눈길이 가는 이유다. 국가정체성의 실체화가 유일한 대안이 될 수는 없겠지만 국민적 에너지의 응집을 모색해가는 과정에서 한 갈래의 출발점은 될 수 있을 것으로 보인다. 메이 총리가 이끄는 영국호가 브렉시트의 현실화를 눈앞에 둔 시점에서 과연 위기를 기회로 전화시키면서 '하나의 첨단기술국가'라는 비전의 실현을 향해 얼마나 안정감 있게 순항할 수 있을지 지켜볼 일이다.

북유럽 ICT 산업의 지속 발전
스웨덴과 핀란드의 사례

김영범·박준식

1. 서론

스웨덴과 핀란드는 인구가 적은 소국임에도 불구하고 1990년대 이래 정보통신(ICT)산업의 강자로 자리매김하고 있다. 이들 국가는 1990년대 정보통신산업이 급속하게 발전하기 시작한 이래 정보통신기술의 확산이나 산업적 영향력의 측면에서 다른 국가들에 비하여 앞선 모습을 보여주고 있다. 한 자료(OECD, 2017)에 따르면 2000년에 인터넷 접속 가능 가구의 비율은 OECD 평균이 27.7%인 반면에 스웨덴은 48.2%, 핀란드는 30.0%로 스웨덴의 경우는 한국을 제외하면 그 비율이 가장 높다. 핀란드의 경우, 이 비율이 2004년에 50%를 넘어서 OECD 평균과의 격차가 더욱 증가했다.

핀란드와 스웨덴의 대표적인 산업은 1980년대까지만 해도 전통 제조업과 자연자원 가공 산업이었다. 1990년 핀란드의 수출품 비중을 살펴보면 다양한 종이 제품의 수출이 전체 수출의 22.4%를 차지하고 있으며 이동통신 관련 제품은 1.4%에 불과했다. 그러나 2005년에는 이동통신 관련 제품이 21%로 가장 큰 부분을 차지하고 있다. 그렇다면 왜 이들 국가가 급속하게 ICT 산업을 발전시킬 수 있었는가? 어떻게 천연자원 가공 산업이 주력이었던 국가들이 첨단기술 분야의 대표 국가가 될 수 있었는가? 이는 이 글이 제기하는 첫 번째 질문이다.

이들 국가는 2010년대에 들어서 정보통신산업의 위기에 직면하게 되는데, 대표적으로 한때 이동전화 단말기를 대표하던 기업인 핀란드의 노키아(NOKIA)는 애플의 신제품인 아이폰과의 경쟁에서 패배해 2013년 회사를 대표하는 사업이었던 이동전화 사업을 마이크로소프트(Microsoft)로 매각하는 수모를 겪기도 했다. 노키아만큼 극적인 것은 아니지만 스웨덴의 경우도 대표적인 정보통신 기업인 에릭슨(Ericsson)이 경영 실적 부진으로 일부 사업을 매각하는 상황에 직면하게 되었다. 핀란드와 스웨덴은 인구가 적은 소국이라는 점에서 국가 경제에서 이들 기업이 차지하는 비중은 매우 클 수밖에 없는데, 이들 기업의 위기는 정보통신산업의 위기로 해석되기도 했다.

그러나 2017년 현재 상황에서 보면 이들 국가의 정보통신산업은 과거의 위상을 완전하게 회복한 것은 아니지만 여전히 국가 경제 내에서, 그리고 국제 경쟁력 측면에서 그 위상을 유지하고 있는 것으로 보인다. 핀란드의 경우 노키아의 몰락은 새로운 인터넷 기업의 등장으로 대체되었는데, 세계적인 성공을 거둔 게임인 클래시 오브 클랜(Clash of Clan)을 제작한 슈퍼셀(Supercell), 앵그리버드(angry bird)로 유명한 로비오(ROVIO) 사의 등장이 그것이다. 스웨덴의 경우도 비록 꾸준히 정보통신 분야의 고용 수준이나 경제성장에 대한 기여도가 유지되거나 증가하고 있는 것으로 나타나고 있다. 그렇다면 어떻게 이들은 어려움에도 불구하고 ICT 산업의 경쟁력을 유지할 수 있었는가?

이 글에서는 핀란드와 스웨덴을 대상으로 이들 국가에서 ICT 산업의 발전, 위기, 그리고 극복의 조건과 원인이 무엇인지 살펴보고자 한다. 크게 다음 세 측면에서 주목하고자 한다.

첫째, ICT 산업의 발전, 위기, 극복 과정을 두 국가의 ICT 산업의 역사적 유산이라는 측면에서 분석한다. 이 글에서는 특히 제조업으로서의 ICT 발전이 ICT 산업의 위기에 어떠한 영향을 주고 있는지 살펴보고자 한다. 이들 국가의 경우 이동전화를 중심으로 한 통신기기 산업으로 특화되어왔는데, 이로 인해 인터넷을 기반으로 새롭게 등장하는 소프트웨어 시장에 적응하는 데 실패했다.

둘째, ICT 산업은 정보통신기술에 대한 전문기술을 갖춘 인력을 바탕으로 성장한다는 점에서 어떻게 필요한 인력을 확보할 수 있는지가 중요하다. 인적자본은 단순히 교육이나 지식을 갖춘 인력을 보유하고 있다는 것만을 의미하는 것은 아니다. 이들이 시장을 선도할 수 있는 창조적 파괴를 할 수 있는지가 중요하다. 이 문제는 지식과 기술을 넘어서서 급진적인 변화를 보상하는 사회제도를 갖추고 있는지와 연관된다. 핀란드와 스웨덴은 비용을 최소화하는 제도를 통해 인력 양성에 성공했지만 그 제도는 인재를 유치하는 데에는 장애물로 작용했다.

셋째, 2010년대 중반 이래 진행된 ICT 산업의 위기와 극복 과정을 살펴보고 ICT 산업이 어떻게 재편되고 있는지 살펴보고자 한다. ICT 산업의 재편과 관련해 이 글에서는 ICT의 기술적 특성, 비즈니스(business)의 변화를 중심으로 산업 재편의 방향을 살펴보고자 한다.

두 국가의 ICT 산업 발전에 대한 문헌 자료, 경제협력개발기구(OECD)의 통계 자료, 유럽연합(EU)의 통계 자료를 활용해 고용과 생산 부문을 중심으로 2000년대 ICT 산업의 변화를 성장, 위기, 변화를 중심으로 살펴볼 것이다.

이 글은 다음과 같이 구성된다. 2절에서는 ICT 산업의 변화를 1990년대에서 2010년대까지 성장, 위기, 적응의 측면에서 분석하고, 이어서 ICT 관련 주요 사건을 정리하고, 성장에 영향을 준 요인을 분석한다. 3절에서는 ICT 발전의 요인을 짚어보고, 4절에서는 ICT 산업의 위기를 지적한 후, 5절에서는 ICT 비즈니스의 변화와 산업의 재편을 살펴본다. 마지막 6절에서는 결과를 요약하고 한국에 대한 함의를 알아본다.

2. ICT 산업의 변화: 스웨덴과 핀란드

1) ICT 산업의 발전: 1990~2010년의 변화

우선 1990년대 들어서 두 국가에서 ICT 산업의 발전이 어느 정도 이루어졌는지 고용 수준과 GDP 대비 비율을 중심으로 살펴보자. 먼저 고용 수준을 살펴보면 〈그림 7-1〉과 같다. 1994년, 1996년, 1998년의 자료를 살펴본 결과에 의하면 제조업 내 ICT 제조업과 ICT 서비스업 모두 고용이 꾸준하게 증가하는 것을 확인할 수 있다. 구체적으로 핀란드의 경우 제조업은 전체 민간 고용 대비 2.5%에서 3.5%로 증가했고, 서비스업의 경우도 4.2%에서 4.9%로 증가했음을 알 수 있다. 스웨덴의 경우 특히 ICT 서비스업의 고용 수준이 높은데, 5.4%에서 6.3%로 증가했다.

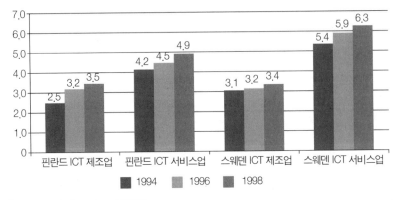

〈그림 7-1〉 핀란드와 스웨덴: 민간 부문 근로자 대비 ICT 부문 근로자 비율 (단위: %)

자료: Statistics in Demark et al.(2001).

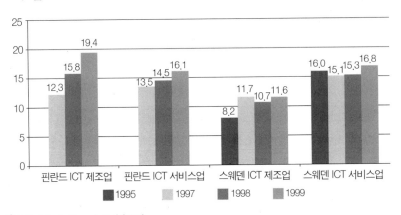

〈그림 7-2〉 핀란드와 스웨덴: 제조업, 서비스업 대비 ICT 부문 부가가치 비율 (단위: %)

자료: Statistics in Demark et al.(2001).

　고용 증가와 함께 국내총생산에서 차지하는 비율 역시 증가하고 있음
을 확인할 수 있는데 〈그림 7-2〉는 두 국가에서 ICT 산업이 제조업과 서
비스업 부가가치에서 차지하는 비율을 살펴본 것이다. 핀란드의 경우

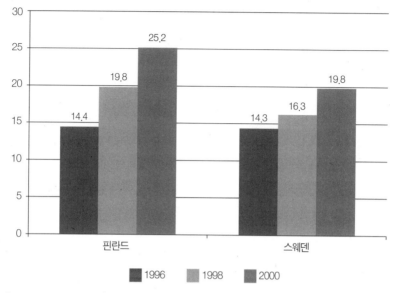

〈그림 7-3〉 핀란드와 스웨덴: 수출품 중 ICT 제품의 비율(단위: %)

자료: Statistics in Demark et al.(2001).

1997~1999년까지 지속적으로 증가하는 모습을 보이는데 특히 제조업 부문에서의 성장이 두드러짐을 알 수 있다. 스웨덴 ICT 제조업의 경우 1995년 이후 증가세를 보이고 있지만 핀란드만큼 큰 폭의 증가세는 아니다. 서비스업의 경우 핀란드에서만 증가하는 모습을 보이고 있다.

앞서 언급했듯 두 국가는 인구가 적은 소국으로 내수에만 의존해서는 지속적인 경제성장이 어렵다. 이들 국가는 일찍부터 해외 시장에 관심을 가져왔는데, 〈그림 7-3〉에서 확인할 수 있듯이 2000년까지 두 국가 모두 수출에서 ICT 제품이 차지하는 비율이 큰 폭으로 증가했다.

핀란드와 스웨덴은 2000년대 중반까지도 통신기기나 휴대용 단말기 등 ICT 제조업에 집중하고 있었다. 결과적으로 이는 두 국가의 ICT 산업을

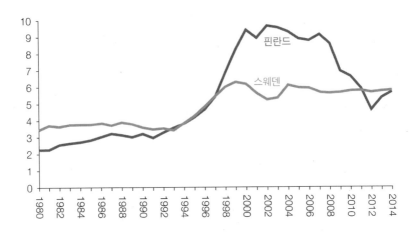

〈그림 7-4〉 국내총생산 대비 ICT 부문의 비율(단위: %)

약화시키는 요인이 되었는데, 이는 ICT 산업이 국내총생산에서 차지하는 비율을 통해서도 확인될 수 있다. 핀란드의 경우가 더 극적이긴 하지만 두 국가 모두 ICT 산업의 비율은 1990년대 초에서 2000년대 초까지 큰 폭으로 증가했음을 확인할 수 있다. 그러나 2000년대 중반 이후 ICT 산업이 국내총생산에서 차지하는 비율은 다시 큰 폭으로 하락했는데, 핀란드의 경우 2008년에서 2012년 사이에 거의 절반 수준으로 하락했다. 스웨덴의 경우 핀란드에 앞서 1998년에서 2002년 사이에 하락을 경험하는데, 하락의 폭은 핀란드에 비해 작은 것을 확인할 수 있다. 스웨덴은 2002년까지의 하락 이후 약간의 등락이 있지만 큰 변화 없이 5~6% 수준을 유지하고 있다. 특기할 점은 이들 국가에서 ICT 산업이 차지하는 비중이 감소했음에도 불구하고 고용 수준은 여전히 유럽 내 최고 수준이라는 점이다. 더욱 특기할 점은 ICT 산업의 경제에 대한 기여도가 감소하는 시기에도 여전히 ICT 분야 전문가에 대한 고용은 증가하고 있다는 점이다.

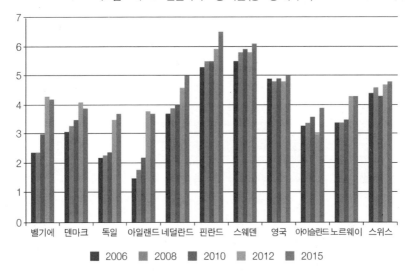

〈그림 7-5〉 ICT 전문가의 고용 비율(총고용 대비 %)

2006　2008　2010　2012　2015

〈그림 7-5〉는 총고용 대비 ICT 전문가의 고용 비율을 살펴본 것이다. 핀란드의 경우 비율 자체도 다른 국가에 비해 매우 높을 뿐만 아니라 증가세가 유지되고 있다. 스웨덴에서도 비율과 증가세가 유지되고 있음을 확인할 수 있다. ICT 산업이 경제에서 차지하는 비중은 감소하는 반면 관련 전문가의 고용은 증가하고 있다는 점은 ICT 산업 외부에서 ICT 전문가를 더 많이 고용하고 있다는 점을 방증하는 것으로 보인다.

핀란드의 자료를 통해 ICT 산업의 분야별로 고용 수준을 살펴보면 전통적인 통신기기 산업에서는 고용이 큰 폭으로 감소하는 반면 소프트웨어 산업에서는 2010년 이후 고용이 증가하는 모습을 확인할 수 있으며, ICT 컨설팅에서도 미약하지만 고용이 증가하는 모습을 보이고 있다. 이들 분야는 ICT 산업 외부에 ICT 기술을 접목하는 것과 관련된 분야라는 점에서 우리는 ICT 기술이 점차 다른 산업 분야로 확산되고 있음을 추측할 수 있

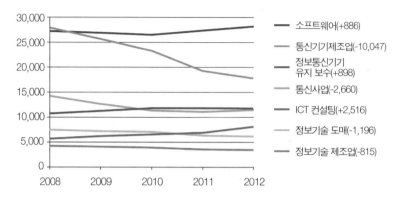

〈그림 7-6〉 ICT 산업 분야별 고용 인원 변화: 핀란드 (단위: 명)

- 소프트웨어(+886)
- 통신기기제조업(-10,047)
- 정보통신기기 유지 보수(+898)
- 통신사업(-2,660)
- ICT 컨설팅(+2,516)
- 정보기술 도매(-1,196)
- 정보기술 제조업(-815)

자료: Statistics Finland(https://www.stat.fi/index_en.html).

다. 다른 한편으로 이러한 변화는 ICT 분야의 수요층이 휴대폰으로 대표되는 최종 소비자에서 생산 영역으로 재편되고 있음을 방증하는 것이기도 하다.

2) ICT 산업의 발전: 핀란드와 스웨덴

〈표 7-1〉은 스웨덴과 핀란드에서 ICT 산업과 관련해 나타났던 주요 변화를 시기별로 정리한 것이다.

표에서 확인할 수 있는 바는 두 국가 모두 비교적 일찍 통신 산업 분야를 발전시켜왔으며, 이를 바탕으로 국제적 표준을 선점하는 데 성공했다는 점이다. 이들 국가는 또한 정부의 지원과 대기업의 협력을 통해 기술을 발전시켜왔음을 알 수 있다. 기술 선도자의 자리에서 기업과 정부의 협력을 통해 새로운 기술을 개발하여 후발 주자들에 비해 시장을 선점했다.

〈표 7-1〉 핀란드, 스웨덴의 ICT 산업 관련 주요 일지

국가	연도	주요 변화
핀란드	1880년대	정보통신 인프라 개발 시작
	1971	자동차 라디오전화 네트워크 도입
	1970년대	**북구 국가들과 이동전화 통신 기준 개발**
	1980년대	NMT(Nordic Mobile Telephone) phone 공급(Nokia & salora) * 최초의 자동이동전화 시스템
	1967	노키아와 다른 기업 간 합병
	1990년대 경제 위기	
	1990년대	노키아의 다양한 분야 투자
	2006	세계 이동전화의 41%가 NOKIA 폰
	2007	**아이폰 1세대 등장**
	2013	**노키아 휴대전화사업부 마이크로소프트에 매각**
스웨덴	1880	스웨덴 최초 전화 네트워크 구축(Stockholm Bell telephone Company)
	1950	정부 주도로 스웨덴 최초 컴퓨터 개발
	1956	스웨덴 최초 이동전화 도입
	1970년대	**에릭슨 주도 정보통신 기업 인수 합병**
	1981	NMT(Nordic Mobile Telephone) 시스템 도입
	1991	이동통신 GSM 기준 최초로 도입
	2000	에릭슨 전 세계 이동통신 시장 40% 차지
	2001	**이동전화 부문 소니-에릭슨으로 분사**
	2000년대	다양한 ICT 생태계 구축: 기존 ICT 전문가가 건축, 금융 등 새로운 분야로 진출

자료: Giertz et al.(2015)에서 재구성.

3. ICT 발전의 요인

1) 인적자본 개발

ICT 산업은 기술집약적 산업이면서 신생 산업이라는 특징을 갖는다. 이러한 산업적 특성을 고려하면 산업 발전을 위한 조건으로 인적자본의 공

급, 지식 및 자본의 연계가 필수적이다. 인적자본과 지식 및 자본의 공급 측면에서 두 국가는 어떤 특징이 있었는지 살펴보자.

정보통신산업은 지식 집약적인 산업이다. 정보통신산업을 발전시키기 위해서는 지식과 기술을 갖춘 근로자를 충분히 공급하는 것이 중요하다. 핀란드와 스웨덴은 사회제도와 역사적 우연, 두 가지의 결합으로 숙련된 근로자를 정보통신산업에 충분히 공급할 수 있었다. 첫째, 카젠슈타인 (Katzenstein, 1985)이 지적했듯이 이들 국가는 소국으로 경제성장을 위해서는 사양 산업에서 성장 산업으로 산업을 재빨리 재편해야 하는 필요성이 컸는데, 재빠른 산업 재편을 위해서는 사양 산업으로부터의 저항을 최소화하는 방안을 마련하는 것이 중요하다. 그 방안으로 핀란드와 스웨덴은 다른 국가에 비해 급여 수준이 높은 소득보장제도를 완비했다. 다른 한편으로 노동력이 부족했던 1960년대에 이들 국가는 외국인 근로자를 받아들이는 대신 여성을 노동시장에 참여하는 방안을 모색했는데, 이를 위해 사회복지 서비스를 발전시켜왔다.[1] 스웨덴과 핀란드는 이른바 사민주의형 복지국가(Social democratic welfare state; Esping-Andersen, 1990)로 특히 인적자본을 충분히 개발할 수 있도록 지원하는 소득보장제도와 사회복지 서비스 제도를 구비했다. 이들 제도는 고등교육을 받는 데 따른 비용을 최소화한다는 점에서 다른 국가에 비해 더 높은 수준의 인적자본을 갖춘 근로자를 양성하는 데 기여했다.

둘째, 두 국가 모두 1990년대 초부터 20세기 이래 가장 심각한 경제 위기를 경험했다. 스웨덴의 경우 1980년대 부동산 투기 붐이 발생하면서 부

---

[1] 다른 한편으로 시장에서의 자본가 권력을 집합 행동을 통해 정치권력으로 견제하고자 한 노동자의 투쟁 역시 사회민주주의적 복지국가를 만든 한 요인이다(Korpi, 1988).

동산 가격이 급등했고, 이로 인해 은행의 대출도 급증했는데, 1990년대 초부터 부동산 가격이 급락하면서 금융 위기가 발생한 것이다. 핀란드의 경우도 1990년대 소련 사회주의가 무너지면서 소련과의 무역이 대폭 축소되어 경제 위기가 심화되었다.

경제 위기는 의도하지 않게 정보통신산업의 발전에 기여하게 되는데, 다른 산업 분야에서 일하던 많은 숙련 기술자들이 실업 이후 정보통신 분야에서 새로운 일자리를 찾기 시작했다. 즉, 경제 위기가 기존 산업 분야에서 활동하던 전문기술자들을 정보통신 분야로 이직할 수 있도록 유도하는 기폭제가 된 것이다. 이들 국가는 일찍부터 정보통신 분야를 발전시켜왔는데 경제 위기로 인해 숙련된 노동력을 정보통신 분야에서 이용할 수 있게 되었다.

2) 정보와 자본의 연계

정보통신산업은 다양한 영역에서 기술 발전이 급속하게 이루어지기 때문에 시장에서 성공하기 위해서는 최신의 기술을 개발하고 이를 공유하는 것이 중요하다. 두 국가는 역사적으로 정부, 기업, 연구소가 최신 기술을 발전시키는 데 협력해왔다.

스웨덴의 경우 이미 1920년대부터 전화교환기 개발을 위해 민간 기업인 에릭슨과 스웨덴 전화 이동통신(swedlsh PTT, 후에 Televket) 등이 협력한 바 있는데, 이들의 협력은 이후 1980년대 정보통신기술의 개발까지 이어지고 있다. 이들은 1970년대 엘렘텔(Ellemtel)이라는 연구 및 기술개발 회사를 공동으로 설립한 바 있다(Giertz et al., 2015).

다른 한편으로 정부가 지원해 개발한 기술을 민간 기업이 사용하는 데도 익숙한데, 1940년대 정부가 개발한 최초의 컴퓨터 관련 기술은 민간 기업인 사브(saab)로 이전되어 활용되었다. 정부의 기술개발에 대한 개입은 또한 제품으로서의 활용을 지원하는 것까지 확대되었는데, 정부의 지원으로 개발된 기술적 혁신을 이용하는 방안을 모색하기 위해 1970년대 스웨덴개발회사(swedish development company)가 설립되었다.

관련 기술과 정보의 교환은 시스타(Kista)라는 산업 클러스터 도시의 건설을 통해서도 활성화되었다. 시스타는 1976년 에릭슨이 토지를 분양받고 연구시설을 이전하면서 발전하기 시작했는데, 현재는 650개 기업이 입주하고 있으며 IT 기업 250개, 중소기업 175개가 입주하여 관련 기술을 개발하고 상호 정보를 교류하고 있다. 시스타는 ICT 산업 내 행위자와 자원을 특정 지역에 집적함으로써 필요한 인력과 자원이 쉽게 연결될 수 있는 기회를 제공한다.

핀란드의 경우 국가 규모에 비해 상대적으로 큰 노키아의 존재가 관련 기술과 정보를 교류하는 장을 마련해준 것으로 이해할 수 있다. 1960년대 말 다양한 통신회사를 합병한 노키아는 1980년대와 1990년대에 급속히 성장하여 2000년 핀란드 국내총생산의 4%를 차지한 바 있다. 노키아는 또한 지난 몇 년간의 구조조정에도 불구하고 핀란드에서 가장 많은 근로자를 고용하고 있는 회사이기도 하다. 다양한 ICT 분야에서 사업을 진행해왔던 노키아는 내부에 다양한 전문가를 포함하게 되었는데 결과적으로 노키아는 자원과 인력이 교류하는 장이 될 수 있었다.

다른 성장 산업도 그렇지만 ICT 산업 역시 신생 분야로 시장에서의 불확실성이 크고 이 때문에 필요한 자금을 적기에 투자받기 어려울 수 있다. ICT 분야의 성장에 있어서 두 국가 모두 초기에는 정부의 지원에 의존했다. 핀란드의 경우 1982년 정부기구로 연구 및 기술개발을 재정적으로 지원하는 핀란드 기술혁신재단(Tekes-Finnish Funding Agency for Technology and Innovation)을 조직하여 운영해왔다. 이 기구는 특히 1980년대 정보통신기술개발을 위한 연구에 자금을 투자하여 핀란드의 정보통신기술 발전에 기여했다.

스웨덴의 경우 1967년 이미 투자 은행(Sveriges Investeringbank)을 설립하여 벤처기업에 대한 투자를 시작했으며, 1969년 기술 발전을 위한 위원회(Board for Technical Development-STU)를 설치하여 공적 자금을 통해 개발된 기술이 상업적으로 활용될 수 있는 방안을 모색해왔다.

정부의 투자에 기반해 ICT 산업은 기술개발에 필요한 자금을 확충할 수 있었을 뿐만 아니라 정부 지원 아래 개발된 기술을 상업화하는 과정에서도 재정적 부담을 덜 수 있었다.

4. 변화된 환경과 ICT 산업의 위기

1) 변화된 환경: 생태계 구축의 중요성

잘 알려진 바처럼 2013년 노키아는 휴대전화 부문을 마이크로소프트에 매각했다. 이에 앞서 스웨덴을 대표하는 기업인 에릭슨 역시 2001년 휴대전화 부문을 소니-에릭슨(Sony-Ericsson) 합작 회사로 분사한 바 있다. 이는 더 이상 두 국가가 ICT 산업을 대표하는 국가로서 위치하기 어렵다는 점을 상징적으로 보여주는 사건이었다. 2000년대 후반부터 인터넷 기술의 발전에 따라 다량의 데이터를 무선으로 전송하는 것이 가능해졌다. 이는 이동전화로 대표되는 통신기기도 새롭게 변화할 것을 요구했는데, 인터넷과 이동전화의 융합이 그것이다. 이는 단지 분리되어 있는 두 영역이 하나로 합쳐짐을 의미하는 것만은 아니다. 애플스토어나 구글플레이처럼 새로운 가치를 창조하는 영역이 새롭게 부상하고 있을 뿐만 아니라 이동전화로 대표되는 하드웨어, 플랫폼 소프트웨어, 애플리케이션 소프트웨어가 하나로 융합되는 새로운 환경이 조성될 수 있는 가능성이 열린 것이다. 즉 과거 양질의 값싼 하드웨어를 만드는 것이 중요했던 시대에서 소비자에게 새로운 경험을 제공할 수 있는 생태계(ecosystem)를 잘 구축하는 것이 중요한 시대로 변화된 것이다.

구체적으로 2000년대 이래 정보통신 분야에서 나타난 변화를 요약하면 다음과 같다(Giertz et al., 2015).

첫째, 정보통신기술 분야의 상이한 산업들, 즉 통신, 정보기술, 소비자가전, 디지털 정보 등의 영역이 점차 융합되는 변화가 나타났다. 이와 함께 하드웨어, 소프트웨어, 서비스 사이의 장벽도 무너져갔다.[2]

둘째, ICT를 활용하는 서비스가 점점 확대되었다. 과거 특정 기기를 통해 가능했던 서비스가 ICT 기술을 통해 가능해졌을 뿐만 아니라 더 편리한 방향으로 진화했다. 예를 들면 인터넷을 활용한 구매, 판매는 물리적 시장을 대체하고 있으며, 음악 스트리밍(streaming) 서비스는 물리적 CD를 퇴출시켰다.

셋째, 디지털 플랫폼과 관련 생태계의 개발에 대한 중요성이 더욱 증가했다. 플랫폼과 관련 생태계의 구축은 시장을 확보하는 데 결정적 중요성을 갖는데, 안드로이드나 애플 중 한쪽 마켓이나 플랫폼에 적응하게 되면

---

[2]　대표적인 기업으로는 애플을 들 수 있는데, 애플은 이동전화, 운영 소프트웨어, 앱 마켓, 음악 스트리밍 서비스 등 ICT가 활용되는 다양한 산업을 모두 포함하고 있다.

다른 쪽으로 이동하기 어려운 것은 이를 잘 보여주는 사례이다.

미국의 경우 ICT 산업의 변화에 적절하게 적응한 사례로 볼 수 있는데, 애플(Apple)이나 구글(Google), 아마존(Amazon) 등은 다양한 산업 분야에 ICT를 적용하고 새로운 플랫폼과 생태계를 만드는 데 성공한 대표적인 기업들이다.

2) 생태계 구축 실패 요인: 단말기 중심 ICT의 한계

인터넷을 중심으로 사업을 진행하던 애플과 구글은 변화를 파악하여 ICT 산업의 새로운 강자로 등장한 반면, 핀란드의 노키아로 대표되는 북구의 기업들은 새로운 환경에 대응하는 데 실패하여 기존 이동전화 영역에서 몰락하는 결과를 보여주었다. 다음에서는 왜 노키아로 대표되는 북구의 이동전화 기업들이 새로운 환경에 적응하는 데 실패했는지 살펴보고자 한다.

앞서 살펴보았듯 핀란드의 노키아나 스웨덴의 에릭슨은 모두 통신기기 회사에서 발전했다. 통신기기 회사로서 이들은 양질의 기기를 싼 값에 공급하는 데만 집중했을 뿐 소프트웨어를 중심으로 한 새로운 생태계를 구축하는 일에는 큰 관심을 두지 않았다. 이들은 심비안(symbian) 플랫폼을 활용하고 있었는데, 이 플랫폼은 단말기를 운영하는 데는 적합했지만 단말기 제조회사가 아닌 제3자(third party) 프로그램 공급자에게 매력적인 플랫폼이 되기 어려웠다(West and Wood, 2013; Cuthbertson, Furseth and Ezell, 2015).

첫째, 노키아로 대표되는 단말기 제조회사는 이동전화를 많이 파는 것에 집중해, 다양한 앱을 이동전화 판매를 위한 수단으로만 파악했다. 이로 인해 초기 제3자가 개발한 앱은 새로운 단말기에만 적용되었는데, 만약 수요자가 새로운 앱을 사용하고자 한다면 기존 단말기에 앱을 설치하는 것이 아니라 앱이 설치된 새로운 단말기를 구매해야만 했다.

둘째, 기존 시장에서의 경쟁이 어려워지는 상황에서 변화된 환경에 맞는 새로운 제품과 서비스를 개발하기보다는 기존 제품의 저가형에 집중했다. 북미를 중심으로 한 기존 하이엔드 시장에서 고전하면서 중국, 인도 등 개발도상국 시장을 대상으로 한 저가 단말기 시장에 집중하게 되었는데, 이는 이동전화 판매의 증가를 가져오기는 했지만 새로운 환경에 맞는 기술과 환경을 개발하는 데는 장애 요소가 되었다.

셋째, 심비안 플랫폼은 애초부터 이동전화 단말기 회사의 주도로 설치되었다는 점 때문에 참여하는 회사들의 이해관계에 영향을 받을 수밖에 없었다. 같은 플랫폼을 사용하는 이동전화 단말기 회사들은 플랫폼을 변경해 자신만의 플랫폼을 만들어야 했는데, 심비안 플랫폼[3]은 개별 기업들이 자신이 원하는 대로 수정할 수 있었다. 결과적으로 같은 심비안 플랫폼을 사용하는 기기라도 특정 앱을 작동하지 못하는 경우가 있었다. 심비안 플랫폼을 활용한 하위 플랫폼은 크게 5가지 정도가 있었는데, 심비안 플랫폼을 적용한 앱이 이들 모두에 적용되게 하려면 개발자가 개발된 프로그램을 심비안의 하위 플랫폼에 맞게 수정해야만 했다. 그런데 이는 개발자에게는 큰 부담이 되는 것이었다.

대표적인 ICT 기업이었던 노키아가 이동전화 시장에서 새로운 기술을 갖춘 제품을 출시하지 않은 것은 아니다. 터치스크린, 카메라, 무선 근거

---

3   심비안 플랫폼은 1998년 영국 런던에서 Psion PLC, Nokia, Ericsson AB의 합작으로 탄생했다(West and Wood, 2013).

리통신망 기술(Wifi), 무선 충전 등은 노키아가 최초로 이동전화에 도입한 기술들이다. 그러나 이들 기술은 이동전화 단말기를 더욱 쓸모 있게 만드는 것이기는 하지만 소비자에게 새로운 경험을 제공하는 것은 아니었다 (Cuthbertson, Furseth and Ezell, 2015). 노키아의 이동전화 단말기를 중심으로 한 전략은 공학설계(engineering design), 공급자 관리, 양질의 제조 및 판매 기술에 근거한 것이지 근본적으로 혁신적인 제품과 서비스를 개발하는 것은 아니었다. 이 전략은 기술적으로 확립된 시장에서는 적합한 것이었지만 근본적으로 새로운 환경에서는 적합한 전략이 아니었다.

3) 점진적 혁신을 강조하는 사회문화: 급속한 변화에 적응하기 어려움

인터넷 기술의 발전에 기반해 애플은 급진적 혁신을 추구한 반면에 노키아는 점진적 혁신을 추구했다. 결과적으로 노키아는 소비자에게 새로운 경험을 제시하는 데 실패했다. 노키아를 중심으로 한 심비안 연합은 시장의 지배자로서 기존의 기술을 바탕으로 기술적으로 개선된 제품을 발전시키는 데 집중한 반면에 애플은 새로운 관점에서 기술과 서비스를 개발했다. 노키아로 대표되는 북구의 ICT 기업들이 변화된 환경에 적절하게 대응하지 못했던 것은 이들 기업과 국가의 제도적·문화적 특징 때문이기도 하다.

첫째, 이동전화 단말기 시장에서 우위를 점하고 있었던 핀란드와 스웨덴의 이동전화 단말기 기업은 경쟁으로 인한 위기를 경험한 적이 없다. 그렇기 때문에 새로운 제품이나 서비스에 관심을 가질 필요성을 느끼지 못했다. 애플의 경우 2001년에 발매한 아이팟(ipod)이 큰 성공을 거두었다. 그러나 이동전화 단말기에 음악을 내려받고, 들을 수 있는 앱이 개발되자 애플은 위기에 직면하게 되었다. 주력 제품의 수요가 급락할 위기에 직면해 애플은 전혀 새로운 제품을 고민하게 되었고, 그 결과 2007년에 아이폰이 탄생했다. 이에 반해 핀란드와 스웨덴의 이동전화 단말기 회사들은 스마트폰이 등장하기 전까지 이동전화 시장에서 경쟁 압력이 크지 않았다. 이로 인해 기존 제품의 성능을 개선하는 것에만 집중할 뿐 근본적으로 새로운 제품과 서비스에는 큰 관심을 두지 않았다.

둘째, 심비안 운영 체제는 모토로라, 노키아, 에릭슨의 연합체를 통해 개발되고 적용되었는데, 이러한 특징으로 인해 다양한 이해관계를 조율하는 데 어려움을 겪게 되었다. 이해관계 조율의 어려움은 새로운 플랫폼을 만드는 과정에서 개발 방향이나 내용을 결정하는 데 필요한 시간을 낭비하는 요인으로 작용했다. 심비안을 대체할 운영체계로 미고(Meego)가 2007년 개발되었지만 한참 뒤인 2011년에야 제품에 적용되었고 적용 대상도 노키아 제품으로만 한정되었다. 노키아의 전략, 즉 관련 기업 간 합의에 기초한 전략은 근본적인 전환이 필요한 때에 빠른 결단을 내리는 데 방해가 되었을 뿐만 아니라 미래의 대응 방향이나 전략을 일관되게 유지하는 데도 부적절한 것이었다.

셋째, 하드웨어, 플랫폼, 소프트웨어를 연결하는 생태계를 만드는 것은 기술적으로도 매우 어려운 일이다. 이를 위해서는 최고의 기술을 갖춘 인재를 필요로 했지만 북구 국가의 사회제도는 최고의 인재를 유치하는 데는 제한점이 있었다. 첨단 산업 분야의 최고 인력은 기술의 첨단 분야에서 일하고 싶어 하며 개인적·경제적 보상이 극대화되는 환경을 요구한다. 그러나 핀란드와 스웨덴의 교육 및 복지제도는 보상을 극대화하는 체제라기보다는 비용을 최소화하는 체제다. 즉, 이들 국가의 경우 교육 및 복지제도를 통해 적은 비용으로 지식과 기술을 배울 수 있는 기회를 제공하지만 개인이 받게 되는 보상의 상당 부분을 세금을 통해 환수한다. 이들 국가에서 태어나 교육을 받은 인재들의 경우 보상과 비용이 균형적이라고 판단할 수 있지만 해외, 특히 개인의 부담이 큰 미국에서 교육을 받은 인재들의 경우는 이들 국가로 이동해 일하는 것을 선호할 이유가 없다.

5. ICT 산업의 변화와 적응

초기에 이동전화를 중심으로 폭발적으로 성장하기 시작한 ICT 산업은 2000년대 들어 기술 발전에 따라 근본적인 변화들이 나타났는데, 핀란드와 스웨덴의 ICT 기업은 이러한 변화에 적절하게 대응하지 못한 결과 2010년 이후 짧은 기간에 급속한 하락을 경험했다.

2000년대 중반 이래 하락세를 경험하고 있는 핀란드와 스웨덴의 ICT 산업은 최근 기술을 새로운 산업 분야에 적용함으로써 새로운 돌파구를 마련하고자 하는 것처럼 보인다. 인터넷 게임 산업에서 핀란드가 거둔 성과는 ICT 기술을 타 분야에 접목하는 것이 얼마나 중요한지 보여주고 있다. 현재까지 이들 국가는 ICT 기술을 타 산업과 생산 영역으로 확대하는 데 성공하고 있는 것으로 보인다. 이에 대해서는 아마 몇 가지 요인을 추론해볼 수 있다.

첫째, 이들은 ICT 시장에 선두로 진입했고, 시장의 변화로부터 가장 먼저 영향을 받았다. 휴대폰이나 통신기기 중심의 시장은 2000년대 들어 아시아 국가를 중심으로 새로운 경쟁자들이 무섭게 성장하는 시장이었다. 특히 애플과 같은 새로운 제품과 서비스로 무장한 경쟁자들이 등장하면서 핀란드와 스웨덴의 휴대폰 중심 ICT 제조업은 큰 위기를 맞게 되었다.

ICT 제조업의 위기를 다른 국가에 비해 빨리 경험했다는 점에서 이들 국가는 유리한 점이 있는데, 타 산업이나 분야로 ICT 기술을 접목하는 데는 경쟁이 심하지 않다는 점이다. 대부분의 ICT 산업의 후발주자는 기존 선도자의 길을 따라서 ICT 제조업에 집중하고 있었기 때문에 핀란드와 스웨덴의 기업들은 타 산업 분야에서 이용될 수 있는 기술을 개발하는 경우 쉽게 시장을 선점할 수 있었다. 특히 기존 내구 소비재의 경우 무선통신과의 연결을 통해 새로운 가치를 창출하는 시장이 되면서 통신 기술에 장점이 있었던 핀란드와 스웨덴의 ICT 기업들에 새로운 기회를 제공하고 있다. 2017년 현재 에릭슨은 무선통신장비 시장의 28%, 노키아는 24%를 차지해 전 세계 시장의 절반 이상을 두 회사가 차지하고 있다(컨슈머 리포트, 2018.8.28).

둘째, ICT 기술 자체의 특성도 타 산업 분야에 적용하기 유리한 측면이 있다. ICT 기술은 네트워킹, 컴퓨팅, 센서링, 실행 기술 등을 포함하는데, 이러한 기술은 다른 산업이나 분야의 제품에 쉽게 통합될 수 있다는 특성을 갖는다. 예를 들어, 자동차에 ICT 기술을 접목해 자율주행자동차를 만들거나, 혹은 가전제품에 ICT 기술을 접목해 전원 스위치를 켜거나 끄는 것 등은 ICT 기술이 타 산업이나 분야에 통합될 수 있음을 보여주는 사례다. 기존의 제조업 제품 시장은 이미 포화 상태다. 이러한 상황에서 ICT 기술을 접목한 새로운 제품이 시장에서 경쟁력이 있다는 점으로 인해 타 산업과 분야에서 ICT 전문가에 대한 수요가 증가하는 것은 당연하다. 이들 국가는 이미 플랫폼으로서 입지가 굳건한 애플의 iOS와 구글의 안드로이드를 바탕으로 새로운 애플리케이션을 만드는 데 특히 성공했는데, 핀란드에서 개발된 클래시 오브 클랜, 앵그리버드 등과 같은 게임이 대표적이다.

셋째, 자비로운 복지국가와 적극적 노동시장정책은 또한 이들 국가에서 ICT 전문가가 자신의 지식과 숙련을 낭비하지 않고 일자리를 찾을 수 있도록 지원했다. 일자리 탐색이론에 의하면 일자리를 찾는 것은 시간과 자원을 요구하는 활동으로 충분히 시간과 자원을 투자하지 않을 경우 자신의 숙련과 지식수준에 부합하는 일자리를 찾을 수 없다(김영범, 2014). 핀란드와 스웨덴은 자비로운 복지국가를 통해 ICT 분야의 전문가들이 자신의 숙련과 기술 수준을 낭비하지 않을 수 있는 일자리를 찾을 수 있도록 지원했다. 참고로 이들 국가의 실업보험(unemployment insurance) 급여 수준을 살펴보면 실업 첫해의 경우 임금 대비 스웨덴 57.8%, 핀란드 64.5%, 5년의 경우 스웨덴 39.1%, 핀란드 46.5%로 OECD 평균인 54.9%, 30.1%에 비해 높음을 알 수 있다. 또한 이들 국가는 적극적 노동시장정책도 타 유럽 국가에 비해 적극적으로 추진하고 있다. 적극적 노동시장정책 총지출은 2013년 OECD 평균이 국내총생산 대비 0.5%인 데 반해 스웨덴은 1.4%, 핀란드는 1.0%로 OECD 평균의 두 배 이상을 지출하고 있다. 이외에 교육이나 주택 영역에서 제공되는 복지 혜택 때문에 급박하게 일을 해야 하는 필요성도 줄어들게 되는데, 이로 인해 자신의 기술과 숙련 수준에 적합한 일자리를 찾을 수 있는 시간을 길게 가질 수 있다.

넷째, 한 가지 더 추가로 언급하고자 하는 점은 핀란드의 경우 해고자에 대한 기업의 지원 역시 이들이 관련 부문에서 일을 다시 할 수 있도록 하는 데 큰 힘이 되었다는 점이다. 노키아는 2012~2013년 대규모의 해고를 단행했는데, 이 과정에서 해고자들이 다른 기업이나 노키아 내 다른 부서에서 일을 할 수 있도록 지원해주는 센터를 2011년 4월 신설했다. 이 기구는 해고자들이 새로운 사업을 할 수 있도록 지원하는 것이 주요 임무인데, 구체적으로 스타트업에 자금을 지원하고, 벤처 투자가나 다른 기업가와 연결해주는 역할을 담당한다. 선정된 스타트업의 경우 1인당 2만 5000유로를 지원받을 수 있는데 최대 4인이 팀을 이루는 경우 10만 유로까지 자금을 지원받을 수 있다. 2015년 현재 이 프로그램을 통해 재고용된 사람은 2500명에 이르고 있다(Kiuru, 2017).

6. 결론 및 요약

이 글은 핀란드와 스웨덴의 사례를 중심으로 어떻게 ICT 산업의 선발 강국이 되었는지 그 요인을 분석하고, 2010년 이후 나타난 ICT 산업의 위기를 어떻게 극복하고 있는지 살펴보는 것이 목적이다. 주요 결과는 다음과 같다.

첫째, ICT 산업의 발전은 관련 산업에 대한 초기의 경험, 국가와 민간 기업의 협력체계 구축, 전문적인 지식과 기술을 갖춘 인력의 양성체계 등이 결합해 이루어진 결과로 이해할 수 있다. 이들 국가는 역사적 경험과 제도적 구성을 바탕으로 ICT 산업에 인력, 정보, 자금을 다른 국가보다 앞서 투자할 수 있었다.

둘째, ICT 산업은 소비자 시장에서 생산자 시장으로, 하드웨어에서 소프트웨어로, 개별 기능을 가진 제품에서 기능이 융합된 제품으로 시장 트렌드가 급속하게 변화되어왔다. 핀란드와 스웨덴은 이에 적절하게 대응하지 못한 결과 2010년 이래 ICT 산업의 위기를 경험하게 되었다.

셋째, 이들 국가에서는 인력의 해고, 기업 부문의 매각 등 ICT 산업의 위기 징후에도 불구하고 여전히 국가 경제에서 ICT 산업이 차지하는 중요성이 유지되고 있다. 비록 경제에서 차지하는 중요성은 감소했지만 여전히 일정 수준 이상의 기여도를 유지하고 있으며, ICT 전문가의 고용은 기존 ICT 제조업을 넘어서서 다른 영역이나 다른 산업을 중심으로 확대되고 있다.

위기에도 불구하고 ICT 산업이 유지될 수 있었던 것은 몇 가지 요인에 기인하는 것으로 볼 수 있는데, 선발주자로서의 이점, 기초기술로서의 ICT의 특징, 자비로운 복지국가, 해직 근로자를 위한 기업의 적극적 노력 등이 그것이다. 우선 선발주자로서 이들 국가는 큰 경쟁 없이 다른 영역이나 분야와 ICT를 접목할 수 있었다. 다음으로 ICT 자체가 다른 제조업 상품이나 서비스와 결합하는 것이 용이한 기술적 특성을 갖추고 있다. 이와 함께 복지제도는 지식과 숙련을 갖춘 실업자가 자신의 능력을 발휘할 수 있는 일자리를 찾을 수 있도록 지원하는 수단이 되었다. 이러한 제도적·기술적 특성이 결합한 결과, ICT 제조업 중심으로 발전된 두 나라의 ICT 기술은 다른 산업과의 융합을 통해 기존 ICT 제조업을 넘어서서 다른 산업 분야로 확산될 수 있는 기회를 갖게 된 것이다.

한국도 이들 국가와 마찬가지로 ICT 제조업의 비중이 매우 높다. 현재 시장의 트렌드가 ICT 제조업을 넘어서서 다양화되고 있다는 점을 고려하면, 그리고 중국이나 인도 등 인건비가 저렴한 후발 국가의 도전이 거세지고 있는 현실을 고려하면 현재의 성공이 미래까지 이어질 수 있다는 보장은 없다. 그렇다면 우리도 ICT 산업의 변화하는 트렌드를 따라서 인력과 기술을 타 산업과 어떻게 접목할 것인지에 대해서 고민해야 할 필요가 있다고 판단된다. 한국은 소수 거대기업 중심으로 ICT 산업이 발전되었기 때문에 핀란드의 사례에서 특히 참조할 점이 많다. 기업이 경영상 위기에 직면하게 되면 인력을 해고하는 것은 당연하다. 그러나 해고된 사람들이 자신의 숙련과 기술이 낭비되는 일자리를 갖게 된다면 국가경쟁력 측면에서도 심각한 결함이 아닐 수 없다. 미래의 잠재적 위기에 대응하기 위해서는 국가와 기업이 해고자의 기술과 지식을 적극적으로 활용할 수 있는 정책과 프로그램을 개발할 필요가 있다.

08 핀란드의 창조적 붕괴와 탄력성
오울루의 경험

야코 시모넨(Jaakko Simonen)
요한네스 헤랄라(Johannes Herala)
라울리 스벤토(Rauli Svento)

1. 서론

첨단 산업 기업들과 그들의 국제적인 성공은 지난 20년간 핀란드 경제 성장의 주요한 동력이었다. 노키아가 주도한 1990년대 정보통신산업 (ICT) 클러스터의 강력한 발전은 특히 1990년대 초반 핀란드 경제가 심각한 불경기로부터 회복 중인 상황에서 매우 중요한 역할을 했다. 핀란드의 여러 지역에서는 그 지역의 경제적 성장을 위해서 지역 첨단기술 정책과 발전 프로그램을 적극적으로 따르고 있었다. 이러한 정책 때문에, 다수의 첨단기술 센터들이 핀란드 곳곳에 세워지게 되었다. 가장 중요한 지역 중

※ 이 글은 신우열(한국탐사저널리즘센터 전임연구원)이 번역한 것이다.

하나인(어쩌면 가장 중요한) 기술 클러스터는 핀란드 북부의 오울루에 들어섰다. 전자기기 산업에 속한 노키아와 그보다 작은 몇몇 회사들이 그 지역의 주요 고용주들이었다. 1990년대와 2000년대 초반, 오울루는 무선통신과 휴대폰 산업에 있어 국제적인 요지로 명성을 얻었고 널리 알려졌다. 사실상 대부분의 새로운 노키아 휴대폰이 오울루에서 디자인되었다. 정점이던 시기에 오울루는 세계에서 가장 큰 무선통신기술 연구개발 센터가 있는 곳으로 알려졌으며 대략 1만 4000명이 그곳에서 일하고 있었다 (Simonen et al., 2016). 지난 10년간 그 역할은 점점 축소되었지만, 그들은 여전히 그 지역 경제의 중요한 부분을 차지하고 있다.

오울루의 첨단기술 클러스터는 노키아 사업을 중심으로 만들어졌다. 그 클러스터의 설립은 기업과 대학교, 응용과학 대학교(universities of applied science), 그리고 연구소 간의 긴밀한 협업에 의한 다단계 과정으로 이루어졌다. 첨단기술 기업들의 가장 중요한 센터들이 위치한 오울루의 성장은 '오울루의 기적'이라고 묘사되곤 했다. 그러나 노키아 휴대폰 사업의 붕괴로 인한 오울루의 첨단 산업 분야의 구조적 변동은 그 지역 경제에 심각한 어려움을 불러왔다.

지난 몇 년간, 경제와 기술 환경의 변화에 대해 지역 사회가 어떻게 대응하는지 설명하기 위해서 지역 탄력성(regional resilience)이라는 개념이 사용되었다. 전통적인 지역 연구들, 예컨대 혁신 네트워크의 지역 산업 구조와 구조적 특징은 지역 탄력성이라는 주제와 밀접하게 연관되어 있다. 지역 탄력성이란, 한 지역이 충격을 겪은 후에 생산과 고용을 일으키는 좋은 기회들을 만들어내는 방식으로 변화에 적응할 수 있는 능력을 의미한다. 문제를 예상하고 예방하는 능력과 회복할 수 있는 능력 또한 매우 중요하다. 한 지역의 탄력성은 기업과 산업의 적응 능력에만 달린 것이 아니라, 변화된 현장에 있는 노동자들에게도 달려 있다(van Dijk and Edzes, 2016). 하지만 우리는 궁극적으로는 지역과 국가적 차원에서의 지역 발전 정책이 지역 탄력성의 기반을 형성한다고 주장하고자 한다.

지역 발전의 주체들은 오울루의 급작스러운 구조 변화의 부정적 영향을 조정하기 위해 여러 계획들에 착수했다. 지역 변화 조정에 대한 초점은 고용과 기업가 정신의 창조였으며, 그 목표는 지역 산업과 여러 주체들 사이의 협력을 기반으로 하는 새로운 혁신적 생태계를 조성하는 것이었다. 신생 기업들을 지원하는 것은 주요 과제 중 하나였다. 그러나 혁신적 네트워크와 생태계를 재구성하는 일은 과거에 노키아의 전자기기 산업이 차지했던 지배적인 위상 때문에 여러 가지 어려움이 있었다.

우리는 사례 연구를 선택했는데, 양적 자료와 함께 서류, 가공품, 인터뷰와 관찰 등 다양한 자료를 활용해 현상을 세심하게 분석하면 보다 심층적으로 이해할 수 있기 때문이다. 우리는 이 글이 지역의 경제적 탄력성 이론에 새로운 아이디어와 시각을 제공하고, 지역 탄력성에 대한 흥미롭고 실증적인 발견을 제공할 수 있기를 기대한다. 오울루의 발전에 대한 설명은 핀란드 통계 기관(Statistics of Finland)에서 제공한 지역 정보와 오울루 지역 발전에 대한 몇 개의 엄선된 출판물들을 기반으로 했다.

이 글은 다음과 같이 구성된다. 우리는 먼저 지난 30년간 오울루의 첨단기술 산업과 사업 환경의 발전에 대해 짧게 검토한다. 특히 우리는 2009년에 있었던 갑작스러운 구조 변화에 주목했다. 다음으로 우리는 지역 탄력성이라는 개념과, 그것이 경제 지리학과 지역 경제에 대한 시각(예를 들어, 산업 다양성의 역할 대 지역 성장에서의 전문화)과 어떻게 연결되는지에 대해 논의한다. 또한 우리는 지역 탄력성의 관점에서 최근 오울루의 첨단기술 분야 발전을 분석한다. 무엇이 오울루에 급작스러운 구조 변화를 일으

컸나? 그것은 첨단기술 분야에 어떤 결과를 가져왔나? 변화를 받아들이기 위해 어떤 방법이 선택되었나? 오울루는 어떻게 순조롭게 회복되었으며, 쇼크 이전의 성장률로 돌아왔는가? 우리는 이 장의 결론을 통해 이 질문에 답을 하고자 한다.

2. 지난 30년간 오울루 지역의 첨단기술 산업과 사업 환경의 발전

1990년대 초반의 심각한 불경기 이후, 오울루에서 첨단기술 분야에서의 고용이 증가했다. 2000년대 초반에 첨단기술 분야에는 1만 4000여 명이 고용되었는데 이는 불과 10년 전과 비교했을 때 1만 명이 늘어난 수치다(〈그림 8-1〉). 이 산업이 황금기일 때 그들은 오울루의 전체 고용 인구의 16%를 차지했다. 이때 오울루는 핀란드뿐만 아니라 전 세계적으로 휴대폰과 무선 네트워크 기술의 중심지로 여겨졌다. 이 논문에서 우리는 2002 산업 분류 기준(SIC 2002)에 정의된 대로, 오울루의 모든 첨단기술 설립체들을 구성하는 자료집을 분석하고 〈표 8-1〉의 목록을 작성했다. 〈표 8-1〉을 보면 처음 5개의 기업들은 첨단기술 생산 산업으로 분류되고, 그다음 4개의 기업들은 첨단기술 서비스 산업으로 분류된다.

노키아의 성공은 전 세계에 첨단기술 클러스터로 알려지게 된 오울루 발전의 주요한 요인이었다. 하지만 오울루의 첨단기술 분야의 성장은 처음부터 끝까지 다각적이고 정기적인(periodical) 과정이었다. 이 과정의 첫 번째 단계는 1970년대부터 실행되었는데, 이때 오울루 대학교, 핀란드 기술 연구소 및 지역의 전문가들과 기업들은 라디오 전파 기술을 위해 원활

〈그림 8-1〉 오울루의 첨단기술 산업 고용의 증가 (1989~2016)

자료: Herala et al.(2017).

〈표 8-1〉 첨단기술 산업 (SIC 2002)

- 제약, 약용 화학 제품, 식물성 약용 제품 생산 (244)
- 사무 기기와 컴퓨터 생산 (30)
- 라디오, 텔레비전, 기타 통신 장비 생산 (32)
- 항공기 및 우주항공기 생산 (353)
- 의료 기기, 정밀, 광학 기기 생산 (33)
- 텔레커뮤니케이션 (642)
- 컴퓨터 관련 산업 (72)
- 연구개발(R&D) (73)
- 건축 공학 관련 활동과 관련 기술 컨설팅 (74-2, 74-3)

하게 작동하는 삼중 나선(triple helix) 구조를 만들었다. 이 협력 덕분에, 현재 테크노폴리스 회사로 알려진 스칸디나비아 최초의 기술 단지가 1982년에 세워졌다. 이 기술 단지의 주요 목적은 오울루의 새로운 기업들을 지원하는 한편 다른 지역의 기업들이 오울루로 이전하도록 하는 것이었다.

그다음 중대한 단계는 1980년대 중반에 찾아왔는데, 이는 노키아가 오울루의 휴대폰 사업에 투자한 결과 상당수의 숙련 기술자들과 지역 연구개발 전문가들이 노키아에서 일하게 된 때였다. 장기적 관점에서 노키아가 휴대폰 사업에 착수한 것은 매우 결정적인 사건인데, 오울루가 이로 인해 세계적인 기술 중심지가 되었기 때문이다. 노키아라는 존재와 기술 단지는 다른 중소기업들이 오울루로 이주하게 만든 주요 원인이었다.

1990년대에 이르러 오울루에서 노키아의 활동은 급격히 확장되었는데, 이는 노키아가 국제 시장에서 성공한 덕분이었다. 2000년대 초반에 노키아는 오울루에서 5000~6000명 규모의 고용을 창출했다. 성장기 동안 노키아는 수천 명의 첨단기술 노동자들이 속한 밀도 높은 하청업체 네트워크를 구성했다. 지역의 많은 하청업체들은 노키아만을 위한 장비와 기계, 소프트웨어와 서비스를 제공했으며, 결과적으로 이 지역의 첨단기술 분야는 대다수가 노키아가 주도하는 생산 활동이라고 할 수 있었다.

첨단기술 분야의 구조를 좀 더 면밀히 분석하면, 우리는 〈그림 8-2〉의 범례에서 32번으로 표시된 라디오와 텔레비전, 기타 통신 장비 생산이 오울루에서 매우 중요한 역할을 했음을 알 수 있다.(〈그림 8-2〉). 이 산업의 고용은 급격히 증가했고, 특히 불경기 이후인 1990년대 초반과 그 정점의 시기에는 첨단기술 고용의 총 60% 가량을 차지했다. 그러나 2000년대 초반 이후 전자기기 산업의 고용이 대폭 하락하기 시작했다. 그 주요 이유는 노키아가 국제 휴대폰 시장에서 문제를 겪고 있었기 때문이다. 같은 시기

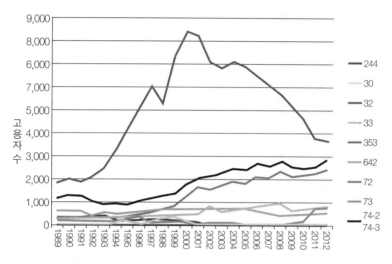

〈그림 8-2〉 오울루 첨단 산업 분야의 구조 (1989~2012)

범례:
— 244
— 30
— 32
— 33
— 353
— 642
— 72
— 73
— 74-2
— 74-3

자료: FLEED 데이터베이스.

* 핀란드 통계 기관은 연구 목적으로 고용주와 피고용자 간의 연결 데이터(Finnish Longitudinal Employer-Employee Data: FLEED)를 구축했다. 이 데이터베이스는 핀란드(올란드 제도 제외)에 거주하는 15세부터 70세까지의 주민을 대상으로 1988년부터 2013년까지 최소 1년 단위로 조사한 결과를 포함한다. FLEED 데이터는 한 개인의 성격, 가족, 거주 상황, 고용 관계, 실업 기간, 수입과 교육 수준을 포함한다. 고용주의 기업 코드와 작업장의 설립체 코드 또한 데이터에 포함되어 있다.

에 첨단기술 서비스 분야에서는 특히 〈그림 8-2〉의 범례에서 72번과 74번으로 표시된 컴퓨터 관련 산업과 건축 공학 분야에서 고용이 증가했으며, 이것은 전자기기 산업의 고용 하락에 대한 보상이 되었다. 최근의 발전에도 불구하고, 경제성장의 측면에서 전반적인 관찰 기간 동안 오울루의 첨단기술 분야의 구조는 매우 전문화되어 있다.

노키아의 성장과 성공은 역효과 또한 있었다. 노키아는 여전히 휴대폰 업계의 정점에 위치하면서 수천 명의 고임금 노동자들을 책임지고 있었지만, 첨단기술 분야의 상품 목록이 더욱 전문화되는 것은 지역 발전에 위험 요소를 증가시키는 일이었다. 실제로, 일반적으로 한 지역의 산업 구조가 지나치게 전문화되면 외부 요인으로 인한 경제적 충격은 증가한다.

1990년대 후반과 2000년대 초반, 오울루의 첨단기술 네트워크는 '중심 지역' 혹은 '대도시 거점' 형태 네트워크의 좋은 사례였다. 많은 중소기업들이 노키아에 매우 의존적이었다. 이 의존도의 위험성은 2000년대 초반 노키아가 비용이 적게 드는 나라들로 활동을 옮기기 시작하면서 드러났다. 지역의 하청 업체들은 새로운 고객을 유치하는 데 어려움을 겪었다. 몇몇 업체들은 노키아를 따라 다른 나라로 옮겨갔지만, 많은 회사들이 문을 닫거나 오울루에서의 사업 규모를 축소할 수밖에 없었다(Simonen et al., 2016).

얼마 지나지 않아 2000년대 중반이 되자 노키아는 휴대폰 시장에서 새로운 문제에 맞닥뜨렸다. 새로운 스마트폰 세대가 시장을 점령했고 소비자들은 더 높은 품질의 디지털 서비스에 주목했다. 그 시기에 노키아는 여전히 전통적인 휴대폰 시장의 강자였지만 디지털화로의 전환 때문에 회사의 운영 전략과 작동 방식은 재설정될 수밖에 없었다. 게다가, 노키아의 탄탄하고 성공적인 구조는 오히려 세계적인 사업 트렌드를 따라갈 필요가 없다는 식의 맹목적 태도를 야기했다. 무선통신기술만으로는 휴대폰 산업에서의 경쟁적 이점을 갖지 못하게 되자, 자신들의 "노키아 비즈니스"를 잃은 지역의 기업들은 새로운 시장에 진입할 수 없었다. 결과적으로, 실업은 빠르게 증가했고 특히 첨단기술 산업의 생산직에 종사하던 사람들이 자리를 잃었다.

2009년, 노키아는 처음으로 오울루의 노키아 직원들을 정리 해고했다. 최초의 인원 삭감은 자발적으로 이루어졌는데, 이는 다가올 구조 변화를 예고하는 강력한 징조였다. 2011년, 노키아는 새로운 전략을 추진하고 스마트폰에 윈도우 기반 플랫폼을 사용하기 시작했다. 이러한 전략 변화는 상품 개발 분야의 전문가들을 대상으로 한 대규모 합병과 해고를 야기했다. 2012년, 노키아가 수백 명의 노동자들을 해고하자, 전반적인 문제의 심각성이 드러났다. 당시 지역의 많은 하청 업체들은 강제적으로 규모를 축소할 수밖에 없었다. 이 대규모 해고 때문에 핀란드 정부는 오울루시를 급작스러운 구조 변화 지역으로 규정했다. 2013년 노키아는 휴대폰 사업을 마이크로소프트(Microsoft) 사에 매각하고 기존의 전화통신과 무선통신 장비 사업에 집중하기로 결정했다. 그리고 이듬해가 되자 오울루에서 마이크로소프트뿐 아니라 브로드컴(Broadcom)과 다른 주요 고용주들이 오울루에 위치한 자신들의 시설들을 폐쇄했다. 결국 2014년이 끝나갈 무렵, 오울루에서 2000명이 넘는 사람들이 실업자가 되었다(〈그림 8-3〉).

전체적으로 2009년부터 2014년까지 오울루에서 약 3500명의 사람들이 해고당했고, 그들 대부분은 전자 산업에 종사하던 이들이었다. 〈그림 8-4〉에서 볼 수 있듯이, 2009년 이후 전자 산업 분야에서는 인력의 유출이 유입보다 현저하게 높았다. 그러나 우리가 그 유출 현상을 더 면밀히 분석한 결과에 따르면, 모든 해고자들이 실업 상태로 남아 있었던 것은 아니었다. 첨단기술 산업의 서비스 분야에서 일하던 사람들은 대부분이 관련 직종의 새로운 자리를 구할 수 있었다. 결과적으로 2010년부터 2011년까지 첨단기술 서비스 분야의 고용은 1000명 이상 증가했음을 알 수 있다(〈그림 8-5〉). 이 눈에 띄는 증가는 노키아의 인수 합병으로 인해 수백 명의 직원들이 르네사스 테크놀로지(Renesas Electronics and Accenture)로 옮겨갔기 때문이라고 설명할 수 있다. 서비스 분야에서의 고용 증가에도 불구하고, 구조 변화의 부정적 영향은 불가피하게 지역 경제에 반영되었다. 2015년 말, 오울루의 실업률은 18%를 웃돌았다. 동시에 세계적인 첨단기술 산업 클러스터라는 지위를 되찾기 위한 오울루의 역량은 시험대에 올라 있었다.

〈그림 8-3〉 오울루 ICT 분야의 실업 (2006~2016) (단위: 명, %)

실업자 수 ——— 전체 실업자 중 ICT 분야에서의
실업자가 차지하는 비율

자료: 핀란드 고용·경제부의 고용 서비스 통계.

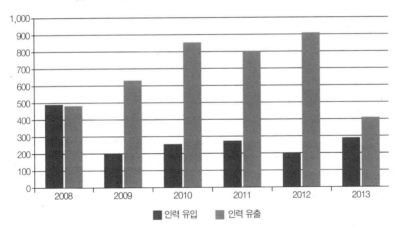

〈그림 8-4〉 오울루의 전자 산업 분야 인력 유입과 유출) (단위: 명)

■ 인력 유입   ■ 인력 유출

자료: FLEED 데이터베이스.

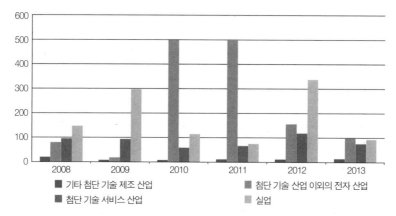

〈그림 8-5〉 오울루의 전자 산업 분야 인력 유출 (단위: 명)

■ 기타 첨단 기술 제조 산업　　　　　■ 첨단 기술 산업 이외의 전자 산업
■ 첨단 기술 서비스 산업　　　　　　　■ 실업

자료: FLEED 데이터베이스.

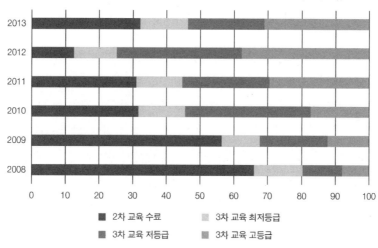

〈그림 8-6〉 오울루의 전자 산업 분야 실업자들의 학력 분포도 (단위: %)

■ 2차 교육 수료　　　　　　　■ 3차 교육 최저등급
■ 3차 교육 저등급　　　　　　■ 3차 교육 고등급

자료: FLEED 데이터베이스.

구조 변화의 가장 중요한 시기에는 조립 기술자뿐만 아니라 고학력의 전문직 실업자들도 매우 많았다. 해마다 더 많은 고학력 인원들이 해고되는 것은 분명한 현상이었다(〈그림 8-6〉). 게다가, 첨단기술 분야의 실업자들은 수십 년 동안 강력한 실업의 고통을 경험해왔다. 최근 몇 년간은 대규모 정리 해고가 발생하지 않았음에도 불구하고, 기업들이 아웃소싱을 하거나 저임금 국가로 옮겨갈 것이라는 위협은 여전히 존재한다. 이러한 위협에 대한 조짐으로, 2016년 노키아 네트웍스(Nokia Networks)와 에릭슨 (Ericsson) 사는 오울루에서 곧 정리 해고가 있을 것이라고 발표했다.

3. 지역 탄력성(regional resilience)

지역 경쟁력의 가장 중요한 요인은 경제와 기술 환경의 변화에 따른 적응 능력이다. 지역 탄력성은 점점 더 주목받아온 개념으로, 학계의 여러 분야에서, 대중들에게, 정치적 담론에서 적응 능력을 설명하는 가장 보편적인 방법이 되었다. 지역 경제의 관점에서 이 개념은, 왜 탄력성이 높은 지역은 탄력성이 약한 다른 지역과 비교했을 때 변화에 덜 취약하고, 더 유능하며, 외부로부터 충격을 덜 받는지에 대해서 설명한다. 탄력성이라는 개념은 '불균등 발전(uneven development)'이나 '다중 평형(multiple equilibrium)', '자기 회복 평형 역학(self-restoring equilibrium dynamics)', '지역 계획(regional path)'과 같은 지역학과 주류 경제학의 다른 개념들과 밀접하게 연결되어 있다. '지역 다양성(regional diversity)'과 '전문화(special-ization)' 또한 '혁신 네트워크(innovation networks)'와 '생태계(ecosystems)'처럼 지역 탄력성과 밀접하게 연관된 개념들이다(Christopherson, Michie and

Tyler, 2010; Martin, 2012; Martin and Sunley, 2015).

많은 연구자들은 지역 탄력성이라는 개념이 경제와 사업 환경의 붕괴에 대처하는 지역 경제의 능력을 평가하는 데 중요한 역할을 수행한다고 생각한다. 하지만 탄력성이 어떻게 정의되어야 하고, 어떻게 실증적으로 측정되며, 지역 정책의 시각에서 어떻게 해석되어야 하는지에 대해서는 상당히 애매모호한 면이 있다(Crespo, Suire and Vicente, 2014; Reggiani, De Graaff and Nijkamp, 2002; Martin, 2012; Martin and Sunley, 2015). 사실상 지역 탄력성에 대한 이론은 존재하지 않는다. 게다가, 연구자들은 아직까지 지역 탄력성과 장기적 지역 성장 사이의 관련성에 대해 반론의 여지가 없는 의견 일치에 이르지 않았다.

오늘날, 아마도 이 주제에 대해 접근하는 가장 흔한 방식은 마틴(Martin, 2012)이 발표한 사차원 모델일 것이다(〈그림 8-7〉). 첫 번째 차원은 저항(resistance)인데, 즉 충격과 방해에 대해 지역이(지역의 기업과 직원들이) 얼마나 취약하고 민감한지를 말한다. 두 번째는 회복(recovery)으로, 한 지역이 얼마나 빨리, 어느 정도까지 회복하는지를 의미한다. 만약 한 지역이 충격에 빠르게 반응한다면, 그 지역은 회복 또한 빠를 것이다. 세 번째는 방향 전환(re-orientation)으로, 어려움으로 인해 겪는 지역 경제 구조의 변화를 뜻한다. 그 지역이 적응을 더 잘할수록 방해를 받은 후 그 지역의 경제 구조 변화는 더 잘 이루어진다. 그리고 네 번째 차원은 재생(renewal)으로, 지역이 충격을 받기 이전의 발전 계획으로 복귀하는 능력을 의미한다. 이 네 가지 측면과 요소들은 서로 깊게 연관되어 있다. 그것들은 한 지역이 충격과 방해에 어떻게 반응하여 과정을 겪어내는지에 영향을 미친다.

특히 방향 전환의 한 측면은 그 지역이 충격 이전의 발전 계획을 재개할 것인지, 아니면 더 좋은 발전 계획을 수립할 것인지에 대해 살펴보는 일이

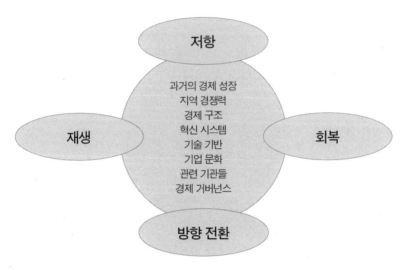

〈그림 8-7〉 지역 탄력성의 네 가지 차원

저항

과거의 경제 성장
지역 경쟁력
경제 구조
혁신 시스템
기술 기반
기업 문화
관련 기관들
경제 거버넌스

재생

회복

방향 전환

자료: Martin(2012)에서 수정함.

다. 다시 말해, 방향 전환을 논할 때에 중요한 점 중 하나는 과연 산업 구
조가 변화할 것인지, 그리고 만약 변한다면 그 지역이 새로운 '평형 상태
나 계획'(Martin and Sunley, 2015)으로 나아갔다고 확신하기 위해서 얼마나
변화해야 하는지를 판단하는 일이다.

 지역 탄력성은 기술적 파동과 산업 변화가 서로 밀접하게 영향을 미치
면서 누적되고 중첩되는 '창조적 붕괴'의 점진적인 과정이다(Martin and
Sunley, 2015). 마틴과 선리(Martin and Sunley, 2015)는 장기적으로 증가하는
경제 구조 변화는 갑작스러운 충격과 구분되어야 한다고 주장한다. 한 지
역의 경제는 장기적으로 천천히 침체될 수 있고, 결정적인 지점에 이르면
적응 능력이 너무 낮아서 작은 사건마저 큰 영향을 끼치는 상태가 된다.
비생산적인 설립체의 폐쇄나 큰 회사의 전략 변화 같은 사건들이 그러한

충격이 될 수 있다. 그렇다면 이 사례는 과연 지역 경제 침체의 장기적인 발달일까, 아니면 갑작스러운 구조 변화에 대한 탄력성 부족일까? 한편, 우리는 지역 장기 발전 계획이 지역 및 국가적 차원뿐만 아니라 세계 경제적 수준 그리고 기술적 충격과 회복에 따라 다양한 방법으로 수립되었다고 주장할 수 있다. 종종, 탄력성이 낮은 지역의 발전은 자체 보강의 메커니즘에 의해 이전의 발전 계획에 묶여 있는 경우가 있다(Martin and Sunley, 2006, 2010, 2015). 계획에 의존적인 지역들은 충격 이후에 그들의 지역 네트워크를 재정비하는 일에 어려움을 겪는다(Martin and Sunley, 2006; Boschma, 2004). 지역 탄력성을 평가할 때는 주로 산업 네트워크의 구조에 초점이 맞춰진다. 일반적으로 어떤 지역이 다양한 산업 구조를 갖고 있으면 산업 구조가 고도로 전문화된 지역에 비해 충격에 의한 여파를 덜 받는다고 여겨진다(Martin, 2012: 11). 국제화가 가속되고 세계 시장에서의 경쟁이 치열해지는 현상은 지역 경제발전에 영향을 미친다. 산업 구조가 고도로 전문화되어 있고, 지역의 경제를 소수의 기업에 의존하고 있는 지역은 주기적으로 변동이 있거나 급속도로 기술 발전이 이뤄지는 분야에서의 충격에 특히 취약하다.

지역 경제와 관련된 기존 연구 중에서 다수를 차지하는 주제 중 하나는 지역 발전에서의 산업 구조의 역할이다. 소규모의 경제 활동에서의 지역의 전문화가 지역 혁신과 경제성장 또는 다양성과 여러 보완적 역량을 증진시키는가? 지역 탄력성을 고려했을 때, 한 지역의 산업 구조가 고도로 전문화된 경우 외부 충격으로 인한 성장 둔화의 위험 또한 증가한다(예컨대, Frenken, van Oort and Verburg, 2007; Siegel, Johnson and Alwang, 1995). 다양한 산업 구조는 위험에 대비해 투자 범위를 분산시키는 등의 방식으로 행동해 그러한 충격에 더 잘 저항해낸다. 그러나 시모넨·스벤토·쥬티

엔(Simonen, Svento and Juutinen, 2015)은 "최적의 다각화된 구조(optimal diversified structure)"가 지역의 크기에 달린 것임을 보여주었다. 이 문제는 이 분야의 연구에서 무시되어온 것이기도 하다. 관련 연구에서 제시된 일반적인 주장과 다양화된 산업 구조를 선호하는 대부분의 사례들을 보면, 모든 지역은 그 크기에 관계없이 다양한 산업 구조와 기술 관련 산업을 추구해야 한다. 더불어, 보슈마와 프렌켄(Boschma and Frenken, 2007, 2009)은 산업의 다양성이 기술 관련 산업 지역의 성장을 촉진한다고 주장했다. 반면 마틴과 선리(Martin and Sunley, 2015)는 흥미로운 반론을 제시한다. 지역 탄력성의 관점에서 볼 때, 하나의 지역에서 각각의 산업들은 과도하게 상호 연결되지 않아야 한다. 마틴과 선리(Martin and Sunley, 2015: 28)는 "지역의 경제와 작동에 있어서 부분적이고 구성적인 요소들이 분리될 수 있는 정도, 혹은 약하게 연계되어 있는 정도"와 같은 모듈성에 대해 말한다. 혹은 다각적 전문화가 지역 탄력성과 성장을 강화시키는가(Farhauer and Kröll, 2012)?[1] 이 주제에 대해서는 더 깊은 연구가 필요하다.

지역의 지식 네트워크와 기술 클러스터는 세계 경제와 기술 환경의 변화에 대응하는 지역/개별 행위자의 역량에 있어서도 중요한 역할을 한다. 특히 기술 집약적 산업에서의 네트워크는 지식과 혁신 활동의 확산을 촉진한다. 따라서 이들은 지역의 성공을 위해 매우 중요한 존재다(예컨대, Crespo, Suire and Vicente, 2014; Saxenian, 1990, 1994). 실리콘밸리는 중소기업과 대기업 간의 협력이 지역 성장에 필수적으로 작용한 혁신 환경의 좋은 예다. 실리콘밸리는 첨단기술 산업이 새로운 발전 단계에 들어설 때마

---

1   Sunley and Martin(2015)은 이 특정 문제에 대해 훌륭하고 간단한 리뷰를 제공한다.

다 "지속적으로 외형을 변화"시킬 수 있었다(Cooke, 2011; Crespo, Suire and Vicente, 2014).

지역 탄력성에 대한 네트워크의 효과는 불분명하다. 문제는 네트워크의 효율성과 클러스터의 탄력성 간의 균형이다(Crespo, Suire and Vicente, 2014; Simonen et al., 2016). 브레드와 브리스(Brede and Vries, 2009)에 따르면, 핵심적 주체와 기업, 기관들 사이에서 지식이 효율적으로 확산되는 밀접한 네트워크 안에서 해당 주체들 간의 신뢰는 증가한다. 하지만 지역 탄력성의 관점에서 보면 네트워크가 너무 밀접해진다면 다양한 산업의 발전이 주는 새로운 기회의 활용이 방해를 받는다는 위험성이 있다(Crespo, Suire and Vicente, 2014). 이 지역은 비효율적인 상태로 멈추게 될 수도 있다(Martin and Sunley, 2015). 클러스터와 지역 발전의 관점에서, 핵심적인 주체의 활동이 점점 더 지역을 벗어나게 된다면 그러한 비효율적 상태는 더욱 어려움에 처할 것이다. 시설을 폐쇄하거나 다른 곳으로 옮기는 것이 이에 대한 실제 사례다. 마틴과 선리(Martin and Sunley, 2015: 29)는 '리벳 효과(rivet effect)'에 대해 말한다. 일부 주체들은 혁신 네트워크나 생태계와 같은 역할을 하기 때문에 그들이 무너지거나 사라지는 것이 전체 시스템에 치명적인 영향을 미칠 수 있다. 특히 대도시를 거점으로 하는 혁신 네트워크의 경우 핵심 기업의 운영이 갑작스럽게 변경되면 (예를 들어, 저렴한 지역으로의 이동, 외국 기업과의 합병이나 기업의 중요한 전략적 변화) 지역의 하청 업체들이 그 핵심 기업을 잃고 난 후에 다른 지역의 새로운 고객을 유치하거나 세계 시장에 진입하는 데 있어 어려움을 겪는 상황이 생긴다.

고도로 중앙 집중화된 클러스터의 탄력성은 주변부와 핵심부의 교점에서 이루어지는 협력에 달려 있다. 네트워크 안에서 소수 기업만을 통해서가 아니라 여러 기업 및 기관을 통해 지식이 확산되면 새로운 아이디어와 혁신을 위한 기회가 제공된다(Crespo, Suire and Vicente, 2014). 또한 이는 전체 네트워크의 구조를 강화하고 주요 업체들에게 닥칠 수 있는 여러 가지 충격에 적응할 수 있도록 한다. 이러한 유형의 혁신 네트워크 강화, 즉 다른 주체와의 협력 증진은 특히 자체 연구개발을 수행할 여력이 없는 중소기업에 중요하다(예컨대, Galbraith, Rodriguez and DeNoble, 2008; Sakata and Kajikawa 2008; Breschi and Lissoni, 2001).

마틴과 선리(Martin and Sunley, 2015: 25)에 따르면, "지역 탄력성은 복잡한 요소의 결과"다. 지역 탄력성은 산업 구조나 혁신 네트워크의 특징 또는 변화에 적응하는 능력뿐만 아니라 국가와 지역 차원에서 추구하는 정책에 달려 있다. 국가 차원에서의 인프라 개선, 투자 및 연구개발 보조금의 증가를 통해 성장이 촉진될 수 있다. 미래 예측을 통해 새로운 분야를 개발하거나 교육 정책 변화를 지원하는 것 또한 구조 변화의 부정적인 영향을 예방할 수 있다. 어떻게 변화를 예상할 것인지가 중요하다. 한편, 보조금이나 기타 개발 조치에 대한 지역의 필요는 산업 구조의 차이로 인해 달라질 수 있다. 또한, 국가뿐만 아니라 지역의 이해 관계자들까지도 어떤 지역의 누구에게 지원을 해야 되는지에 대해 의견이 나뉜다. 하지만 지역 차원에서는 어떤 분야의 특정 위험을 관찰하고 적응력을 향상시키는 방식으로 행동하는 등 눈에 보이는 변화에 대비하는 것이 더 쉽다고 주장할 수 있다(Martin, 2012).

우리가 충격과 방해에 적응하는 지역 탄력성을 분석할 때, 단순히 기업과 산업만이 아니라 근로자의 적응 능력으로 분석을 확장하는 것이 중요하다. 기업이 정리 해고를 통해서 변화에 적응하는 것은 상대적으로 쉬운 것일 수 있다. 반면 근로자의 경우 그 변화가 거주지 또는 업무 특성과 관련되기 때문에 충격에 적응하는 것이 훨씬 더 어렵다. 높은 지역 탄력성은 근로자의 능력과 적응력에 크게 의존한다(예컨대, Martin, 2012; Simmie and Martin, 2010). 글레이저(Glaeser, 2005)가 지적한 것처럼, 숙련된 노동력을 보유할 수 있는 역량은 지역 탄력성에 영향을 미치는 가장 중요한 요소 중 하나다. 그러나 이 문제에 대한 연구는 거의 존재하지 않는다. 어떤 종류의 교육, 기술 또는 개인적 특성이 노동자의 탄력성을 결정하는가(Van Dijk and Edses, 2016)? 이 경우에 지역의 역할은 무엇인가? 즉, 지역이 어떻게 노동자의 이주를 막을 수 있는가?

지역 탄력성에 영향을 미치는 또 다른 중요한 요소는 바로 기업가 문화와 지지적인 제도 환경이다. 직원들을 위한 재교육이나 신생 및 중소기업을 위한 다양한 지원시설(예를 들면, 사업 구상 및 자산 활용 지원)을 제공하는 지역은 변화에 더 잘 적응한다. 대학·산업·정부 간 협력과 같은 성공적인 삼중 나선 전략은 지역 비즈니스 환경의 변화에 적응할 수 있는 역량을 향상시킨다. 집단적이고 미래 지향적인 개발 전략은 지역의 공공 개발 당국이 다양한 형태로 탄력성을 지원하고 개입할 수 있는 가장 중요한 방법일 것이다.

4. 오울루의 구조 변화에 대한 탄력성과 통제 방안

오울루는 충격을 받았을 때 산업 구조와 혁신 네트워크의 특정 요소들이 지역 개발에 얼마나 심각한 문제를 일으키는지에 대한 교과서적인 예를 보여준다. 또한 효과적인 지역 정책을 통해 지역이 충격에 얼마나 잘 적응하고 회복할 수 있는지에 대한 좋은 예이기도 하다. 오울루는 충격으로 인해 이전의 안정된 '평형 상태'나 경로에서 밀려나긴 했지만, 지역이 충격으로부터 회복할 수 있는 방법을 보여주었고 구조를 적응시킴으로써 새로운 성장 경로로의 '진보'를 보여주었다(Martin and Sunley, 2015).

오울루의 경우 첨단기술 분야의 산업 구조가 과도하게 전문화되어 있고, 노키아의 국제적 성공에 지나치게 의존하고 있다는 것이 잘 알려져 있었다. 또한 혁신 네트워크/생태계는 노키아를 비롯한 일부 다른 중간 규모 회사만을 중심으로 구축되었다. 따라서 노키아가 휴대폰 사업에서 어려움을 겪는다면 오울루에 심각한 문제가 발생할 것은 분명했다. 이 지역의 충격은 한 명 또는 소수의 주체들이 혁신 네트워크에서 중요한 역할을 차지해, 그들의 붕괴가 전체 시스템에 치명적인 영향을 미치는 리벳 효과의 좋은 예라고 할 수 있다(Martin and Sunley, 2015). 노키아가 처음으로 생산 활동을 동유럽과 극동 지역의 저렴한 지역으로 옮기고 생산뿐만 아니라 연구개발 계약 또한 해외와 체결하는 등 중요한 전략적 변화를 추구하기 시작했을 때, 지역이 첨단기술 분야에서 심각한 구조적 변화를 겪게 될 것은 더욱 분명해졌다. 이는 대기업의 전략적 의사 결정이 좀 더 넓은 맥락에서 갑자기 이 지역의 혁신 생태계에 문제를 일으킨다는 좋은 예다. 마지막 결정타는 노키아의 스마트폰 개발 실패였고 그것은 결국 2011년 마이크로소프트와의 합병으로 이어졌다. 오울루에 있어서 이 합병은 노키아의 스마트폰 개발이 완전히 끝났음을 의미했다. 이는 오울루 지역의 전체 혁신 생태계에 부정적 영향을 배가시킬 것이 분명했다. 지역의 공급자들과 하청 업체는 노키아와의 거래를 잃은 후 타 지역이나 해외에서 새로운 고객을 찾고 전 세계 시장에 진출하는 데 어려움을 겪었다.

마틴과 선리(Martin and Sunley, 2015)가 주장했듯이, 장기적인 지역 개발과 지역 탄력성에 미치는 영향을 분석하는 것은 중요하다. 오울루의 발전(〈그림 8-1〉, 〈그림 8-2〉)을 살펴보면 IT 업계의 일시적인 호황 이후 2000년에 첨단기술 종사자가 이미 감소하기 시작했다. 이것은 전자 산업 분야에서 특히 분명하게 나타난다. 2000년대의 첫 10년 동안 이 분야에서 약 3000명의 직원이 해고당했다. (첨단기술 서비스 부문의 성장으로 인해) 첨단기술 분야의 총고용이 그다지 감소하지 않았더라도, 그것은 곧 등장할 구조 변화의 징조였다. 하지만 그 당시 세계 휴대폰 시장에서 노키아의 위치는 여전히 막강했고 오울루에서 4000~5000명의 직원을 고용하고 있었다. 우리가 말하고자 하는 것은 노키아가 첫 해고를 발표하고 오울루 지역에서 급격한 구조 변화가 시작된 2009년 훨씬 이전부터 오울루의 경제적 탄력성이 악화되기 시작했다는 것이다. 오울루는 잠재적인 충격에 매우 취약했고 충격을 흡수할 수 있는 능력이 약한 상태였음이 분명하다.

일단 휴대폰과 같은 전문화된 상품들은 갑작스러운 대대적 구조 변화로 타격을 입으면 그 여파가 심각하다. 다행히도, 이 지역의 핵심 주체들은 이런 위기를 예측하고 있었다. 그들의 미래에 대한 예측을 보여주는 사례가 오울루 혁신 동맹(Oulu Innovation Alliance: OIA)의 설립이다.[2] OIA는 2009년에 설립되었으며, 창립에는 오울루시, 오울루 대학교, 오울루 응용대학교, 주립 기술 연구소 및 테크노폴리스 회사가 참여했다. 오울루는 이미 오랫동안 삼중 나선 협력 형태의 본보기가 되어왔지만, OIA의 여러 특징들이 그들의 협력을 새로운 차원으로 끌어올렸다. 첫째, 이 협력체에 참여하는 주체들은 상호 간 합의가 이루어진 분야에 적극적으로 투자하기로 했다. 다시 말해, 새로운 공동 프로젝트와 조직의 구조 변화에 대한 투자가 이루어진 것이었다. 이 구조 변화는 이 지역의 확실한 전문기술에 초점

---

2 Oulu Innovation Alliance에 대한 자세한 내용은 http://www.ouluinnovationalliance.fi/를 참조하라.

을 맞추었다.

그들의 전문기술을 바탕으로 하여 총 5개의 센터, 즉 인터넷품질 센터 (Centre for Internet Excellence: CIE), 인쇄전자기기 및 광학측정 센터(Printed Electronics and Optical Measurements Innovation Centre: PrintoCent), 마르티 아 티사리[3] 글로벌 경영경제 연구소(Martti Ahtisaari Institute of Global Business and Economics: MAIGBE), 수도산업 클러스터 전문기술 센터(Centre of Expertise in the Water Industry Cluster: CEWIC), 보건기술 센터(Centre for Health Technology: CHT)가 건립되었다. 파트너들은 이 분야의 혁신과 새로 운 지식 창출을 촉진하기 위해 이 센터들의 전략적 운영에 전력을 다하는 것에 동의했다. 그래서 위기가 닥쳤을 때 운영 방향을 바꿀 수 있도록 새로 운 계획을 개발하기 시작했다.

또 다른 기반은 일명 타르 그룹(Tar Group)의 설립이었다. 2010년에 이 미 오울루시는 노키아가 심각한 어려움을 겪을 때를 대비해 지역의 모든 핵심 단체들을 소환해 비공식적인 대책회의를 주도했다. 동시에 오울루는 모든 사업 개발 부서를 비즈니스오울루(BusinessOulu)라는 이름으로 재편 성해 그 지역의 창업을 촉진하고 생태계를 살리는 전략적 중심지로 만들 었다. 그 부서의 총책임자는 노키아 출신이었다. 타르 그룹은 이 지역이 갑작스러운 구조 변화로 인해 받은 지원금을 사용하는 것에 대한 책임을 어떻게 분배할 것인지에 대해 협의했다. 이 협의의 기본 원칙 중 하나는 모든 자금이 새로운 활동을 위해서만 사용되도록 하여 오래된 에이전트들 이 그들의 구직 활동들을 지속해 뒤처지는 일이 발생하지 않도록 하는 것

---

3   핀란드의 정치인이자 전 대통령.

이었다. 교육 프로젝트들은 실업자들에게 새로운 지식과 기술을 제공해 그들의 취업 가능성이 실제로 향상되는 것을 지향했다.

'새로운 경제'의 전문화와 혁신적인 첨단기술 산업은 오울루의 회복을 위한 좋은 출발점을 제공했다. 첨단기술 회사들의 역동성은 "역경에 부응하여 자원과 자산을 재구성하고, 갱신하며 재창조"하는 데에 동력을 제공한다(Martin and Sunley, 2015: 29). 게다가 첨단기술 회사들은 전략을 구성하고 새로운 전략과 아이디어를 활용할 수 있는 능력도 높다. 또한, 이 회사들의 고도로 숙련된 근로자들은 새로운 아이디어에 적응할 능력이 있으며, 자신의 업무를 유지하고 설정하기 위한 준비성이 전통적인 분야에 비해 훨씬 높다.

오울루에 거주하며 노키아와 다른 여러 회사에서 근무했던 실업자들의 헌신은 오울루 지역의 회복에 놀라울 만큼 지대한 공헌을 했다. 대량 해고 이후 오울루를 떠난 노동자는 수십 명 내지 200~300명에 불과했다. 따라서 오울루 지역에서의 인적자본의 대규모 유출은 발생하지 않았다. 더 중요한 점은 이전에 전자 업계에서 일한 많은 직원들이 첨단기술 서비스 부문에서 새로운 직업을 구했다는 점이다(〈그림 8-4〉 참조). 이러한 모든 요인들이 '노키아 쇼크' 이후 지역이 경제 기반을 재건하도록 도왔으며 오울루에서 중요한 역할을 했다. 기업과 근로자들의 탄력성은 노키아가 오울루에서 휴대폰 사업을 중단하고, 수백 명의 직원이 일자리를 잃은 후 오울루 지역이 회복하는 과정의 일등 공신이었다.

오울루 지역은 '노키아 쇼크' 이후 중요한 구조적 방향 전환을 거쳤다. 오늘날 오울루의 첨단기술 부문의 산업 구조는 2000년대 초반보다 훨씬 다양화되었다. 노키아와 전자 산업은 여전히 이 지역의 중요한 고용주다. 오울루에 있는 노키아는 휴대폰 네트워크 사업을 전문으로 하는 유럽의

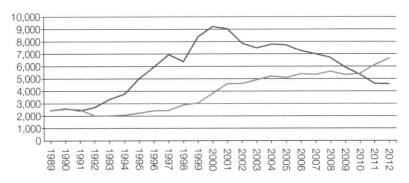

〈그림 8-8〉 1989~2012년 첨단기술 제조(진한 선) 및 서비스(연한 선) 부문 고용

자료: FLEED 데이터베이스.

유일한 노키아 공장이자 북유럽에서 가장 큰 전자 공장이다. 특히 통신, 컴퓨터 및 관련 활동 등의 첨단기술 서비스 부문에서 성과, 직원 수 및 매출액이 크게 증가했다(〈그림 8-2〉, 〈그림 8-8〉 참조). 또한 중소기업들은 노키아의 국제 시장에서의 성공에 더 이상 의존하지 않으며, 지역 혁신 네트워크와 생태계는 이제 훨씬 더 탄력적이다. 우리는 크레스포·수이레·비센트(Crespo, Suire and Vicente, 2014)의 "핵심 멤버에게 겨눠진 충격은 이전의 구조만큼 전체 구조를 약화시키지 않는다"라는 말을 빌려 이를 설명할수 있다. 오울루의 탄력성은 상당히 향상되었으며 이후의 충격에 대한 저항력과 견고성 또한 좋아졌다.

우리는 오울루가 갑작스러운 구조 변화에서 회복하면서 '첨단기술의 역사'가 한 역할 또한 과소평가할 수 없다. 1990년대에 노키아가 주도한 전자 산업의 급속한 성장은 기업가적(entrepreneurial) 문화와 자신들의 지식과 성공을 믿는 자부심이 강한 사람들로 가득 찬 강력한 분위기를 만들어냈다. 중소기업과 신생 기업의 혁신성 및 변화된 환경에 적응하기 위한 준비성은 지역 경제의 회복과 방향 전환에 절대적으로 중요하다. 오울루는 충격 이전 상태로 되돌아가지 않았다. 우리의 관점에서 오울루는 오히려 새로운 성장의 길로 나아가게 되었다. 따라서 충격에 저항하고, 그것을 흡수하는 능력은 10년 전보다 훨씬 강해졌다.

5. 결론

오울루 지역이 이전의 전문화된 산업 구조로 인해 위험에 처해 있었음에도 불구하고 구조 변화로부터 얼마나 빨리 회복했는지는 놀랍다. 오늘날 오울루에서의 첨단기술 분야의 고용은 위기 전과 거의 같은 수준이며 첨단기술 서비스 분야를 중심으로 첨단기술 고용의 증가 추세가 계속될 것으로 예상된다. 오울루 지역의 탄력성은 마틴(Martin, 2012)의 탄력성의 네 가지 차원을 활용하여 요약할 수 있다.

오울루 지역의 빠른 회복에는 많은 요인들이 영향을 미쳤다. 저항 차원과 관련된 탄력성에서 오울루 지역의 두 가지 주요 특징을 확인할 수 있다. 첫째, 고도로 전문화된 산업 구조와 노키아의 중심 역할은 오울루 지역에 위험을 초래했다. 전체 전자 산업에서의 노키아가 차지한 고용 비율은 최대 70% 이상이었고, 해당 전자 산업 자체가 전체 첨단기술 산업의 약 60%의 인원을 고용했다. 이 지역의 총고용인원에 대한 첨단기술 분야의 점유율은 거의 5분의 1이었다. 또한 혁신 네트워크/생태계가 기본적으로 노키아 및 일부 다른 중소기업을 중심으로 구축되었다. 따라서 노키아가 휴대폰 사업에서 문제를 겪었을 때 오울루가 심각한 문제를 겪었다는 것은 놀라운 일이 아니었다. 결국 오울루에서 일어난 것은 소위 '리벳 효과'의 전형적인 예시다.

그런데 오울루는 어떻게 '노키아 쇼크'로부터 그렇게 빠르게 회복될 수 있었을까? 가장 중요한 요인 중 하나는 구조 변화에 대한 적극적인 관리, 지역의 주체들과 이해 관계자들 간의 집중적인 협력이었다. 이 지역의 핵심 주체들은 이러한 종류의 위기를 예견하고 위기가 시작될 때 바로 지원 방법을 구성하는 데 적극적인 역할을 수행함으로써 충격에 대한 신속한 복구를 가능케 했다. 앞서 논의했듯이 충격에 대한 신속한 대응으로 신속한 복구가 가능했다. 이후 이 협력으로 인해 여러 가지 대규모 활동이 같은 방향으로 진행되었고 공통 관심사를 향해 나아갔다.

회복과 관련된 몇 가지 특징들 또한 확인된다. 오울루에 거주하며 노키아와 다른 여러 회사들에서 근무하던 실업자들이 얼마나 헌신적인지는 매우 놀라운 일이었다. 우리는 오울루 지방에서 인적자원의 대규모 유출을 보지 못했다. 이 때문에 자연스럽게 지역의 모바일 기술 노하우가 대량으로 공급되었다. 실제로 이전에 전자 업계에서 근무했던 많은 직원들이 첨단기술 서비스 분야에서 새로운 일자리를 구했다. 지역 회복의 관점에서 지방 당국이 노동자들의 실직 가능성을 즉각적으로 깨닫는 것은 매우 중요한 일이었다. 따라서 지역 정책 활동은 지역의 첨단기술 근로자들에 대한 재교육에 점점 더 집중되었다. 이 발전의 배후에는 적극적인 신생 기업 개발도 있었다. 2012년 이래로 200개가 넘는 신생 기업이 창업했으며, 그중 대부분은 여전히 활동 중이다.[4] 노키아는 재정적 지원뿐만 아니라 신생 기업들을 위한 코칭과 훈련 프로그램을 제공함으로써 2011~2013년에 이 프로세스에서 중요한 역할을 했다. 소위 브리지 프로그램(Bridge program)

---

4   비공식적 정보원에 따르면 신생 기업의 수는 500개가 넘을 것이며, 2017년의 첨단기술 분야
는 창조산업을 포함해 대략 1만 8500명의 근로자를 고용할 것이다.

이라고 불리는 이 프로그램의 목적은 새로운 일자리 알선, 교육 장소 제 공, 또는 기업가 정신(entrepreneurship)의 교육 등을 통해 정리 해고자들의 재취업을 지원하는 것이다. 오울루와 핀란드의 다른 모든 지역에서, 이와 같은 회복 과정은 지방 당국과의 긴밀한 협조를 필요로 했다. 핀란드에서 500명의 정리 해고자(핀란드의 노키아에서 해고된 모든 근로자들 중 10분의 1을 차지함)에게 노키아의 브리지 프로그램이 창업 계획(entrepreneurship path) 을 제공했고, 이 프로그램을 통해 400여 명이 새로운 회사를 설립했다 (Kiuru, Handelberg and Rannikko, 2013; Rönnqvist, Hakonen and Vartiainen, 2015). 이 중 오울루 지역 출신의 정리 해고자는 161명이었으며, 이들은 114개의 회사를 설립했다. 그리고 이 중 85개의 기업이 2014년까지 활발 하게 운영되고 있었다(BusinessOulu, 2015).

재생과 관련해 진행 중인 구조적 변화는 〈그림 8-8〉에서 나타나며, 이 는 첨단기술 서비스의 고용 증가가 첨단기술 제조업의 고용 감소와 어떻 게 균형을 맞추었는지를 보여준다. 지난 몇 년 동안, 첨단기술 분야는 더 다양해졌으며, 하나의 주요 산업(즉, 노키아 주도의 전자 산업)에 의존하는 경향이 줄어들었다. 사업 활동은 긍정적인 방향으로 발전하고 있으며, 새 로운 혁신 생태계는 국내외의 기업들을 이 지역으로 끌어들이고 있다. 오 울루 지역은 현재 핀란드 전국적으로 가장 매력적인 신생 생태계 중 하나 다. 예를 들어, 보건 기술 부문은 지난 몇 년 동안 매우 빠르게 성장했으며 오울루의 첨단기술 부문의 새로운 성장 동력으로 간주될 수 있다.

지역 탄력성은 충격 이전보다 더 높은 것으로 보이며 진정한 방향 전환 을 통해 새로운 성장 경로에 도달했다. 가장 중요한 것은 이 지역이 주로 첨단기술 서비스 부문의 활동을 기반으로 하는 새로운 성장 경로를 발견했 다는 것이다. 우리는 이 새로운 성장 경로의 발견이 창조적 파괴와 적절히

저항	회복
• 약점 혹은 위협요소: 강력한 산업 집중 • 강점: 장기간 지속되어 온 협업 문화, 미래를 내다보는 태도[타르 그룹(Tar Group), 오울루 혁신 동맹(OIA)]	• 강점: 노하우를 지닌 인력의 지역에 대한 헌신, 적극적인 유망 직종 발굴과 일자리 창출, 기본적인 모바일 기술을 토대로 한 우수한 전문화
재생	방향 전환
• 강점: 헬스 기술, 청정 기술, 프린트 전자 장비, 스타트업 에코 시스템에 집중 투자	• 현지의 지역적 노력으로 인해 구조적 변화 이전의 수준으로 성장 속도가 회복

안배된 정책 방안으로부터 기인했다고 본다. 핵심 요소는 미래에 노키아의 역할이 감소될 것임을 이해하는 것이다. '새로운 지역 정책'의 목표는 오래된 구조를 유지하는 것이 아니라 영리한 전문화라는 근본 원칙에 기반해 진정한 새로운 기회를 모색하는 것이었다. 예를 들어, 모바일 ICT는 새로운 애플리케이션을 만드는 일반적인 기술이다. 쓸데없고 비생산적인 사업 활동이 새로운 기술 및 지식 분야로 대체되는 이 역동적 과정은 슘페터(Schumpeter)의 "창조적 붕괴"에 대한 설명과 여러 면에서 비교될 수 있다.

09 4차 산업혁명과 노동의 위기, 산업민주주의의 대응

박준식

1. 문제 제기

기술과 노동의 관계는 시장경제와 산업혁명의 역사만큼이나 오래된 영원한 쌍두마차에 비유될 수 있다. 자본주의와 산업화의 역사 전 과정에서 기술과 노동, 더 넓은 의미에서 기술 시스템과 사회 시스템 간에는 불가분의 역동적 관계가 존재해왔다. 생산과 노동의 세계에서 사용되고 적용되는 기술의 혁명적 변화는 산업과 노동의 토대를 바꾸는 결정적 요인으로 작용해왔다. 역으로 기술의 변화에 대한 노동의 대응 역시 기술 시스템의 변화와 혁신, 적용과 활용의 모든 과정에서 큰 영향을 미쳤다. 기술과 노동 간에는 언제나 역동적인 상호작용이 존재해왔고, 이러한 상호작용의 관계는 기술혁신이 사회의 변화를 주도하는 오늘날에도 유효하다. 그러나 이러한 상호작용은 오늘날 노동에 대한 기술의 영향이 점점 더 강화되는 방향으로 전환되어왔다.

기술체계의 전반적인 혁신과 패러다임의 전환이 사회 시스템의 핵심 요소인 노동과 직업의 세계에 엄청난 영향을 미치는 기술 주도의 사회가 등장한 것이다. 산업 발전의 과정에서 기술의 혁신이 기존 기술에 의존하던 수많은 직업의 소멸을 초래하는 일은 일상적으로 일어나고 있다. '창조적 파괴(creative destruction)'의 개념은 기술혁신과 직업 파괴, 그리고 새로운 기술과 직업의 탄생이 어떻게 진행되었는지를 단적으로 압축하고 있다. 새로운 기술이 도입되고 혁신이 도입될 때마다 기존의 직업과 숙련이 사라지고 새로운 직업이 탄생했다. 노동자들 역시 이 과정에서 엄청난 도전과 시련에 직면해왔다. 거대한 기술혁신의 파도 앞에서 기존의 노동자들과 직업 종사자들은 새로운 기술에 적응하거나, 저항하거나, 아니면 도태될 수밖에 없는 냉정한 선택에 직면해왔고, 이러한 선택과 적응은 기술혁신이 가속화하면서 더욱 절실한 과제가 되었다.

1차 산업혁명의 기술적 토대가 동물과 인간의 노동을 석탄이라는 새로운 에너지원과 이를 이용한 기계로 대체한 데 있었다고 한다면, 19세기 말부터 진행된 2차 산업혁명에서 자본가들은 노동과정을 기계의 종속변수로 전환시켜 노동에 대한 자본의 지배를 완성하려 했다. 다른 한편 20세기 중반 이후부터 본격화된 전자정보 시스템에 의한 노동과정의 자동화와 무인화는 3차 산업혁명의 핵심 요소가 되었다. 그리고 21세기에 진입한 오늘날 우리는 인간이 설계하고 제작한 자동화 시스템과 프로그램이 기계적 생산이나 서비스와 결합해 광범위한 영역에서 인간 지능을 초월하고, 이를 바탕으로 우월한 지적 생산성, 판단력, 예측력을 제공하는 '인공지능(Artificial Intelligence)'의 시대에 들어섰다는 사실을 확인하고 있다. 산업뿐 아니라 삶과 노동의 전 영역을 근본적으로 변화시키는 새로운 차원의 기술혁명 시대가 도래한 것이다.

산업과 서비스를 포함한 인간 노동의 거의 전 영역에서 월등한 학습 능력을 지닌 인공지능이 인간의 지식과 지능의 생산과 활용 영역에 본격적으로 도입되기 시작한 오늘날 인간의 노동은 다시 한번 근본적인 도전에 직면하고 있다. 기술과 인간의 관계를 어떠한 방식으로 조율할 수 있을 것인지의 문제는 산업화의 전 기간에 걸쳐 노동자들이 직면했던 가장 큰 도전이었다. 이른바 '4차 산업혁명(4th industrial revolution)'으로 회자되는 인공지능의 도입으로 기술과 노동의 관계는 또다시 질적 전환을 맞이하고 있다(Schwab, 2017).

산업화의 과정에서 기술과 노동은 일률적으로 규정할 수 없는 복잡한 관계로 진화해왔기 때문에 인공지능의 도입에 대한 노동의 대응 역시 하나의 방향으로 규정할 수 없는 복잡한 양상으로 전개된다. 기술의 혁신이나 패러다임의 전환이 일어날 때 노동 영역에서 선제적 개입이 이루어진 경우는 거의 없었다. 기술 변화에 대한 노동의 대응은 기술이 노동에 미치는 부정적 측면에 대한 사후적 대응의 성격이 강했다. 4차 산업혁명에 대한 노동의 대응 역시 본질적으로 사후적 대응의 성격에서 크게 벗어나지는 못한 것으로 볼 수 있다.

그럼에도 불구하고 새로운 기술 패러다임과 인간의 노동이 상호 보완적 혹은 생산적 관계로 진화할 수 있는 상생적 진화의 길을 찾는 것은 오늘날 4차 산업혁명에 대응하는 '노동 4.0' 전략의 핵심 과제 중 하나다. 과거의 역사를 되돌아볼 때 기술에 대한 노동의 대응이 사후적 성격이 강했지만, 많은 경우에 자본 주도의 기술에 대한 노동의 적극적 개입과 도전이 작업장의 민주화와 기술의 인간화를 통해 더 나은 노동 세계로 진화하는 데 큰 영향을 미쳤음은 주지의 사실이다. 유럽의 기술과 산업 선진국들에서는 4차 산업혁명에 대한 적극적 대응 필요성을 오래전부터 인식하고,

이에 대비하기 위해 다양한 방식으로 사회적 대화 체제를 활성화하고, 생산 현장에서 산업민주주의를 강화하는 한편, 기술에 대한 사회적 평가와 개입을 강화하기 위한 필요성에 대해 공감대가 확장되고 있다(이호근, 2016).

그러한 점에서 4차 산업혁명과 인공지능의 도입이 노동에 미치는 영향을 균형 있게 바라보고, 급속하게 고도화되는 지능적 시스템과 인간 노동 간의 대립을 극복할 적극적인 개입의 필요성이 제기되고 있다. 기술 발전에 대한 노동과 인간의 적극적 개입이 노동의 인간화를 앞당겼던 산업화 시대의 노력들을 반추해볼 때 4차 산업혁명과 노동의 관계에서도 기술과 노동이 새로운 공존과 민주적 진화의 방향을 설정할 수 있도록 유도할 필요가 있다. 역으로 이러한 노력들이 제대로 실천되지 못한다면 인공지능과 4차 산업혁명의 기제들은 얼마든지 인간 통제와 억압의 수단으로 전환될 위험성이 상존한다. 실제로 민주적 통제를 벗어난 인공지능의 무한 확장과 이에 대한 의존이 안고 있는 위험성들에 대한 우려는 글로벌 경영자, 과학자, 기술자 등 수많은 사람에 의해 더욱 폭넓게 확산되고 있다(Barrat, 2013; Brynjolfsson and McAfee, 2014).

이 글은 이러한 문제의식 아래 이른바 4차 산업혁명과 노동의 관계를 노동의 인간화와 민주적 개입 전략이라는 관점에서 접근해보기 위한 하나의 원론적 시도다. 이러한 문제의식을 구체화하기 위한 시도로 이 글에서는 우선 4차 산업혁명의 기술 패러다임을 주도하는 '인공지능'이 노동의 세계를 어떠한 방식으로 변화시키고 있는지를 간단히 일별해본다. 이어서 노동시장과 산업의 전 분야에서 빠른 속도로 확산되는 인공지능 기반의 생산 시스템이 기업의 노동 현장과 고용 등의 영역에서 어떠한 변화로 이어지고 있는지를 검토해본다. 다음으로 급속도로 고도화되는 인공지능 시스템에 대한 민주적 개입과 노동 인간화 관점에서의 적극적이고 다양한 개입 노력들이 인공지능과 인간 노동의 상호 보완적 진화의 길로 나아가는 데 도움을 줄 수 있는지 그 가능성을 탐색한다.

마지막으로 기술과 인간의 관계에 대한 민주적 개입 전략에 대해 노동 진영의 적극적이고 전면적인 관심과 참여로 기술혁신과 노동 간에 생산적 긴장 관계가 가능할 수 있는지를 기술혁신에 대한 노동시장의 두 가지 전략적 대응이라는 관점에서 비교해본다. 특히 이 글에서는 기술혁신을 자본과 시장 주도의 자연스러운 과정으로 방임해온 자유주의적 대응과, 기술혁신의 과정에서 노동시장과 사회제도의 적극적인 개입과 능동적 적응을 모색해온 민주적 개입 전략을 비교하면서 산업민주주의(industrial democracy) 관점에서 기술에 대한 사회적 평가와 소통 노력의 중요성을 강조한다.

이 글은 기술 패러다임의 변화에 대한 노동 진영의 적극적 관심과 개입 노력이 기술 진화의 방향에 긍정적인 영향을 미칠 수 있을 뿐 아니라, 민주적 노동시장제도와 사회 안전망의 구축이 사회 전반에 걸쳐 기술혁신을 촉진하는 긍정적 효과를 만들어낼 수 있다는 점을 강조한다. 이러한 논의를 통해 이 글에서는 기술 진화의 과정에 사회가 적극적으로 개입하려는 노력이 기술의 진화와 일자리의 미래에 중대한 영향을 미칠 수 있다는 점에 주목한다. 이러한 인식에서 출발해 이 글에서는 4차 산업혁명 시대에 대응하는 노동시장과 사회제도의 기능을 강화하기 위한 노력이 전례 없이 중요해졌다는 점을 강조한다. 또한 기술 패러다임에 대한 사회의 능동적인 개입을 통해 노동 세계의 다양한 분야에서 긍정적 영향이 발현되도록 노력할 필요성을 제기한다. 결론적으로 이 글에서는 4차 산업혁명 시대에도 기술체계에 대한 노동의 민주적·인간적 관점의 평가와 능동적 개입을 의미하는 '산업민주주의' 관점의 대응이 중요하다는 점을 지적한다.

2. 기술혁명과 노동과정: 역사적 고찰

17세기 중반부터 시작된 산업혁명으로 인간은 기계 동력의 도움을 받아 '육체의 확장' 시대를 열었다. 새로운 에너지원으로 확장된 인간의 능력은 산업 생산 과정에서도 엄청난 생산성의 혁신을 이룰 수 있었다. 산업혁명은 전통적 노동과정에서도 근본적인 변화를 일으켰다. 오랜 기간의 고단한 훈련과 다양한 경험을 통해 장인의 육체에 일체화되었던 전통적 숙련 노동은 점차 기계의 리듬에 의존하는 분업화된 생산방식으로 대체되었다. 이 과정에서 장인의 구상과 육체의 실행은 빠른 속도로 분리 혹은 해체되는 현상이 나타났다.

근대적 노동시장의 출현은 전통적 숙련의 해체와 소멸을 가속화하면서 이를 근대적 직업과 직무, 그리고 학교나 훈련소 등과 결합된 노동력의 대량생산 방식을 탄생시켰다. 새로운 생산 체제에 편입된 노동자들은 전통 시대와 단절된 전혀 새로운 생산 시스템에 급속히 종속되어갔다. 인간이 만들어낸 기계와 그 기계의 리듬에 따라 24시간 돌아가는 대규모 생산 시스템의 요구가 산업자본주의 시대를 주도한 '노동계급'의 탄생으로 이어졌고, 기술혁신은 이를 가능하게 만들었다.

공장제 생산이 산업의 대세로 자리한 이후 20세기 초반에 이르면 이제 개별적으로 운용되던 기계들이 자동화된 생산의 흐름으로 결합되어 대량생산과 생산성의 혁신이 다시 한 단계 진화하는 2차 산업혁명의 시대가 도래한다. '오토메이션'과 결합된 '대량생산' 방식이 제조 과정에서 생산성의 혁신을 이끌어낸 것이다. 이른바 2차 산업혁명과 대량생산은 노동과 기술의 관계에서 또 한 차례의 '대전환(great transformation)'으로 이어졌다. 대량생산 체제는 독점 기업들의 거대한 생산 현장을 기반으로 조직화된 산업별, 혹은 거대 기업 체제의 노조가 주도하는 새로운 노동 체제로 이어 졌음은 주지의 사실이다(Braverman, 1974).

1차에서 2차로 이어지는 산업혁명은 육체노동에서 구상과 실행의 분리를 촉진해왔다. 이 과정에서 노동자들은 기계에 대한 노동의 종속이 초래하는 수많은 문제들에 도전해왔고, 이러한 도전들이 현대적인 노동법과 합리적 노동 규범에 대한 요구로 이어졌다. 삶과 노동 조건에 지각 변동을 일으킨 기술 변화로 인해 발생한 노동 착취, 장시간 노동, 삶의 질 악화에 대해 인간이 저항하지 않았다면 오늘날과 같은 근대적 노동 관념과 법제도는 성립하기 어려웠을 것이다. 기술혁명과 노동과정의 역동적인 변화와 이에 대한 인간의 주체적 대응과 저항, 그리고 다시 이를 극복하는 새로운 혁신은 기술혁명과 노동과정이 불가분의 관계일 뿐만 아니라, 이러한 역동적 상호작용은 앞으로도 계속 이어질 수밖에 없다는 사실을 분명히 보여준다(Burawoy, 1985).

기술 패러다임의 전환이 노동과 직업 세계를 바꾸고, 이에 대한 노동의 대응이 또다시 새로운 기술의 도입이나 혁신으로 이어지는 이러한 역동적 사이클과 산업 패러다임의 진화는 20세기 후반부터 시작된 '전자정보 기술혁명'에서도 그대로 이어졌다. 1970년대부터 산업 생산과 제조 과정 전반에 확산되어 기술혁신을 확실하게 주도하기 시작한 컴퓨터 혁명은 과거 단일 기업이나 생산 조직의 자동화나 기계화뿐 아니라 전 세계적인 규모로 생산 조직의 시스템적 통합을 가능하게 했다. 이로 인해 '물건 만들기'라는 제조 영역뿐 아니라 서비스와 디자인, 연구개발, 그리고 생산과 소비의 전 과정이 시간과 공간의 한계를 넘어 연결되는 '글로벌 노동 분업'의 길이 열렸다. 이른바 3차 산업혁명으로 지칭되는 이러한 변화는 자본과 노동의 관계뿐 아니라 인간의 지식과 그 지식의 활용, 그리고 혁신의 방식을 근본부터 새롭게 규정하는 거대한 변화로 이어졌다(Castells, 2011).

생산 시스템의 유기적인 연결과 글로벌 통합을 가능하게 만든 기술의 진화와 발전으로 국경을 넘어서는 기업 간 관계와 가치 사슬을 어떻게 합리적으로 통제할 것인지의 문제가 제기되기 시작했다. 다른 한편, 요소 가격의 불균형으로 인해 글로벌 생산 체제는 국가 내부에서는 물론 국가 간에도 다양한 격차와 갈등을 발생시켰다. 글로벌 분업과 이에 의존하는 자본주의 체제 간에 불균형이 확산되고, 이러한 불평등이 다시 세계자본주의 체제의 안정성과 지속 가능성을 위협하는 상황은 글로벌 노동 체제에서 새로운 노동 규범을 제정해야 할 필요성이 더욱 강하게 제기되는 요인이 되고 있다. 다른 한편 3차 산업혁명의 진행 과정에서 개별 국가 차원에서는 새로운 기술을 기반으로 비인간적 노동 현장과 분업 체제를 적극적으로 개선하기 위한 노력의 결과 '노동의 인간화' 측면에서 커다란 개선이 이루어진 것 또한 부인할 수 없다(박준식, 2002).

21세기에 막 진입한 오늘날 숨 가쁘게 이어진 기술과 인간의 역동적 진화 과정은 또다시 새로운 '전환점(tipping point)'에 들어서고 있다. 1차에서 3차까지 이어진 산업기술의 발전은 과거의 성취를 디딤돌로 고도의 지적 서비스와 창조 노동의 영역까지 넘보는 수준으로 발전해왔기 때문이다. 1차 산업혁명이 인간의 육체적 노동을 기계로 대체하고, 2차 산업혁명이 기계적 생산의 자동화로 이어지고, 3차 산업혁명이 인간의 숙련을 기계의 프로그램으로 대체하는 것이었다고 한다면, 오늘날 4차 산업혁명으로 지칭되는 변화는 이른바 '지능적 존재'로서 인간의 우월적 지위를 상징하던 활동의 전 영역에서 기계적 지능과 인간의 관계가 새롭게 정립되어야 할 필요성을 요구한다는 점에서 막대한 영향을 미칠 것이 분명하다.

우리는 4차 산업혁명이라고 불리는 이 변화를 인공지능이 투입된 노동 시장과 직업 세계 전반의 엄청난 변화를 통해 실시간으로 느끼며 확인하고 있다(Benedikt and Osborne, 2013). 특히 인간만의 절대적이고 고유한 능력으로 인정되는 '창조적 노동'의 영역조차 인공지능이 얼마든지 보완하고 대체할 수 있다는 점이 부각되고 있다. 그러나 기존의 연구들을 통해 확인할 수 있는 직업과 노동의 변화는 인공지능을 본격적으로 도입함으로써 일어날 수 있는 노동 세계의 변화를 일부 진단한 것일 뿐, 변화의 파장과 범위에 대한 체계적인 연구는 이제 막 시작되었을 뿐이다. 인공지능으로 대체할 수 있다는 징후가 직업 세계뿐 아니라 일상의 영역에서 사람들의 구체적인 경험으로 확인되는 오늘날, 새로운 기술과 지능적 시스템의 도전에 대한 인간의 대응은 그 어느 때보다 절실하다(Schwab, 2017; Rifkin, 2011; Hawking, 2014).

과거의 기계적 지능과 비교해볼 때 인공지능은 그 능력과 활용 영역에서 비교할 수 없는 진화적 우월성을 보여준다. 인공지능은 기계적 지능을 인간이 통제할 수 있다는 확고한 믿음조차 의심하게 만들었다. 인간의 판단보다 더 빠르고 훨씬 정확한 데다가 인간의 불확실성과 오류조차 넘어서는 '초지능(super intelligence)'이 삶의 전 영역에서 기능할 뿐만 아니라 우리의 지능과 유기적으로 결합되어 활동하고 있기 때문에, 사실상 인공지능은 전체 인류의 지능을 능가하는 단계로 진화하고 있는지도 모른다(Kurzweil, 2006; Bostrom, 2014).

우리는 이제 인간이 만들어냈지만, 인간을 초월하기 시작한 초지능적 존재가 노동과 삶의 전 영역에 걸쳐 사회의 성격을 근본적으로 바꾸는 '시스템적 전환(systemic transformation)'의 시기에 들어서고 있다는 사실을 인정해야 한다. 인공지능이라는 새로운 지능적 존재가 최고 수준의 인간 노동인 지식 생산, 창조성, 전문성의 영역으로 급속히 그 영향을 확대하는 순간을 맞이하고 있는 것이다. 인공지능이 인간의 지적 노동과 창조성뿐 아니라 거의 모든 노동의 영역에서 인간의 능력을 초월하려 한다는 점에서 노동 세계의 전례 없는 변화와 불확실성으로 이어지고 있는 것이다.

이러한 변화는 글로벌 자본주의를 기반으로 전 세계적 영역에서 전례 없는 속도로 전개되고 있다. 이는 국민국가를 전제로 운영되어온 노동시장과 제도의 기본 운영체계를 근본적으로 흔들 수 있다는 점에서 전례 없는 충격이 될 수도 있다. 전 세계에서 발생하는 의료 서비스와 컨설팅 수요를 단 하나의 인공지능이 대응할 수 있다면 모든 사회에서 가장 좋은 직업으로 인정받는 최고의 전문직이 대체될 수 있을 것이다. 이러한 가능성들은 과거 인간만의 고유한 영역으로 인식되던 노동 영역에 이미 광범위하게 침투했다. 4차 산업혁명이 일과 노동 세계에 미칠 수 있는 잠재적 영향이 엄청난 '파괴성'을 안고 있는 만큼 이에 대한 철저한 대응과 대비책을 마련하는 것이 노동의 존재 조건에 영향을 미치는 시급한 과제로 떠오른 것이다.

4차 산업혁명으로 인한 노동 세계의 변화가 노동 진영의 예상을 뛰어넘을 정도로 급속히 확산되는 본질적인 이유는 인공지능의 '기능적 우월성' 때문으로 볼 수 있다. 인공지능의 도입은 기존에 사람들이 어렵게 받아야 했던 수많은 지적 서비스에 대한 접근성, 편의성, 효과성을 증진했을 뿐 아니라 서비스의 규모를 확대했고, 지식의 생산과 유통 비용을 제로 수준까지 낮추었다. 인공지능이 시간과 장소에 구애받지 않고 최고 수준의 지적 서비스를 거의 공짜로 제공하는 압도적인 경쟁력을 가졌다면 이를 외면할 소비자는 없을 것이다. 다른 한편 인공지능의 등장으로 고되고 지루하며 수많은 분쟁으로 인한 스트레스로 우리의 정신 건강을 위협하는 감정 노동과 지적 노동에 대한 부담이 획기적으로 줄어들 수 있게 되었다. 인공지능이 제공하는 거대한 정보의 망과 상시적 모니터링이 직장과 일상성의 '안전(security)'을 보장할 수 있다면 이 또한 엄청난 혜택이다. 궁극적으로 인공지능을 도입함으로써 얻을 수 있는 인간의 삶의 질과 생산성의 향상, 노동의 질 개선, 더 많은 여가와 휴식, 놀이와 창조적 활동의 증가라는 거대한 매력을 거부하는 것은 불가능하다(Moretti, 2012).

그러나 과거의 거대한 기술혁명이 노동의 세계에 일으킨 변화가 항상 긍정적인 영향만을 미친 것은 아니라는 사실도 직시할 필요가 있다. 1차 산업혁명으로 인한 노동 소외와 노동 착취, 2차 산업혁명 시기에 나타난 탈숙련화와 노동과정에서의 인간성 상실, 3차 산업혁명 시기에 구조화된 불평등과 삶의 불안성은 기술의 변화가 노동 영역에 긍정적인 효과를 발휘한다는 것이 환상에 불과함을 잘 말해주고 있다. 그러한 점에서 4차 산업혁명은 이전과는 다른 형태의 새로운 도전으로 이어진다는 점을 직시하고, 이에 대한 대응의 논리를 개발해야 하며, 새로운 제도와 사회 시스템의 설계에 본격적으로 나설 필요성이 있다(Eijnatten, 1992; Gustavsen, 1992).

3. 4차 산업혁명의 불확실성과 대응의 모색

1) 심화되는 불확실성

이미 오래전부터 세계적으로 몇 안 되는 소수의 회사들이 인공지능을 기반으로 시공을 넘어서는 고도의 정보통신기술을 결합해 전 세계를 대상으로 지식 서비스를 제공하고 있다. 유·무선을 가리지 않고 온라인과 오프라인이 결합되어 수행되는 이러한 일은 이제 모든 나라와 지역에서 일어나고 있다. 심지어 지구촌의 가장 빈곤한 지역에서도 인터넷과 무선통신을 이용한 정보통신 서비스는 급속도로 확장되어왔다(Baldwin, 2016).

지난 수십 년 동안 급속하게 전개되어온 이러한 변화는 전통적인 제조현장은 물론 모든 산업과 서비스 분야에서 강력한 영향을 미치고 있다. 이러한 변화를 앞서서 주도하는 사람들은 이미 인간의 산업과 노동 활동이 과거로 돌아갈 수 없을 뿐 아니라 지금까지 일어난 적이 없는 전혀 새로운 세계의 출현을 의미하는 '특이점(singularity)'의 시간이 얼마 남지 않았다고 주장한다(Kurzweil, 2006). 세계경제포럼에서도 기술과 일자리, 사회구조의 본질적인 변화의 가능성에 대한 적극적 대응 방안을 2016년의 핵심 의제로 선정해 활발한 논의를 확산시키고 있다(World Economic Forum, 2015; Dutta, Geiger and Lanvin eds., 2015).

4차 산업혁명의 영향이 우리의 생활에서 나타나기 전부터 전 세계를 대상으로 시간과 공간을 초월한 서비스와 생산 시스템을 만들어가는 노력은 부지런히 진행되어왔다. 특히 글로벌 서비스와 산업의 기반을 이루는 물리적 환경과 기술적 표준, 소통의 기본 플랫폼을 주도하기 위한 경쟁이 지금도 치열하게 전개되고 있다. 인터넷, 네트워크, 4차 산업혁명 등으로 불리는 이러한 기술혁신은 가속도를 내고 있다. 그러나 이러한 혁신을 주도해온 기업가나 과학기술계의 리더들조차 이제는 인공지능이 주도하는 새로운 미래의 불확실성을 경고하고 있다. 일부에서는 인간이 이미 인공지능에 대한 통제력을 상실했다고 보고 기계적 지능이 서로 연결된 '초지능'의 노예로 전락하는 '인간 멸종'의 가능성까지 상상하고 있다(Levy, 2015).

인공지능의 가공할 영향과 불확실성은 노동의 세계에서 더욱 두드러진 모습을 보이고 있다. 인공지능과 시스템적으로 결합된 제조업은 이미 거의 100% 기계만으로 모든 생산 프로세스를 관리할 뿐 아니라 유통과 관리, 서비스 영역, 심지어 경영에서 의사 결정 과정에까지 인공지능을 도입하고 있다. 독일, 일본, 미국을 비롯한 제조업 선진국들은 통합된 혁신 기술을 통해 노사 대립과 갈등이라는 산업사회 시대의 영원한 고민으로부터 완전히 해방되는 공장의 실현을 꿈꾸어왔다. 이들 기업들은 최근 들어서 자신들의 목표가 주요 산업 영역에서 거의 실현 단계에 와 있음을 공포하는 무인화된 생산 시스템들을 속속 가동하고 있다. 얼마 전까지만 해도 전시회의 '쇼 케이스'에서 등장했던 자율주행 시스템 등 개념적 시작품들이 속속 현실화되고 있는 것이다(Ford, 2015).

전통적인 제조업 선진국들이 완전 자동화된 생산 시스템을 통해 저임금 국가에 위탁 생산해오던 섬유, 신발 등 대표적인 노동집약적 경공업 제품들을 다시 자국의 무인 공장에서 생산하기 시작하고 있다. 인공지능으로 무장한 무인 공장 체제가 본격적으로 확산되면 개발도상국이나 후진국의 값싼 노동력 때문에 해외에 진출했던 선진국의 제조 기업들은 생산 기지를 다시 본국으로 옮기기 위한 본격적인 노력에 착수하게 될지도 모른다(Knight, 2012). 그렇게 되면, 이제 막 빈곤과 실업에서 벗어나기 시작한 국가에서 저임금 단순 숙련 노동자들은 또다시 새로운 고용 불안과 실직이라는 절벽을 맞이하게 될 것이다.

변화는 전통 제조업에만 국한되지 않는다. 제조업에서 시작된 기술혁신과 노동의 대체는 노동력 수요가 급증하는 단순 대인 서비스 산업, 컴퓨터와 자동화 시스템이 비교적 용이하게 도입될 수 있는 전문직 서비스 분야, 고도의 숙련된 전문가들이 수행하던 일들까지 실질적으로 대체하고 있다. 인공지능은 특히 단순 대인 서비스, 반복적인 지식 노동, 감정의 소모가 심한 노동, 열악한 환경에서의 노동이 필요한 직업 영역에서 급진전되는 양상을 보이고 있으며, 이미 세계 곳곳에서 이를 둘러싼 갈등과 우려를 낳고 있다(OECD, 2011).

무인 자동차와 자율주행 서비스의 결합은 전 세계적으로 수천만 개의 운송 관련 일자리들을 위협하고 있다. 기본적인 정보 수집, 팩트 체크, 전문적 조언, 초중등 학생 수준의 학습은 물론이고 수준 높은 전문성이 요구되는 대학 수준의 기초 지식 역시 이미 인공지능이 제공하는 서비스가 인간의 능력을 넘어선 지 오래이다. 전 세계를 아우르는 지능적 연결망으로 결합된 인터넷 기반의 초연결지능 네트워크는 기계적 지능에 실시간으로 엄청난 양의 정보를 제공하는데, 인공지능은 이를 통해 업데이트되고 이렇게 새로 생성한 정보를 소비자들에게 제공한다.

놀라운 것은 인공지능 또한 우리로부터 취득한 정보를 기반으로 자신의 지적 능력을 배가하는 자율 학습을 엄청난 속도로 거듭하고 있다는 사실이다. 일상 활동과 이에 기반을 둔 서비스가 인공지능의 일로 넘어가는 상황에서 과거는 물론 현재 사람이 수행하는 단순한 지적 서비스와 관련된 일들은 조만간 거의 대부분 인공지능에 의해 대체될 것이 분명하다. 인공지능은 이미 그러한 능력을 보유하고 있다. 다만 이러한 서비스들이 본격적으로 등장할 경우 이에 따르는 사회경제적 파장이 너무 크기 때문에 사실은 우리 인간이 '의도적인 지연' 상황을 만들고 있는지도 모른다.

기계와 인공지능이 절대 도전할 수 없는 신성불가침의 영역으로 간주되던 고도의 지식 노동과 창조성 영역에서도 인공지능을 등에 업은 초연결지능 네트워크의 위력은 더욱 커지고 있다. 세계적 차원에서 시간과 공간의 제약 없이 실시간으로 수집되는 정보를 분석하고 가공해 의미 있는 지식과 판단의 기준을 제공하는 기능은 이미 인간이 아닌 초연결지능이 맡고 있다. 인간은 초연결지능과의 긴밀한 협업을 통해서만 약간의 부가가치를 더할 뿐인 것이다.

우리는 대부분 인공지능이 제공하는 기초 자료에 의존해 데이터, 언어, 이미지 등을 다양한 방식으로 결합하고 분석해 이로부터 의미 있는 정보를 가공·편집하고, 새로운 정보를 생산하거나 기획하고 있는데, 인공지능이 제공하는 이러한 자료나 판단 근거들의 신빙성과 정확성은 이미 인간의 수준을 넘어섰다. 지적 게임과 놀이의 영역에서 인공지능이 보여준 놀라운 학습 능력과 신속하고 우월한 판단 정보는 안보, 의료, 재난 예측과 대응, 그리고 테러리즘을 비롯한 수많은 분쟁과 국가들 간의 감시 혹은 전쟁 등에서 엄청난 위력을 발휘하고 있다(Venture, 2015).

인공지능으로 무장한 새로운 기술혁신은 특정 산업과 서비스에 국한된 한정적이고 국지적인 현상이 아닌 삶의 전 과정과 사회의 전체 프로세스에 영향을 미치는 '시스템적 변화'로 이어지고 있으며, 그 변화의 속도는 점점 더 가속되고 있음이 명확하다. 궁극적으로 이러한 변화는 산업혁명을 능가하는 엄청난 영향을 노동 사회에 미칠 것으로 보인다. 그리고 그러한 변화는 긍정성과 낙관적인 전망에도 불구하고 전통적인 노동 개념이 앞으로도 계속 통할 수 있는지에 대한 근본적인 질문, 다시 말해 '노동의 종말'에 대한 논란으로 이어진다(Rifkin, 1994).

어떤 의미에서 노동의 종말은 거의 준비 단계를 마친 채 실현되기만을 기다리고 있는 것으로 보인다. 노동자들은 그들의 작업장과 직장 문 앞에 노동의 종말이라는 '메피스토'가 대기하고 있음을 잘 알고 있지만, 문의 빗장을 풀지 못하고 있다. 인공지능이 우리들의 일을 대신하게 될 때 고용과 노동, 그리고 노동의 미래가 어떻게 달라질지 도저히 가늠할 수 없는 불확실성에 대한 불안감이 만연해 있다. 노동 진영에서 이에 대한 대응 전략과 방안이 체계적으로 제시되고 그러한 방안들의 효과가 확인되지 않는 가운데 노동의 불안이 가중되고 있는 것이다.

2) 대응의 모색과 불확실한 미래

4차 산업혁명의 노동에 대한 영향이 어떤 방식으로 나타날 것인지에 대해서는 여러 가지 차원에서 조명이 가능하다. 우리는 우선 공정의 자동화와 시스템화가 상대적으로 깊이 진전된 제조업 영역에서의 영향을 주목할 필요가 있다. 이 부문에서는 오래전부터 기계적 자동화와 전기전자 혁명의 결합을 위한 노력이 축적되어왔다. 여기에 인공지능과 더불어 점점 더 고도화되는 시스템 통제와 로봇 공학 기술이 결합됨으로써 과거보다 훨씬 적은 노동력으로 더 높은 수준의 유연하고 적응력 있는 자동화가 진행될 수 있다(Ford, 2015).

제조 분야에서 이러한 변화는 제조업의 부가가치에 대한 고용 수요가 지속적으로 감소함으로써 입증되어왔다. 다른 한편 산업 전반에 걸쳐 인건비 상승 압력이 가중되고, 여기에 노동의 저항이 강력한 경우 자본 진영에서 자동화와 시스템화를 통해 새로운 활로를 모색하는 경향은 얼마든지 확인할 수 있다. 제조 영역에서 노사 관계가 악화된 산업이나, 국가 수준에서 인건비 상승과 더불어 노사 관계가 대립적인 나라들의 경우 고용 회피를 위한 자동화 투자가 상대적으로 높은 것은 이를 반영한다.

다른 한편, 제조업 영역에서 4차 산업혁명의 고도화로 자동화 비용이 노동 비용에 비해 저렴해질 경우 저임금 지역이나 국가로부터 고임금 지역이나 국가로의 유턴을 촉진하는 요인이 될 수 있다. 이러한 현상은 이미

4차 산업혁명이 본격화하기 이전에도 선진국에서 관찰할 수 있었다. 4차 산업혁명이 성숙 궤도에 진입하면 제조 선진국들의 입지가 더 강화될 수 있다는 논리는 이를 배경으로 한다. 그러나 이러한 현상은 고임금 국가들이 저임금 국가나 지역에 대한 경쟁력을 결정하는 요인에는 큰 변화가 없다는 가정을 전제로 할 때 가능한 것이고 선진국으로의 유턴 현상은 크게 두드러지지 않을 것으로 보인다.

이에 반해 서비스 영역에서의 고용 불균형은 더 현저해질 수 있을 것으로 보인다. 제조 영역에 비해 상대적으로 4차 산업혁명의 영향이 적었던 서비스 산업의 경우 인공지능으로 무장한 선진국 기업들의 경쟁력을 크게 강화시켰다. 선진국의 서비스 기업들은 이제 인공지능 기반의 정보통신 시스템으로 단순 대인 서비스뿐 아니라 고도 지식 서비스 분야에서도 막강한 경쟁력을 발휘할 수 있다. 글로벌 수준에서 4차 산업혁명을 선도해온 선도 기업들이 선진국의 산업 혁신 지역을 거점으로 막강한 영향력을 행사하는 가운데, 이들 기업들에 대한 실효성 있는 도전이 과거 제조업에서 산업 사이클이 이동하고 글로벌 분업 구조가 형성되던 것과 유사한 방식으로 작동하기는 쉽지 않을 것으로 보인다. 이보다는 이미 기존의 기술과 네트워크, 문화적 주도권을 확보한 소수 선진국 글로벌 기업들, 특히 미국계 기업들의 경쟁력이 강화되고, 산업의 양극화는 더 악화될 가능성이 높다.

오늘날의 4차 산업혁명은 특정 산업이나 직종에 한정된 것이라기보다는 전체 산업과 업종에 걸쳐 진행되는 '보편적(ubiquitous)' 현상으로 보아야 한다. 4차 산업혁명의 영향이 확산되고 심화되는 가운데 개별 산업과 업종에서의 영향은 상당한 부침과 성쇠가 나타날 수 있다. 이러한 변화가 고용과 노동자들의 사회경제적 지위에 미치는 영향도 업종에 따라 큰 차

이를 보일 수 있을 것이다. 새로운 산업의 확산으로 혁신과 변화를 선도하는 부문이 있는 반면, 계속해서 쇠퇴의 길을 걷는 산업과 부문이 나타난다.

이 과정에서 고용과 혁신을 주도하는 영역, 새로운 기술과 인력의 필요성이 계속 발생하고, 글로벌 수준에서 혁신을 선도하는 기업들이 미래의 직업 시장과 사회적 제도를 어떻게 만들어낼 수 있는지의 문제가 중요한 정책 의제로 등장했다. 실제로 4차 산업혁명의 선진국들은 끊임없이 새로운 일자리 동력을 발굴하고, 더 높은 부가가치와 더 좋은 일자리를 주도하는 경제 부문, 기업, 인적자원이 형성될 수 있는 노동시장과 사회제도 환경을 만드는 데 오랫동안 많은 관심과 노력을 기울여왔다(World Economic Forum, 2015a, 2015b). 그러나 선진국에서조차 이러한 노력들이 아직은 분명한 제도 혁신의 전략과 방향에 대한 일정한 합의로 이어지지는 못하고 있다. 이러한 상황에서 우리는 현재 진행 중인 현실의 변화로부터 출발해, 이로부터 도출되는 가까운 미래, 현재와 연결된 핵심적인 사회적 변화들, 이 중에서 특히 노동과 직업, 그리고 사회적 균열의 문제를 살펴볼 필요가 있다.

먼저 노동과 직업의 변화를 보자. 인공지능 기반의 4차 산업혁명의 영향이 생산 현장과 노동시장에서 광범위하게 확산될 경우 이로 인한 긍정적인 효과와 혜택에 대해서는 더 이상 언급할 필요가 없다. 4차 산업혁명의 불가피성과, 이에 따른 과감한 투자와 적극적 지원 정책의 필요성에 대한 강력한 주장들 역시 긍정적 파급 효과는 물론, 새로운 혁신에 동참하지 못할 경우 발생하게 될 경쟁력 저하, 경제성장과 사회적 활력 저하에 대한 우려를 반영한다.

4차 산업혁명의 노동에 대한 가장 큰 우려는 당연히 '고용 소멸'의 심각성에서 비롯된다. 혁신적인 신기술이 도입되고, 이에 따라 기존의 직업과 숙련에 대한 수요가 급감하면서 기존의 주류 직업들이 대량으로 파괴되거나 사라진 사례는 산업 변동의 과정에서 언제나 발생했던 현상으로 치부될 수도 있다. 이러한 관점에서만 본다면 인공지능 기반의 기술혁신이 기존 노동시장에서 주류 직업들의 지속 가능성에 위협을 가하고 있는 것은 분명한 것으로 보인다. 2016년 세계경제포럼에서는 4차 산업혁명의 도래에 따라 앞으로 10년 이내에 사라질 위험에 처한 직업들과 새롭게 부각되는 직업군에 대해 상세한 학술 및 정책적 분석 결과를 제시한 바 있다(Benedikt and Osborne, 2013).

이러한 분석들은 4차 산업혁명의 결과 사라질 위험이 높은 직업들과 새로운 수요가 창출될 직업군들을 비교하며, 사라질 직업들보다는 새로운 직업들에 대한 관심을 유도하는 낙관적 시나리오를 제시한다. 그러나 설상 이러한 낙관적 시나리오가 맞는다고 해도 대량 소멸의 위협에 직면한 직업들과 사람들의 고용 문제가 사라지는 것은 결코 아니다. 특히 사라질 일자리들의 파괴적 영향이 특정 사회 세력과 지역에 집중될 경우 사회 전체로서는 대규모 구조조정과 적응의 문제를 떠안을 수밖에 없고, 이에 대한 제도적 대응이 어떠한 '방향에서 설정되는지에 따라 한 사회의 고용과 직업 구조는 결정적인 영향을 받을 수밖에 없다. 게다가 새로운 기술이 기존의 노동 체제에서 사회적 약자의 위치에 있는 노동자들의 고용 지위를 심각하게 위협하는 방향으로 악영향을 미치는 경우 가뜩이나 취약한 기존의 고용 시스템은 더욱 약화될 수 있다(Susskind and Susskind, 2015).

4차 산업혁명의 일자리 파괴 현상에 대해 강한 우려가 수그러들지 않는 이유는 이것이 후발 개도국의 저임금·저숙련 노동력뿐 아니라 선진국에서 오랫동안 보호받아왔던 주류 노동계급의 사회경제적 지위 전반에 걸쳐 큰 위협을 가하고 있기 때문이다. 역설적으로 이러한 영향은 후진국이나 개도국보다는 선진국 노동시장에서 노조나 직업적 결사체들을 통해 안정된 지위를 보장받아왔던 노동자들의 기득권과 사회경제적 지위를 더 크게 위협해온 것으로 보인다.

미국을 비롯한 주요 선진국들의 경우 전통 제조업의 강력한 노조와 생산직 노동자들의 쇠퇴는 오래전부터 시작되어 이제는 글로벌 무역 시스템에 대한 강화된 '규제'를 동반한 강력한 '정치적 대응' 없이는 막아내기 어려울 정도가 되었다. 선진국들을 중심으로 강력한 지지 기반을 확대하고 있는 극우적 성향의 정당들이나 미국의 트럼프 정권, 영국의 브렉시트(Brexit) 선언, 그리고 유럽연합(EU) 주요 선진국들의 반이민 운동 등은 모두 지금까지 안정적 지위를 누리던 주류 직업 집단들의 위기의식을 적극적으로 반영한다는 공통점이 존재한다.

4차 산업혁명에 대한 '사회적 반동(social reaction)'으로 규정할 수도 있는 이러한 현상을 강화시키는 핵심적인 요인은 사회경제적 불평등과 구조적 격차의 가속화에 있다. 한두 개의 강력한 글로벌 기업이나 조직들이 인공지능과 커뮤니케이션 네트워크를 독점하고 전 세계를 대상으로 국경 없는 지식과 상징 서비스를 제공하면서 하드웨어는 물론 소프트웨어까지 독점하는 현상이 거의 포화 단계에 달했음이 명백하다. 과거에는 한 나라 내에서 노동시장과 사회제도가 조직화되어 한 국가 수준에서 시장이 공동체를 지배했지만 이미 오래전부터 글로벌 수준에서 시장이 공동체를 지배하고 있다.

글로벌 아웃소싱은 선진국에서 제조업의 구조적 일자리 감소와 전통 산업 도시들의 몰락으로 이어졌고, 한 국가 내에서도 좋은 일자리와 혁신 주도 지역들과 소외 지역들 간의 명암이 극명하게 갈라지고 있다. 현상적으로 국가 내에서 일어나는 변화는 실제로는 복잡하게 얽힌 글루벌 생산 체제의 역동성과 더욱 깊은 관련성을 맺고 있기 때문에 단일 국가나 지방 정부, 이익집단, 노동조합 등 전통적인 조직들이 지닌 정책 수단과 노력만으로는 효과적인 처방과 대응이 거의 불가능하다. 수많은 글로벌 모임들이 4차 산업혁명과 동시적으로 진행되는 글로벌 경제 시스템에서의 불평등 문제를 핵심 정책 의제로 선정하고, 이에 대한 국제적 차원의 대응 방안을 호소하고 있지만, 현실적으로 복잡한 이해관계가 얽힌 구조적 불평등 문제를 다룰 수 있는 거버넌스 체제의 변화는 적어도 단기적으로는 기대하기 힘들 것으로 보인다.

이러한 상황에서 급속한 기술혁신과 사회 시스템의 변화가 직업과 노동시장의 균열을 확대하고, 갈등을 심화시키는 현상은 대다수 국가들에서 노동시장제도의 안정성을 위협하는 중요한 정책적 과제로 등장하고 있다. 일부 주요 선진국들에서는 소득 격차와 고용 불안의 해소를 위해 지금까지 시도해보지 않았던 정책적 대응 방안들을 모색하거나 시도하고 있다. 전 국민을 대상으로 '기본소득'을 보장해야 한다는 주장이 유럽 등 선진 사회민주주의 국가들에서 확산되고 있고 일부 국가에서는 관련 정책에 대한 사회적 실험이 이미 진행 중이다. 사회적 격차 완화를 위해 최저임금을 적극적으로 인상하고, 조세 형평성을 강화하는 전통적인 방안들 역시 이러한 움직임과 무관하지 않다. 일자리와 고용에 대한 지배력을 강화해온 지배적 생산자나 기업들이 종속 관계에 있는 다수의 기업이나 조직들에 대해 열악한 노동 조건이나 불안정한 고용 계약을 요구하는 관행들에 대해서도 적극적인 규제 노력이 진행 중이다(Well, 2014).

이러한 노력들은 기본적으로 두 갈래의 정치적 대응 형태로 나타나고 있다. 그 첫 번째는 무역과 이민에 대한 규제 강화와 보수주의가 결합된 '반동적 대응'이며, 두 번째는 사회적 격차와 노동 보호를 위한 민주적 개입과 규제를 강화하기 위한 흐름으로 볼 수 있다. 기존의 사회 체제가 급격히 해체되고, 사회적 격차와 불안정이 심화될 때 이에 대한 사회적 저항과 반동이 보수적 경로와 민주적 경로로 나뉘었던 경험은 과거에도 있었다. 산업혁명 초기의 시민혁명과 이에 대한 구체제의 반동, 20세기 초반 시장경제의 무차별적 확장과 이에 대한 파시즘의 대응 등은 그 성격은 조금씩 다르지만, 기존 체제의 위기와 경제적 불안정에 대한 사회적 반동과 저항이라는 점에서는 유사한 사회경제적 변화를 배경으로 하고 있었다 (Piketty, 2014; Polyani, 2001).

노동시장의 급격한 변동이 초래하는 고용 불안과 사회경제적 대응의 문제는 오늘날 노동시장제도의 효율성과 효과성, 그리고 특정 사회 시스템의 지속 가능성을 판단하는 핵심 요인의 하나가 되고 있다. 4차 산업혁명에 대비하기 위한 다양한 정책 수단들을 모색해온 산업 선진국들에서는 오래전부터 관련 분야에서 정교한 정책적·제도적 대응 방안들을 개발하고 적용해왔다. 특히 국가의 적극적인 노동시장 개입을 선호해온 북유럽의 선진국들을 비롯해서 사회민주적 전통과 노동 진영의 영향력이 강한 국가들에서는 직업과 노동시장에서 순조로운 이행과 복원력을 강화하고 능동적인 대응 방안을 마련하기 위한 사회적 대화를 적극적으로 추진해왔다.

반면 이러한 개입의 전통이 부족하고, 시장에 대한 믿음이 강한 국가들에서는 노동 현장과 직업 세계의 변화에 대한 정책적 개입에 소극적이었던 것이 사실이다. 대체로 전자가 4차 산업혁명에 대한 '사회민주적' 대응이라면 후자의 경우는 '자유주의적' 대응으로 볼 수 있다. 이와 관련해 우리는 사회의 민주적 거버넌스를 중시하는 산업민주주의적 대응 전략이 급격한 기술혁명에 대해 더 효과적일 수 있다는 관점에 주목한다.

4. 기술혁명과 노동의 위기에 대한 전략적 대응

1) 대응의 다양성, 복잡성

급격한 기술혁신이 고용과 노동에 미치는 영향에 대한 관심은 노사 관계의 핵심 의제가 되었다. 노동시장과 노사 관계의 선진국들에서는 기술혁신이 노동에 미치는 '악영향'을 최소화하고, 기술과 노동의 공존을 도모하기 위해 다양한 차원에서 적절한 평가와 개입 전략을 개발해왔다. 그러한 노력들은 '인간을 위한 기술', '노동의 인간화', '사회기술 시스템' 등 다양한 방식으로 전개되어왔다(박준식, 2002; 박준식 외, 1997).

다른 한편 급격한 기술의 변화나 이를 활용한 경영 전략이 노동에 미치는 영향에 저항하거나, 순조로운 직업적 이행을 지원하기 위한 다양한 정책과 전략들이 개발되어왔다. 1990년대 이후 전 세계적으로 확산된 '리엔지니어링'의 파괴적 영향에 대한 노동 진영의 끈질긴 저항은 그 이전의 시기에 있었던 '테일러-포디즘'의 '탈숙련화'에 대한 저항, 더 나아가서는 20세기 초반부터 본격화된 산업별 노동조합 운동에서 뿌리를 찾을 수 있다. 산업화 기간에 걸쳐 노동과 자본 간에 진행되었던 줄다리기와 교섭 노력은 궁극적으로 작업 현장을 더 안전하게 인간적 방향으로 변화시키는 데 기여했다. 다른 한편 선진국들에서는 노동자 개인의 직업적 안정에 큰 영향을 미치는 기술혁신에 적극적으로 대응하기 위해 노동시장제도의 적응성과 복원력을 강화하는 것과 더불어, 고용의 '안정성'과 '유연성' 간에 조화를 이루기 위한 노력들을 지속적으로 전개해왔다(박준식, 1996).

이러한 노력에도 불구하고 오늘날의 기술혁신이 노동에 미치는 영향은 과거 특정 직업이나 산업, 제도의 영역을 넘어 전체 사회에 파급 효과를 가시화하는 '시스템 규모의 영향'으로 인식되고 있다. 더 큰 문제는 이러한 혁신과 변화가 과거와는 비교할 수 없을 정도로 광범위하며 급격한 것이어서 노사 관계에 한정된 대응으로는 한계를 드러낼 수밖에 없다는 데 있다. 따라서 인공지능 기반의 새로운 지능적 기술혁신이 인간의 삶에 미치는 영향에 대해 사회적 차원에서 대응하는 노력이 시급하다. 기술이 고용과 노동에 미치는 긍정적 측면과 부정적 측면의 영향에 대한 공정하고 합리적인 사회적 논의 절차와 기준을 마련하기 위한 '기술 영향 평가'의 필요성에 주목할 필요가 있다.

기술혁신이 고용과 노동에 미치는 영향에 대한 평가 노력이 중장기적 차원의 대응이라면, 당장 일자리 위기 극복을 위한 공공적 개입 역시 시급한 과제로 볼 수 있다. 특히 최근 들어 산업과 직업에 대한 인공지능의 영향이 전통적인 제조업종은 물론 일반 서비스와 고도의 전문 서비스 영역으로 급속히 파급되고 있음을 감안할 때, 이로 인해 발생할 수 있는 일자리와 고용의 위기 극복을 위한 노력은 개인이나 개별 기업 차원에서 다루기 어려운 전체 사회적 이슈임이 분명하다.

4차 산업혁명의 과정에서 일자리와 고용의 위기 상황을 적극적으로 다루고, 이에 대한 신속하고 효과적인 대응 전략을 마련하기 위해 공공적 개입의 필요성과 책무가 강력히 제기되고 있지만, 그 실질적 효과는 미진하다. 이러한 상황에서 사회적 거버넌스의 핵심 당사자들이 기존 제도와 정책의 낙후성을 신속히 개선하기 위한 노력에 착수하면서 노동, 숙련 및 직업 시장의 효과성을 높이기 위한 제도 혁신에 많은 노력을 기울이고 있다.

세계경제의 분업체계가 복잡하고 긴밀하게 연결되어 있으며, 한 국가에서의 시도가 다른 국가들과 긴밀히 연계된 상황에서 이러한 노력들은 다양한 방식의 국제적 공조와 지식의 공유 및 확산 노력과 병행해서 진행될 필요가 있다. 또한 그동안 경시되어왔던 노동 진영의 적극적인 참여와 영향력 확대를 위한 노력과 의제의 개발은 매우 중요한 의미를 담을 수 있다. 그러한 점에서 최근 독일의 산별 노조 등을 중심으로 활발하게 모색되고 있는 산업 4.0에 대응하는 노동 4.0 의제의 개발과 거버넌스 체제의 개혁을 통한 대응 노력은 여러 가지로 중요한 함의를 제공할 수 있다(이호근, 2016).

당장의 임박한 사회적 과제에 대한 대응 또한 시급하다. 급격한 기술혁신으로 인해 기존의 직업이 파괴되고, 숙련 수요가 급감하는 분야에서 노동자들의 재훈련과 적응은 물론이고, 취약 집단을 보호하기 위한 정부의 적극적 노력과 투자가 필요하다. 기술혁신의 기회가 특정 계층과 직업 집단에 편중되거나 사회 양극화로 이어지지 않도록 사회제도와 정책적 차원에서의 개입이 절실하다. 이러한 노력의 일환으로 선진국들을 중심으로 생활 임금에 근접하는 수준으로 최저 임금을 적극적으로 인상하기 위한 정책적 노력과 사회적 실험이 적극적으로 모색되고 있는 것은 의미가 크다.

다른 한편 일자리 파괴가 전체 사회로 확산되거나 구조적 실업으로 이어지지 않도록 정부나 공공 부문이 적극적으로 일자리 창출에 나서거나 이를 위한 투자를 확대하는 이른바 '일자리 뉴딜' 노력도 상당한 효과를 발휘할 수 있을 것으로 기대된다. 이러한 노력들은 좋은 일자리가 건전하고 지속 가능한 경제사회 시스템을 만들어가는 핵심적인 동력이라는 생각을 기반으로 하고 있다(Rifkin, 2011; Reich, 2016).

미시적 수준에서는 더 좋은 일자리들을 설계하고, 사회 곳곳에서 적절한 수준의 공공적 수요가 존재하는 공익적 일자리들을 적극적으로 개발할 필요에 대해서도 공감대가 확산되고 있다. 양극화로 인한 사회적 문제에 대응하기 위해 다양한 방식의 '사회적 일자리'와 관련 경제 영역을 활성화하는 것은 실업과 빈곤의 위협에 시달리는 한계 계층과 취약 계층을 위한 매우 의미 있는 지원 기제가 될 수 있을 것이다. 사회적 경제 영역의 활성화가 기존의 국가 복지제도와 유기적으로 연결되어 선순환의 생태계로 전환될 수 있도록 양자 간에 존재하는 갈등과 마찰 요인들도 축소해야 할 것이다. 일자리 양극화를 극복하기 위해서 점점 커지고 있는 임금과 소득 격차를 축소하고 이 격차를 적정 수준에서 관리하기 위한 정부와 노사의 노력 또한 이러한 체계를 발전시키는 데 한몫할 것이다.

4차 산업혁명이 사회 전 분야에 확산되어 우리의 일상에 영향을 미치고 있는 상황에서 인적자원을 지키고 육성하는 노력도 중요하다. 인간의 지적 능력과 창조성이 어느 때보다 중시되는 상황에서 산업화 시대의 물량과 규모 중심의 성장 패러다임을 과감히 떨치고 인적자원과 소득 중심의 성장 전략으로 신속히 이동할 필요성이 있다. 사회경제적으로 취약한 계층이 교육과 훈련의 기회에서 소외되지 않도록 정부 차원에서 학습을 통한 기회를 확장하는 데 적극적인 노력을 기울여야 인공지능의 확산으로 신분의 불평등이 악화되는 최악의 결과로 이어지지 않을 수 있을 것이다.

4차 산업혁명의 시대에는 인적자원의 질이 경제와 사회의 수준과 역동성을 좌우한다. 이 경우 국가는 물론 지역의 발전이나 번영을 좌우하는 것은 기존의 산업 환경보다는 지역과 공간의 '품격'과 우수한 인적자원을 끌어들이는 '매력' 같은 무형 자산이 될 가능성이 높다. 세계적 규모의 산업 혁신과 인구 이동의 시대에는 시간과 공간의 매력을 창조하고 삶과 문화의 질을 향상하는 것이 새로운 발전 전략의 핵심 요소가 될 수 있음을 의미한다(Saxenian, 2007). 이미 산업과 역동적 혁신의 중심 지역들은 지역의 매력이 경제나 일자리의 활력에 핵심 요소가 된다는 사실을 간파하고, 삶의 질과 환경의 만족도, 공간의 매력을 증진하기 위해 많은 노력을 기울이고 있다. 이러한 전략에서도 고용의 질, 삶의 질, 일자리의 질과 같은 보이지 않는 사회적 자산의 중요성이 부각되고 있다(Florida, 2004).

이러한 논의들을 종합해볼 때 인공지능의 본격적인 확산을 기반으로 전개되는 4차 산업혁명에 과거처럼 단일 사회 세력이 중심이 되어 대응하는 것은 힘들어 보인다. 4차 산업혁명은 전체 사회 시스템 수준에서 영향을 미치는 만큼 다양한 사회 세력들이 함께 모여 대응할 필요가 있다. 사회 시스템, 제도, 노동시장, 작업 현장 등 거의 모든 사회적 층위에서 중요한 의제들을 다루는 민주적 거버넌스 체제를 형성하고, 민주적 토론과 사회적 대화로써 현실적 대응 방안을 모색하는 사회 전체의 관심과 노력이 필요하다.

2) 기술과 일자리의 공존

4차 산업혁명과 산업 선진국들의 정책적 대응에서 주목되는 두 가지 전략적 대응으로 우리는 영미식 '자유주의 전략'과 북유럽 방식의 '사회민주적 전략'을 비교해볼 필요가 있다. 전자의 경우는 글로벌 자본주의라는 프레임 안에서 4차 산업혁명의 주도권을 장악하는 데 주력했다. 이러한 전략은 노동시장에서도 규제 완화와 자유로운 인적자원의 이동, 파격적이고 혁신적인 보상체계를 통한 '국제적 인재(global talent)' 유치, 엘리트가 주도하는 인적자원 네트워크의 주도권 장악으로 이어지는 모습을 보이고 있다. 4차 산업혁명에 대한 영미식 접근은 노동시장에서 고급 인적자원과 인재 유치를 위한 규제 완화에 기초해 4차 산업혁명의 주도권을 장악하는 것으로 이어졌지만, 언어와 문화적 흐름을 주도하기 어려운 나라들에서는 이러한 전략은 효과적일 수 없다.

이에 반해 북유럽의 선진국들이 추구해온 대응의 방향은 자유주의 방식과는 달리 인적자원에 대한 질적 투자 고도화와 더불어 혁신 활동을 보장하는 노동시장의 안전망과 인적 투자 확충, 작업장 수준에서는 산업민주주의의 질적 심화를 통한 노동의 질 향상과 노동권 보호에 주안점을 두고 있다. 이러한 전략은 노동 존중과 일자리 업그레이드를 위한 노력이 사회적 신뢰와 안정감, 만족도를 증진하고, 삶의 질을 향상시켜 장기적으로 산업 혁신과 일자리 창출에 효과적일 수 있다는 가정을 바탕으로 하고 있다. 이는 현명하고 효과적인 복지 지출과 사회적 투자가 경제 활력을 유지하고, 좋은 일자리 창출에도 기여할 수 있다는 주장과 맥을 같이한다(Morel, Palier and Palme eds., 2012).

복지제도와 경제성장의 관계를 부정으로 보는 자유주의적 입장에서는 복지제도가 노동 의욕을 약화시켜 경제성장에 부정적인 영향을 준다는 점을 강조한다. 복지 지출이 경제성장에 긍정적인 기여를 할 수 있다는 입장에서는 복지가 단순히 낭비가 아닌 생산적 투자라는 점을 강조한다. 이러한 입장은 전통적인 보상적 복지가 아닌 '사회투자(social investment)'가 인적자본을 강화하는 데 기여할 뿐 아니라 실패에 대한 두려움을 완화해 기업가 활동이나 기술혁신 등을 활성화하는 데 기여할 수 있다고 본다. 이러한 입장은 '지식기반 사회'의 도래와 더불어 경제를 성장시키는 데 지식과 기술의 중요성이 더욱 커짐에 따라 복지와 경제 선진화의 선순환 관계 강화에 주목한다는 점에서 자유주의적 접근과 그 결을 달리한다.

사회민주적 접근의 지지자들은 복지의 기능을 확장해 사회 보장의 기능과 더불어 미래의 성장에 기여하는 사회투자의 기능을 강화해야 한다고 주장한다. 경제적 세계화와 더불어 저임금 국가의 추격이 가속화되는 현실에서 국가 경제의 지속적인 성장을 위해서는 쉽게 모방하기 어려운 사회 시스템과 고기술 산업 분야의 발전이 매우 중요하다. 고기술 산업 분야의 발전은 양질의 인적자본이 필요한데, 복지의 생산적 측면을 강조하는 사회투자 전략은 양질의 인적자본을 축적하는 데 유리한 환경을 조성한다는 것이다.

북유럽의 선진국들을 중심으로 시작된 생산적 복지국가(productive welfare state)에 대한 논의는 복지가 미래의 경제성장을 위한 투자라는 점을 강조하고 있다. 이들 국가들에서는 복지의 조건으로 근로를 강조하는 소극적 근로연계복지(welfare to work)를 넘어서 사회투자적 측면이 부각될 수 있도록 복지제도를 개편해야 한다는 점을 강조한다. 최근 자본주의 다양성(variety of capitalism)론을 강조하는 입장 역시 사회 보험이나 노동시장의 제도적 특성이 특정 유형의 숙련을 향상시키는 데 긍정적 영향을 미친다는 점에 주목해 복지제도의 특징이 특정 산업의 국가경쟁력에 긍정적이라고 본다.

복지국가의 사회투자 전략이 4차 산업혁명을 주도하는 정보통신기술 산업에 미친 영향을 비교사회학적 관점에서 분석한 최근의 연구에 따르면, 사회투자적 관점에서의 적극적인 복지와 노동시장 정책이 새로운 산업의 발전에 긍정적인 영향을 미치는 것으로 나타났다. 북유럽의 산업 선진국들을 중심으로 볼 때 사회투자는 주요 신산업의 고용, 노동생산성, 부가가치에 긍정적인 영향을 미치는 것으로 나타난 것이다. 사회투자는 인적자원의 축적에도 긍정적인 영향을 미쳐서 궁극적으로 숙련과 인적자원의 수준을 향상시키고, 기업의 경쟁력과 효율성을 높이는 데에도 기여하는 것으로 나타났다. 이는 선진 사회투자 국가들이 전통적 복지국가에 비해 첨단 산업의 발전에 더 유리한 사회적 환경을 제공하고 있음을 보여주는 것으로 해석할 수 있다(김영범·박준식, 2017).

적극적인 사회투자 지출은 소득 불평등을 완화하는 데도 기여할 수 있다는 점도 확인된다. 사회투자 지출은 다양한 서비스를 통해 더 높은 삶의 질과 노동의 자유를 제공할 뿐 아니라 다양한 사회적 급여를 통해 당장의 이익을 위해 장기적 훈련과 학습을 희생하는 단기 이익 중심의 선택 압력을 완화하는 데 기여한다. 적절한 사회투자와 학습에 대한 지원으로 노동자들은 좀 더 장기적 관점에서 여유 시간을 숙련과 인적자본을 위한 훈련에 투자할 수 있고, 좋은 일자리를 찾을 수 있다. 사회투자와 학습에 대한 투자가 장기적으로 노동자들의 일자리를 업그레이드시키고 혁신을 촉진할 수 있다는 것이다.

4차 산업혁명의 주도 분야에서 이루어지는 기술혁신과 새로운 지식은 다양한 산업 분야에서 응용될 수 있는 반면, 기존 기술의 효용성이 빠르게 하락한다는 특징을 갖는다. 다른 한편으로 새로운 산업은 제품의 특성상 개발 비용이 들지만, 일단 개발되면 제품의 공급에 거의 비용이 들지 않는다는 장점도 갖는다. 따라서 누군가 선발자로 시장을 장악하면 후발자에 비해 엄청난 이득을 얻을 수 있다. 선발자가 표준을 선점하는 경우 후발자들은 선발자의 표준 플랫폼이나 프로그램을 사용해야 하기 때문에 시장에서 성공하기는 매우 어렵다.

개인 측면에서 새로운 산업의 종사자들은 필요한 지식과 기술을 습득하는 데 많은 노력이 필요함에도 불구하고 쉽게 해고될 수 있는 환경에 노출되어 있다. 첨단 정보통신산업의 근거지라고 할 수 있는 실리콘밸리의 경우 '비표준 고용 관계(non-standard employment relationship)'가 광범위하게 확산되었고, 이는 노동시장에서의 구조적 불평등과 사회 불안정의 주 원인이다(Benner, 2002). 인공지능이 주도하는 신기술의 노동시장에 대한 영향은 명백히 고용 관계의 불안정과 해체, 소득 불평등의 구조적 심화로 연결될 수 있고, 이러한 영향은 장기적으로 사회 통합과 노동시장의 안정적 재생산을 교란하는 요인이다. 기술혁신에 대한 방임적이고 규제 완화적인 전략이 이러한 사회적 부담을 안고 있다고 할 때 자유주의적 대응의 한계와 사회가 떠안아야 할 대가도 크다.

이에 반해 북유럽의 사회민주주의 국가와 자유주의 국가에서 확인된 바 있는 정보통신산업의 높은 고용 수준과 부가가치는 새로운 산업의 등장이 노동시장의 붕괴나 고용 불안으로 이어지지 않으면서 사회 전체에 긍정적인 효과를 발휘할 수 있다는 것을 보여준다. 국가와 조직 차원에서의 장기적 이익을 위한 투자와 학습 지원이 4차 산업혁명 시대에도 효과를 발휘할 수 있다는 것이다.

정부가 노동시장에 적극적으로 개입하고, 사회제도적으로 기술과 학습에 대한 지원체계를 구축한 국가들의 경우 지식 습득과 혁신적 활동의 리스크를 최소화하기 위한 노력을 강화해왔다. 또한 이들 국가들은 보편주의적 복지제도와 사회 안전망을 통해 기업이나 산업의 실적에 따른 복지 혜택의 차이를 줄이고 있다. 이러한 정책들로 회사나 산업, 혹은 업종 간 이동에 따른 불이익과 신분 전환을 걱정할 필요가 없는 노동자들이 더 나은 산업이나 직업의 전망에 따라 큰 위험 부담 없이 자신을 위한 투자와 학습에 나설 수 있는 것이다.

사회투자를 중시하는 산업민주주의 전략에서는 우선 국가적 수준에서 적극적인 사회투자와 보상적 복지제도를 활용해 새로운 산업에 필요한 지식과 기술의 학습을 촉진하고, 노동시장에서의 이동에 따른 고용 리스크를 최소화한다. 이를 통해 학습에 대한 부담과 새로운 직업으로의 이동이나 진입 장벽을 낮출 수 있다. 다른 한편 정부는 노동시장과 고용 영역에서 확실한 안전망을 제공함으로써 신산업이 요구하는 새로운 지식과 기술을 배울 수 있는 제도적 환경을 제공한다. 노동시장에서 사회경제적 안전망을 확충하고, 능력 개발을 위한 사람들의 노력에 투자를 아끼지 않는 한편, 노동시장에서 적극적으로 일자리 혁신을 지향하는 사회민주적 체제의 적극적 노동시장 정책이 4차 산업혁명에 대한 사회적 차원의 적극적 대안이 될 수 있음을 시사한다.

신기술에 대한 사회민주적 대응 전략에서 또 하나의 축을 이루는 것이 기업이나 작업 현장 수준에서 민주적 거버넌스 체제를 구축하기 위한 노력이다. 이러한 노력은 새로운 기술과 혁신의 당사자들을 통해 기술과 노동의 적극적인 조화를 추구하는 다양한 노력들을 활성화하는 전략으로, 기술과 노동의 민주적 결합 노력으로 규정할 수 있다. 이러한 전략은 노동과 자본이 산업 현장 수준에서 대등한 방식의 사회적 대화와 협력체계를 구축하고 있는 '산업민주주의' 국가들에서 오래전부터 적극적으로 도입되어 그 효과를 축적해왔다.

산업과 기업, 작업 현장 수준에서 인간과 기술에 미치는 영향을 사회적 대화를 통해 논의·평가하고, 이에 대한 민주적 거버넌스 방식의 개선을 위한 노력을 적극적으로 전개하는 '산업민주주의' 방식의 접근은 전통적이면서 직접적이고 효과적인 대응이 될 수 있다. 이는 기술이 노동에 미치는 영향에 대한 인식과 대응 역량은 본질적으로 기술을 다루는 당사자인 노동자들의 입장에서 정확히 평가될 수 있고, 기술의 부정적 영향에 대한 현실적이고 가능한 대안 역시 기술적 기초를 토대로 이루어져야 한다는 산업민주주의 사상을 토대로 한다.

이러한 접근은 기술을 추상과 이론이 아닌 현장의 당사자들이 제대로 이해하고 올바르게 다루어야 할 소중한 과제로 인식하고, 기술의 인간적·민주적 활용 방안을 당사자들이 함께 고민해 해결책을 찾아가야 한다는 민주적이고 실용적인 인식에 기초하고 있다. 산업민주주의의 접근은 현장에서 당면하는 문제 중심의 실용적 '사회적 대화' 기제와, 이를 통해 도출되는 해결책의 중요성에 주목한다. 이러한 전략은 노사 관계의 선진국들에서 기술의 인간화에 기여해왔다. 북유럽의 산업 선진국들은 산업 현장에서 기술과 인간의 조화와 인간 중심적 작업 현장을 실현하기 위한 노력들을 기울여왔다. 산업과 현장 중심의 민주적 대화와 개입 노력과 더불어 국가 차원의 적극적인 사회적 개입과 대응 노력이 결합되는 것이 4차 산업혁명 시대에 기술과 인간의 대립, 사회경제적 양극화를 해소하고 산업민주주의를 살려나가면서 산업의 경쟁력을 유지하는 중요한 전략적 방향이 될 수 있다.

5. 결론 및 제언

인공지능의 광범위한 확산을 핵심으로 하는 4차 산업혁명은 기술 변화에 대해 사회 시스템 전반에 걸쳐 근본적으로 새로운 관점에서의 대응을 요구하고 있다. 산업화와 기술혁신의 역사를 통해 본 것처럼 기술의 변화는 기존의 직업과 노동의 세계에 광범위하고 불가피한 영향을 미쳐왔다.

거대한 기술혁신과 조직의 변화에 대한 노동의 대응 역시 21세기의 산업 현장에서 더욱 절실한 과제가 되고 있다. 20세기 초반, 테일러주의 시스템의 광범위한 도입에 대한 노동 현장의 반발이 숙련 통제에 기초한 직업별 노동운동으로 나타났고, 대량생산과 자동화에 기초한 포드주의의 등장이 탈숙련화의 위협에 직면한 노동자들의 강력한 산업별 노동운동의 중요한 기초가 되었던 것처럼 인공지능을 기반으로 전 산업에서 광범위하게 확산되는 새로운 기술혁신 또한 기술에 대한 인간과 사회의 적극적 개입과 민주적 공존 노력의 필요성을 강하게 제기하고 있다.

다른 한편 새로운 기술 패러다임에 대한 사회의 대응과 그 결과의 영향에 따라 기술혁신의 방향과 내용 역시 변화할 수 있다. 기술혁신에 대한 국가와 사회의 민주적 개입을 추구하는 산업민주주의 전략은 기술과 사회가 어떠한 방식으로 사회적 대화에 기초한 민주적 공존의 길을 찾아갈 수 있는지를 보여주고 있다. 기술과 인간의 능동적 공존 모델을 모색하는 심화된 산업민주주의 전략이 사회적 불평등과 균열, 일자리 적응의 문제에 따른 부작용을 해소하면서 노동 인간화에 긍정적인 영향을 미칠 수 있을 것으로 기대된다.

4차 산업혁명이 직업과 노동, 사회 구조에 미치는 영향은 과거와는 차원을 달리하는 새로운 방식의 대응을 요구할 수 있다. 전체 산업과 노동 분야에 걸쳐 다양한 방식으로 영향을 미치는 인공지능과 이를 기반으로 한 기술의 영향이 그만큼 복합적이고 다양하며 광범위하고 포괄적이기 때문에 사회 시스템과 기술 시스템의 새로운 공존과 적응 방식을 찾아가는 것은 과거보다 훨씬 어렵다. 그러나 이에 대한 민주적 담론과 사회적 대화의 활성화, 사회제도와 노동시장의 개편, 그리고 산업민주주의 관점에서의 개입은 반드시 필요하다.

기술이 사회에 미치는 영향에 대한 민주적 개입과 변화 노력은 이미 사회의 여러 부문과 영역에서 다양한 방식으로 전개되어왔다. 20세기 후반에 있었던 '노동의 인간화'를 위한 노력, 사회와 기술의 민주적 공존 방식을 모색해왔던 '사회기술 시스템' 운동 등은 노동 현장에서 진행되었던 의미 있는 시도였다. 이러한 노력들은 노동 조건과 작업 환경, 기술 시스템을 인간 친화적 방식으로 전화하는 데 큰 영향을 미쳤으며, 많은 분야에서 노동의 인간화를 앞당겼다.

사회제도적 측면에서도 민주적인 개입 노력이 의미 있는 사회제도 혁신으로 이어질 가능성에 대해서도 관심을 기울여야 한다. 4차 산업혁명의 전반적인 긍정성에도 불구하고 인공지능 기반의 기술혁신이 사회에 미치는 영향은 훨씬 광범위하고 예측하기 힘들다. 따라서 이에 대한 선제적인 평가와 적극적인 대응 노력은 과거보다 훨씬 중요한 의미를 지닌다. 특히 사회의 양극화와 균열을 촉진하고, 대량의 일자리 소멸을 초래할 수 있는 직업과 기술 분야에서 파괴적 신기술의 부정적 영향에 대해 적절한 민주적 통제와 거버넌스 체제를 갖추는 것은 매우 중요하다.

마지막으로 사회제도적 차원에서도 심도 깊은 사회적 담론의 활성화가 중요하다. 인공지능의 도입으로 인간의 노동 세계가 질적으로 변화하고, 대규모의 사회적 변화가 불가피하다고 할 때 이에 따른 부작용을 최소화하는 동시에 기술혁신의 긍정적 효과를 극대화하기 위해서는 제도적 차원에서의 대응이 어느 때보다 중요하기 때문이다. 빠른 속도로 변화하는 새로운 숙련의 필요성에 대응하기 위해 보다 전략적이고 효과적인 인재 육성과 교육 훈련, '사람 만들기' 전략을 반드시 국가적 차원에서 모색해야 한다. 4차 산업혁명에 대한 대응은 특정 개인이나 기업, 개별화되고 분산된 사회적 주체들의 고립된 행동으로는 효과를 발휘할 수 없다. 이보다는 사회 전체 수준에서 광범위한 토론과 의제 설정, 민주적 거버넌스 구축을 위한 노력과 더불어 사회경제적·인간적 위험을 최소화하기 위한 민주적 거버넌스 구축과 산업민주주의적 관점의 노력이 결합될 때 현실적으로 의미 있는 대안이 나올 수 있을 것으로 보인다.

참고문헌

강병준. 2003. 『특명! 재도약 테헤란 밸리』. 로보 M&B.

강일용. 2017.11.6. "실리콘밸리의 인도인 CEO들 … 그들의 세 가지 경쟁력". ≪동아일보≫. http://it.donga.com/27081/

강현수. 2010. 「역사적 대학도시에서 첨단 과학도시로, 케임브리지(Cambridge)」. ≪국토≫, 90~95쪽.

국가균형발전위원회. 2004. 『세계의 지역혁신체계』. 한울.

_____. 2005. 『선진국의 혁신클러스터』. 동도원.

국기연. 2017.12.12. "서은숙 KSEA 회장 인터뷰: 재미 과학·기술자들, 한국 4차 산업혁명에 큰 역할을 할 것". ≪세계일보≫. http://www.sportsworldi.com/content/html/2017/12/12/20171212004200.html.

권하나·최성관. 2016. 「한·중·일 ICT 산업의 상호의존관계 분석: 아시아 국제산업연관표의 활용」. ≪한일경상논집≫, 70권, 141~166쪽.

기타바야시 켄(北林謙)·서성욱. 2009. 「혁신의 실험자, 오타쿠를 이해하라」. ≪동아비지니스 리뷰≫, 38호, 52~54쪽.

기획재정부. 2017. 「혁신창업 생태계 조성방안」. http://www.mosf.go.kr/nw/nes/detail NesDtaView.do;jsessionid=kGrbb8SjOh0h3NZm3Uj3-loW.node20?searchBbsId=M OSFBBS_000000000028&searchNttId=MOSF_000000000011519&menuNo=4010100

김규판. 2016. 「일본의 제조업 경쟁력: 갈라파고스화, 어떻게 볼 것인가?」. ≪한일경상연구≫, 70권, 3~27쪽.

김남현. 2017. 「관광클러스터의 소규모 관광기업 간 소셜 네트워크, 사회적 자본, 지식공유, 혁신 간의 구조적 관계」. ≪관광연구저널≫, 31권 5호, 121~136쪽.

김도훈. 2007. 「일본의 경제부활과 모노즈쿠리 중소기업」. ≪아태연구≫, 14권 2호, 83~102쪽.

김동철. 2018.1.22. "조선일보 특파원 리포트: 실리콘 밸리 휩쓰는 중국인" ≪조선일보≫. http://news.chosun.com/site/data/html_dir/2018/01/21/2018012101785.html.

김명진·정의정. 2014. 「지방정부 주도로 육성된 혁신클러스터 비교 연구: 리서치트라이앵글과 경기도 혁신클러스터를 대상으로」. ≪국토지리학회지≫, 48권 4호, 409~423쪽.

김세원·강인수·김종일·이시욱·최석준. 2014. 『혁신 클러스터 성공요인과 개도국 클러스터 지원사례』. 산업연구원.

김영범. 2014. 「임금불평등과 사회복지지출」. ≪한국사회정책≫, 21권 1호, 77~103쪽.

김영범·박준식. 2017. 「사회투자, 인적자본, ICT 산업: OECD 자료를 통한 분석」. 김신동 외 지음. 『한국의 경제사회 발전과 ICT 산업의 진화』. 한울.

김웅희. 2005. 「일본형 IT 전략의 성과와 새로운 모색: 관민협조 모델에서 신일본형 모델로」. ≪일본연구논총≫, 22집, 159~192쪽.

김원동. 2016. 「영국인의 국가정체성: '군주정'과 '정체성의 연속성' 문제를 중심으로」. ≪담론201≫, 19권 4호, 5~30쪽.

_____. 2017. 「ICT의 진화와 한국사회: 정보사회적 특성과 핵심 과제」. 김신동 외 지음. 『한국의 경제사회 발전과 ICT 산업의 진화』. 한울.

김원동·박준식. 2018. 「영국의 첨단기술 클러스터: 클러스터 정책의 추진 과정과 특징 및 과제」. ≪지역사회학≫, 19권 1호, 167~193쪽.

김일림. 2015. 「세운상가와 아키하바라의 공간학: 전자상가로 보는 한국과 일본의 기술문화·대중문화·제작문화」. ≪인문콘텐츠≫, 39호, 125~160쪽.

김정욱 외. 2017.7.5. "실리콘밸리 누비는 코리안 … '혁신 DNA' 한수 전한다". ≪매일경제≫. http://news.mk.co.kr/newsRead.php?year=2017&no=451658.

김창욱·강민형·강한수·윤영수·한일영. 2012. 「기업생태계와 플랫폼 전략」. SERI 연구보고서.

김태은. 2007. 「일본의 ICT 국제경쟁력 강화 프로그램」. ≪정보통신정책≫, 19권 10호, 57~62쪽.

_____. 2014. 「일본의 ICT 국제경쟁력 강화·국제전개 이니셔티브 보고서」. ≪정보통신방송정책≫, 26권 16호, 20~34쪽.

나주몽. 2004. 「일본의 지역클러스터의 형성과 발전전략: 큐슈지방 반도체 산업의 광역적 클러스터를 중심으로」. ≪한국지역개발학회지≫, 16권 1호, 45~75쪽.

류민호. 2017. 「토종 인터넷 플랫폼의 성공 요인 분석」. ≪정보사회와 미디어≫, 18권 3호, 121~139쪽.

류영진. 2013. 「상호작용의 상품화 공간으로서 메이드카페에 대한 탐색적 관찰: 후쿠오카시의 메이드카페를 중심으로」. 『한국문화사회학회 가을학술대회 도시와 공간의

문화사회학: 방법론으로서의 걷기 자료집』, 144~154쪽.

문미성. 2004. 「산업클러스터 육성을 위한 지역혁신체계 구축방안: 경기도를 사례로」. ≪과학기술정책≫, 14권 5호, 70~87쪽.

문휘창. 2017. 「한국경제의 성공전략: 혁신성장과 실리콘밸리의 교훈」. ≪국제지역연구≫, 26권 3호, 1~33쪽.

박세용. 2016. "아키하바라의 메이커스 무브먼트, DMM 메이크 아키바". ≪월간 DI≫, 통권 199호.

박정현. 2009. 「주요국의 경기부양책 및 ICT정책 분석」. ≪방송통신정책≫, 21권 12호, 1~34쪽.

박준식. 1996. 『생산의 정치와 작업장 민주주의』. 한울.

_____. 2002. 『경제발전과 산업민주주의』. 소화.

박준식 외. 2007. 『노동의 인간화』. 한국노동사회연구소.

박지향. 2014. 『영국적인, 너무나 영국적인』. 기파랑.

박철우. 2014. 「창조경제시대 혁신클러스터 정책방향」. 『한국기술혁신학회 학술대회 발표집』, 한국기술혁신학회.

박희현·김예원·신건철. 2016. 「프랑스 부르고뉴 와인클러스터에 대한 역사적 고찰」. ≪경영사학≫, 31권 1호, 5~26쪽.

배준구·신동호·최영출·이규식·이연자·이영준. 2007. 「선진 지방문화 산업클러스터의 혁신 네트워크 연구: 미국, 영국, 프랑스 선진 3개국의 대표적 사례를 중심으로」. ≪한국비교정부학보≫, 11권 1호, 1~40쪽.

복득규. 2003. 「클러스터의 개념에 대한 소고」. ≪동향과 전망≫, 57호, 114~141쪽.

서동일. 2015.5.15. "1세대 떠난 테헤란밸리에 제2벤처 바람". ≪동아일보≫. http://news.donga.com/3/all/20150514/71256237/1

유승호·선원석. 2014. 「장인 문화에 대한 해석적 접근: 일본 모노즈쿠리 쇼쿠닌의 일과 삶」. ≪인문콘텐츠≫, 32호, 267~283쪽.

이병민. 2004. 「제4장 산업재생의 대표모델: 영국의 셰필드」. 박동 외 지음. 국가균형발전위원회 엮음. 『세계의 지역혁신체계』. 한울.

_____. 2013. 「창조 생태계 모델로서 콘텐츠와 ICT의 상생」. ≪창조산업과 콘텐츠≫, 창간호, 23~27쪽.

_____. 2016. 「창조도시정책의 추진과정과 성과에 대한 연구: 영국의 테크시티 정책을

중심으로」. ≪한국경제지리학회지≫, 19권 4호, 597~615쪽.

이병오·김태연. 2009. 「식품산업 클러스터 형성 정책과 단계별 발전 전략: 영국 요크셔-
험버식품클러스터의 시사점」. ≪식품유통연구≫, 26권 3호, 1~28쪽.

이상욱·임종빈·장준호. 2014. 「판교테크노밸리 창조 생태계 활성화 방안 연구」. ≪지역
사회논문집≫, 39권 1호, 11~19쪽.

이상훈·신기동·김태경. 2014. 「판교테크노밸리의 성공과 시사점」. ≪이슈&진단≫, 제
137호, 1~25쪽.

이영준·신동호·배준구. 2007. 「영국 스트랫포드의 문화산업 클러스터: 셰익스피어 축제
에 관련된 사회연결망 분석」. ≪지리학연구≫, 41권 3호, 285~297쪽.

이일래. 2015. 「매체환경과 마니아 문화: 한국과 일본의 게임문화를 중심으로」. ≪동북
아문화연구≫, 제45집, 481~497쪽.

이종선. 2004. 「지역혁신의 효시: 미국의 실리콘 밸리와 루트 128」. 박동 외 지음. 국가
균형발전위원회 엮음. 『세계의 지역혁신체계』. 한울.

이종호·이철우. 2015. 「클러스터의 동태적 진화와 대학의 역할: 케임브리지 클러스터를
사례로」. ≪한국지역지리학회지≫, 21권 3호, 489~502쪽.

이호근. 2016. 「4차 산업혁명 시대의 노동정책과 사회적 대화」. 『국회 노동정책 토론회
자료집』.

임종빈·정승용·이상욱·정선양. 2016. 「스타트업 육성을 위한 혁신클러스터 정책에 관한
연구: '판교 창조경제밸리'를 중심으로」. ≪한국지역개발학회지≫, 28권 4호, 109~
130쪽.

임찬수·이윤지. 2012. 「보컬로이드(VOCALOID)에 나타난 오타쿠 문화의 변화: 프로슈
머로서의 활동을 중심으로」. ≪일어일문학연구≫, 82권 2호, 277~299쪽.

임혜란. 2007. 「한국, 일본, 대만의 사회적 자본에 관한 비교연구: 클러스터에서의 신뢰
를 중심으로」. ≪한국정치연구≫, 16권 2호, 105~135쪽.

전영선. 2015.11.24. "「궁금한 화요일」 스타트업 밀어주는 '액셀러레이터'". ≪중앙일보≫.
http://news.joins.com/article/19122408

정상철. 2013. 「영국 창조산업정책의 특징과 창조경제에 대한 시사점」. ≪유럽연구≫,
31권 3호, 51~71쪽.

정선양·황두희·임종빈. 2016. 「혁신클러스터 성과 영향요인에 관한 실증연구: 판교테크
노밸리 사례를 중심으로」. ≪기술혁신학회지≫, 19권 4호, 848~872쪽.

정순구·최근희. 2013. 「첨단산업 클러스터로서 서울디지털산업단지의 성장요인 및 한계에 관한 연구」. ≪한국도시행정학보≫, 26권 3호, 165~194쪽.

정준호. 2004. 「제3장 유럽벤처의 요람: 영국 캠브리지 테크노 폴」. 박동 외 지음. 국가균형발전위원회 엮음. 『세계의 지역혁신체계』. 한울.

정형일. 2003. 「일본의 산업클러스터 전략에 관한 분석: TAMA의 사례 분석을 중심으로」. ≪인적자원관리연구≫, 7권, 203~224쪽.

조혜영. 2005. 「제4장 영국 실리콘글렌의 변화과정과 혁신사례」. 국가균형발전위원회. 『선진국의 혁신클러스터』. 동도원.

≪중앙일보≫. 2002.2.25. "벤처기업 특집: 테헤란로 벤처업계의 새 풍속도". http://news.joins.com/article/554276

최관. 2008. 『우리가 모르는 일본인』. 고려대학교 출판부.

최종석·김영훈. 2010. 「아키하바라 UDX프로젝트에서 나타나는 자금 조달 방식에 관한 연구」. 『(대한건축학회)학술발표대회 논문집』.

카스텔, 매뉴얼[마뉴엘, 카스텔(Manuel Castells)]·홀, 피터(Peter Hall). 2006. 『세계의 테크노폴』. 강현수·김륜희 옮김. 한울.

포터, 마이클(Michael Porter). 2015. 『마이클 포터 경쟁론(개정확장판)』. 김경묵·김연성 옮김. 21세기북스.

프랭크, 로버트(Robert Frank)·쿡, 필립(Philip Cook). 2008. 『승자독식사회』. 권영경 옮김. 웅진지식하우스.

프리드먼, 토머스(Thomas Friedman). 2005. 『세계는 평평하다: 세계는 지금 어디로 가고 있는가?』. 김상철·이윤섭 옮김. 창해.

플로리다, 리처드(Richard Florida). 2002. 『CREATIVE CLASS 창조적 변화를 주도하는 사람들』. 이길태 옮김. 전자신문사.

_____. 2008. 『도시와 창조 계급(창조 경제 시대의 도시 발전 전략)』. 이원호·이종호·서민철 옮김. 푸른길.

한국 스타트업 생태계 포럼. 2016. 『한국 스타트업 생태계 백서』. http://startupall.kr/research/ksef-whitepaper/

한국능률협회컨설팅. 2017. "신기술 경영과 새로운 가치 창출 기업사례: 1) 삼성 애플 스마트폰이 日기업 이긴 이유". ≪경영매거진 CHIEF EXECUTIVE≫, 172.

≪ZDNet KOREA≫. 2013.10.14. "[정보주권] 누군가 내 정보를 훔쳐보고 있다".

_____. 2013.10.15. "[정보주권] 검색주권 제대로 보기".

_____. 2013.10.16 "[정보주권] 자국검색엔진 … 문화전쟁의핵".

_____. 2013.10.18 "[정보주권] 포털, 정보유통플랫폼으로 가야".

Adler, P. S. and S. W. Kwon. 2002. "Social Capital: Prospects for a New Concept." *Academy of Management Review*, Vol. 27, No. 1, pp. 17~40.

Baldwin, Richard. 2016. *The Great Convergence: Information Technology and the New Globalization*. Cambridge, MA: Belknap, Harvard Univ. Press.

Barrat, James. 2013. *Our Final Invention: Artificial Intelligence and the End of the Human Era*. New York: St. Martin's Press.

BBC. 2016. "Tech Talent: Map of the UK's digital clusters." http://www.bbc.com/news/technology-37380696(검색일: 2017.8.21).

Benedikt Frey, Karl and Michael Osborne. 2013. "The Future of Employment: How Susceptible Are Jobs to Computerisation?" Oxford Martin School, Programme on the Impacts of Future Technology, University of Oxford, 17, September. http://www.oxfordmartin.ox.ac.uk/downloads/Academic/The Future of Employment. pdf.

Benner, C. 2002. *Work in the New Economy: Flexible Labor Markets in Silicon Valley*. London: Blackwell Publishing.

Boschma, R. 2004. "Competitiveness of Regions from an Evolutionary Perspective." *Regional Studies*, Vol. 38, pp. 1001~1014.

Boschma, R. A. and K. Frenken. 2007. "A theoretical framework for evolutionary economic geography: Industrial dynamics and urban growth as branching process." *Journal of Economic Geography*, Vol. 7, pp. 635~649.

_____. 2009. "Technological relatedness and regional branching", in H. Bathelt, M. P. Feldman and D. F. Kogler(eds.). *Dynamic Geographies of Knowledge Creation, Diffusion and Innovation*. London: Routledge.

Bostrom, Nick. 2014. *Superintelligence: Path, Dangers, Strategies*. Oxford: Oxford Univ. Press.

Braverman, Hary. 1974. *Labor and Monopoly Capital*. New York: Monthly Review

Press.

Brede, M. and H. J. M. Vries. 2009. "Networks that optimize a trade-off between efficiency and dynamical resilience." *Physical Letters*, A 373, pp. 3910~3914.

Breschi, S. and F. Lissoni. 2001. "Knowledge spillovers and local innovation systems: a critical survey." *Industrial and Corporate Change*, Vol. 10, pp. 975~ 1005.

Brynjolfsson, Erik and Andrew McAfee. 2014. *The Second Machine Age: Work, Progress, and Prosperity in a Time of Brilliant Technologies*. New York: W. W. Norton & Company.

Burawoy, Michael. 1985. *The Politics of Production*. London: Verso.

Burgers, J. H. and J. G. Covin. 2016. "The Contingent Effects of Differentiation and Integration on Corporate Entrepreneurship." *Strategic Management Journal*, 37, pp. 521~540.

BusinessOulu. 2015. "Jukka Antilan yhteenveto Yritystakomon, Nokian Bridgeohjelman." Business Kitchenin ja Yrityskiihdyttämön synnyttämistä yrityksistä.

Carey, Scott. 2017. "Tech Nation 2017 report highlights the importance of regional clusters to growth of UK tech sector." http://www.techworld.com(검색일: 2017. 8.21).

Carey, Scott and Christina Mercer. 2017. "Tech Nation: Mapping the UK's 30regional tech clusters: Average salaries, job figures, key companies and workspaces." http://www.techworld.com(검색일: 2017.8.21).

Castells, Manuel. 2011. "The impact of the Internet on Society: A Global Perspective." *MIT Technology Review*, 8, September.

Castilla, Emilio, Hokyu Hwang, Ellen Granovetter and Mark Granovetter. 2000. "Social Networks in Silicon Valley." in Chong-Moon Lee, William Miller, Marguerite Gong Hancock and Henry Rowen(eds.). *The Silicon Valley Edge: A Habitat for Innovation and Entrepreneurship*. Palo Alto: Stanford University Press.

Christopherson, S., J. Michie and P. Tyler. 2010. "Regional resilience: theoretical and empirical perspectives." *Cambridge Journal of Regions, Economic and Society*, Vol. 3, pp. 3~10.

Coleman, J. S. 1974. *Power and the Structure of Society*. New York: W. W. Norton.

Cooke, P. 1992. "Regional innovation systems: competitive regulation in the new Europe." *Geoforum*, Vol. 23, No. 3, pp. 365~382.

_____. 2008. "Regional Innovation System, Clean Technology, and Jacobian Cluster-Platform Policies." *Regional Science Policy & Practice*, Vol. 1, No. 1, pp. 23~45.

_____. 2011. "Transition regions: regional-national eco-innovation systems and strategies." *Progress in Planning*, Vol. 76, pp. 105~146.

Cooke, P., M. G. Uranga and G. Etxebarria. 1997. "Regional Innovation System: International and Organizational Dimension." *Research Policy*, Vol. 26, No. 4, pp. 23~45.

Crespo, J., R. Suire and J. Vicente. 2014. "Lock-in or lock-out? How structural properties of knowledge networks affect regional resilience." *Journal of Economic Geography*, Vol. 14, pp. 199~219.

Cuthbertson, R., P. I. Furseth and S. J. Ezell. 2015. *Innovating in Service-driven Economy*. New York: Palgrave Macmillan.

Dellot, Benedict. 2016. "The North's digital economy-7 key takeaways from our report." https://www.thersa.org(검색일: 2017.3.22).

Durkheim, E. 1997(1893). *The Division of Labor in Society*. New York: The Free Press.

Dutta, S., T. Geiger and B. Lanvin(eds.). 2015. "Global Information Technology Report 2015: ICTS for Inclusive Growth." World Economic Forum.

Eijnatten, Frans M. 1992. *The Paradigm that Changed the Work Place*. Assen: Van Goreum.

Empirica. 2014a. "Finland-Country Report." E-Skills in Europe.

_____. 2014b. "Sweden-Country Report." E-Skills in Europe.

Esping-Andersen, G. 1990. *The Three Worlds of Welfare Capitalism*. Princeton, New Jersey: Princeton University Press.

Farhauer, O. and A. Kröll. 2012. "Diversified specialisation: going one step beyond regional economics' specialization-diversification concept." *Jahrbuch für Regionalwissenschaft*, Vol. 32, pp. 63~84.

Florida, Richard. 2004. *The Rise of The Creative Class: And How It's Transforming Work, Leisure, Community and Everyday Life.* New York: Basic Books.

Ford, Martin. 2015. *Rise of Robotics: Technology and the Threat of a Jobless Future.* New york: Basic Books.

Foster, K. A. 2007. "A case study approach to understanding regional resilience." Working Paper 2007-08, Institute of Urban and Regional Development, University of California, Berkeley.

Franklin-Wallis, Oliver. 2016. "The UK's tech clusters." http://www.cbi.org.uk/businessvoice/latest/the-uk-s-tech-clusters(검색일: 2018.3.12).

Frenken, K., F. van Oort and T. Verburg. 2007. "Related variety, unrelated variety and regional economic growth." *Regional Studies*, Vol. 41, No. 5, pp. 685~697.

Fujiwara, Y., K. Yamada, K. Tabata, M. Oda, K. Hashimoto, T. Suganuma and A. Georgakopoulos. 2015. "Context aware services: a novel trend in IoT based research in smart city project." Computer Software and Applications Conference (COMPSAC), 2015 IEEE 39th Annual, Vol. 3, pp. 479~480.

Fukuyama, F. 2001. "Social Capital, civil society and development." *Third World Quarterly*, Vol. 22, No. 1, pp. 7~20.

Galbraith, C. S., C. L. Rodriguez and A. F. DeNoble. 2008. "SME competitive strategy and location behavior: an exploratory study of high-technology manufacturing." *Journal of Small Business Management*, Vol. 46, pp. 183~202.

Garcia-Muniz, A. S. and M. R. Vincente. 2014. "ICT Technologies in Europe: A Study of Technological Diffusion and Economic Growth under Network Theory." *Telecommunication Policy*, Vol. 38, pp. 360~370.

Gawer, Annabelle and Michael A. Cusumano. 2008. "How companies become platform leaders." *MIT Sloan Management Review*, Vol. 49, No. 2, pp. 28~35.

Giertz, E. et al. 2015. *Small and Beautiful-ICT Success in Finland and Sweden.* Stockholm: Vinnova.

Glaeser, E. 2005. "Reinventing Boston: 1630-2003." *Journal of Economic Geography*, Vol. 5, pp. 119~153.

Gordon, Edward E. 2013. *Future Jobs: Solving the Employment and Skill Crisis.* Santa

Barbara, CA: Praeger.

Gov. UK. 2010. "PM announces East London 'tech city'." https://www.gov.uk/government/news/pm-announces-east-london-tech-city.

Granovetter, M. 1985. "Economic Action and Social Structure: The Problem of Embeddedness." *American Journal of Sociology*, Vol. 91, pp. 481~510.

Gustavsen B. 1992. *Dialogue and Development: Theory of Communication, Action Research, and the Restructuring of Working Life*. Assen: Van Goreum.

Hawking, Stephen. 2014.5.2. "Transcendence looks at the implications on artificial intelligence-but are we taking AI seriously enough?" *The Independent*.

Hill, E. W., H. Wial and H. Wolman. 2008. "Exploring regional economic resilience." Working Paper 2008-04, Institute of Urban and Regional Development, University of California. Berkeley.

Holton, Kate. 2017. "Brexit deters some international staff from London techfirms-survey." https://www.reuters.com(검색일: 2018.3.2).

Husing, T. et al. 2015. "Trends and Forecasts for the European ICT Professional Digital Leadership Labor Market." E-Skills in Europe.

Jeon, D. S., B. Jullien and M. M. Klimenko. 2012. "Language, Internet and Platform Competition: the case of Search Engine." *Centre for Economic Policy Research Discussion Paper*. No. DP9144.

Ji, S., Y. Choi and M. H. Ryu 2016. "The economic effects of domestic search engines on the development of the online advertising market." *Telecommunications Policy*, available online 10 June 2016.

Joint Venture. 2017. *2017 Silicon Valley Index*.

Katzenstein, P. 1985. *Small States in World Market*. Ithaca: Cornell University Press.

Kim, Hyewon, Mi Young Lee and Minjeong Kim. 2014. "Effects of Mobile Instant Messaging on Collaborative Learning Processes and Outcomes: The Case of South Korea." *Educational Technology & Society*, Vol. 17, pp. 31~42.

Kiuru, P. et al. 2017. "Bridge It Up- Impact of Start-Up Services Offered for Employees -Case Nokia's Bridge Program." http://pienyrityskeskus.aalto.fi/en

Kiuru, P., J. Handelberg and H. Rannikko. 2013. "Bridge It Up — työntekijöille

tarjottujen startup-palveluiden vaikuttavuus — Case Nokian Bridge-ohjelma."
Pienyrityskeskus, Aaltoyliopiston kauppakorkeakoulu, Helsinki.

Knight, Will. 2012. "This Robot Could Transform Manufacturing." *MIT Technology Review*, 18, September.

Kurzweil, Ray. 2006. *The Singularity Is Near: When Humans Transcend Biology*. London: Penguin Books.

Lee, Chong-Moon, William Miller, Marguerite Gong Hancock and Henry Rowen. 2000. *The Silicon Valley Edge: A Habitat for Innovation and Entrepreneurship*. Palo Alto: Stanford University Press.

Lester, R. H. and A. A. Canella. 2006. "Interorganizational Familiness: How Family Firms Use Interlocking Directorates to Build Community-Level Social Capital." *Entrepreneurship Theory and Practice*, Vol. 30, No. 6, pp. 755~776.

Leveringhaus, Alex and Gilles Giacca. 2014. *Robo-Wars: The Regulation of Robotic Weapons*. Oxford: Oxford Martin School, University of Oxford

Levy, Steven. 2015.12.11. "How Elon Musk and Y Combinator Plan to Stop Computers From Taking Over." *Backchannel*.

Leydesdorff, L. 2013. *The Knowledge-based Economy: Modeled, Measured, Simulated*. Boca Rota, FL: Universal Publishers.

Lundvall, Bengt-Åke(ed.). 1992. *National System of Innovation: Toward a Theory of Innovation and Interactive Learning*. London: Printer.

Maewski, Andre. 2016. "Tech talent: the government could do more to keep skills in the North." http://www.techworld.com(검색일: 2017.8.21).

March, J. 1991. "Exploration and Exploitation in Organizational Learning." *Organization Science*, Vol. 2, pp. 71~87.

Marshall, A. 1890. *Principles of Economics*. London: Macmillan.

Martin, R. 2012. "Regional economic resilience, hysteresis and recessionary shocks." *Journal of Economic Geography*, Vol. 12, pp. 1~32.

Martin, R. and P. Sunley. 2006. "Path dependence and regional economic evolution." *Journal of Economic Geography*, Vol. 6, pp. 395~437.

_____. 2015. "On the notion of regional economic resilience: conceptualization and explanation." *Journal of Economic Geography*, Vol. 15, pp. 1~42.

Mateos-Garcia, Juan and Hasan Bakhshi. 2016. "The Geography of Creativity in the UK: Creative clusters, creative people and creative networks." Nesta.

Mateos-Garcia, Juan, Joel Klinger and Konstantinos Stathoulopoulos. 2018. "Creative Nation." https://www.nesta.org.uk/publications/creative-nation(검색일: 2018.3. 29).

McCray, John P., Jual J. Gonzales and John R. Darling. 2011. "Crisis management in smart phones: the case of Nokia Vs Apple." *European Business Review*, Vol. 23, No. 3, pp. 240~255.

McMullan, Thomas. 2017. "Theresa May announces extra funding for tech to buffer against Brexit: As Brexit talks heat up, government says it will double visas for global talent." http://www.alphr.com(검색일: 2018.3.23).

Morel, Nathalie, Bruno Palier and Joakim Palme(eds.). 2012. *Towards a Social Investment Welfare State?: Ideas, policies and challenges*. Briston: Polity Press.

Moretti, Enrico. 2012. *The New Geography of Jobs*. Boston: Houghton.

O'Brien, K. J. 2006. "Europeans weigh plan on Google challenge." *International Herald Tribute*, 18 January 200. Retrieved January 4, 2007, from http://www.iht.com/articles/2006/01/17/business/quaero.php

O'Reilly III, C. A. and M. L. Tushman. 2004. "The Ambidextrous Organization." *Harvard Business Review*, Vol. 82, No. 4, pp. 74~81.

OECD. 2011. "Divided We Stand: Why Inequality Keeps Rising." http://www.oecd.org/els/soc/49499779.pdf

_____. 2013. "Measuring the Internet Economy: A Contribution to the Research Agenda." *OECD Digital Economy Papers*, No. 226, OECD Publishing. http://dx.doi.org/10.1787/5k43gjg6r8jf-en

_____. 2014. *Education at a Glance 2014*. Paris: OECD Publishing.

_____. 2015. *Digital Economy Outlook 2015*. Paris: OECD Publishing.

_____. 2017. "Key ICT Indicators." http://www.oecd.org/sti/broadband/oecdkeyict indicators.htm

Piketty, Thomas. 2014. *Capital in the Twenty-First Century*. Cambridge, MA: Belknap,

Harvard Univ. Press.

Pink, Daniel. 2001. *Free Agent Nation: The Future of Working for Yourself*. New York: Grand Central Publishing.

Podolny, J. M. 2001. "Networks as the Pipes and Prisms of the Market." *American Journal of Sociology*, Vol. 24, pp. 51~76.

Polanyi, Karl. 2001. *The Great Transformation: The Political and Economic Origins of Our Time*. Boston, MA: Beacon Press.

Polanyi, Michael. 1967. *The Tacit Dimension*. London: Routledge & Kegan Paul.

Porter, M. 1990. *The Competitive Advantage of Nations*. New York: Free Press.

Powell, W. W. and K. Snellman. 2004. "The Knowledge Economy." *Annual Review of Sociology*, Vol. 30, pp. 199~220.

Putnam, R. 1994. *Making Democracy Work: Civic Traditions in Modern Italy*. Princeton: Princeton University Press.

Raisch, S., J. Birkinshaw, G. Probst and M. L. Tushman. 2009. "Organizational Ambidexterity: Balancing Exploitation and Exploration for Sustained Perform- ance." *Organization Science*, Vol. 20, No. 4, pp. 685~695.

Reggiani, A., T. De Graaff and P. Nijkamp. 2002. "Resilience: an evolutionary approach to spatial economic systems". *Networks and Spatial Economics*, Vol. 2, pp. 211~229.

Reich, Robert. 2016. *Saving Capitalism: For The Many, Not The Few*. London: Icon Books.

Rifkin, Jeremy. 1994. *The End of Work*. New York: Putnam Book.

_____. 2011. *The Third Industrial Revolution: How Lateral Power is Transforming Energy, The Economy, and the World*. New York: St. Martin's Press.

Rivas, M. 2011. "From Creative Industries to the Creative Place: Refreshing the Local Development Agenda in Small and Medium-sized Towns." URBACT Creative Clusters Project Final Report. Obidos.

Rosen, Jay. 2008. "Afterword: The people formerly known as the audience." in N. Carpentier and B. D. Cleen(eds.). *Participation and Media Production: Critical Reflections on Content Creation*. Newcastle, UK: Cambridge Scholars Press.

Rönnqvist, R., A. Hakonen and M. Vartiainen. 2015. *The Bridge Program-Participant Perspectives*. Aalto, Finland: Aalto University.

Sakata, I. and Y. Kajikawa. 2008. "Who cultivates the inter-firm networks in regional clusters?: The role of connector-hub firms." OECD Workshop on Network Approaches to Innovation, December, Paris, France.

Saxenian, A. L. 1990. "Regional networks and the resurgence of Silicon Valley." *California Management Review*, Vol. 33, pp. 89~112.

_____. 1994. *Regional Advantage: Culture and Competition in Silicon Valley and Route 128*. Cambridge, MA: Harvard University Press.

_____. 2007. *The New Argonauts: Regional Advantage in a Global Economy*. Cambridge, MA: Harvard Univ. Press.

Schwab, Klaus. 2017. *The Fourth Industrial Revolution*. New York: Crown Business.

Shimizu, K. 2012. "Risks of Corporate Entrepreneurship: Autonomy and Agency Issues." *Organization Science*, Vol. 23, No. 1, pp. 194~206.

Siegel, P. B., T. G. Johnson and J. Alwang. 1995. "Regional economic diversity and diversification." *Growth and Change*, Vol. 26, pp. 261~284.

Simmie, J. and R. Martin. 2010. "The economic resilience of regions: towards an evolutionary approach." *Cambridge Journal of Regions, Economy and Society*, Vol. 3, pp. 27~43.

Simonen J., R. Svento and A. Juutinen. 2015. "Specialization and diversity as drivers of economic growth: Evidence from High-tech industries." *Papers in Regional Science*, Vol. 94, pp. 229~247.

Simonen, J., T. Koivumäki, V. Seppänen, S. Sohlo and R. Svento. 2016. "What happened to the growth?: The case of ICT industry in different regions of Finland." *International Journal of Entrepreneurship and Small Business*, Vol. 29, pp. 287~308.

Startup Genome. 2017. "Global Startup Ecosystem Report 2017." https://startup genome.com/thank-you-enjoy-reading/

Statistics in Demark et al. 2001. "ICT Sectors in Nordic Countries in 1995-2000."

Susskind, Richard and Daniel Susskind. 2015. *The Future of the Professions: How*

Technology Will Transform the Work of Human Experts. Oxford: Oxford Univ. Press.

Tech City UK. 2017a. "Hello Tech Nation(blog)." http://www.techcityuk.com/blog(검색일: 2018.3.23).

_____. 2017b. "Tech Nation 2017: At the forefront of global digital innovation-Foreword by The UK Prime Minister." https://technation.techcityuk.com(검색일: 2018.3.24).

_____. 2017c. "Tech Nation 2017 Key Findings: The UK is the digital capital of Europe-a clear leader when it comes to tech investment, digital skills and collaboration within ecosystems." https://technation.techcityuk.com(검색일: 2018.3.22).

_____. 2017d. "The Nationality of Workers in the UK Tech Industry-Tech Nation Talent: Part 1." https:/www.techcityuk.com/blog(검색일: 2018.3.24).

_____. 2017e. "The Nationality of Workers in the UK's Digital Tech Industries." http://talent.techcityuk.com(검색일: 2018.3.24).

_____. 2017f. "Tech Nation 2017: At the forefront of global digital innovation-Foreword by Tech City UK Chair & CEO." https://technation.tech cityuk.com(검색일: 2018.3.24).

_____. 2017g. "2017: A year in review(blog)." https://www.techcityuk.com/blog/2017/12/year-review-2017(검색일: 2018.3.30).

_____. 2017h. "Tech Nation 2017: Salaries Surge Across the UK for 'Twice as Productive' Tech Workers(blog)." https:/www.techcityuk.com/blog(검색일: 2018.3.29).

_____. 2017i. "Tech Nation-Talent." http://talent.techcity.com(검색일: 2018.3.24).

_____. 2017j. "Tech Nation 2017: At the forefront of global digital innovation." https://technation.io/wp-content/uploads/2018(검색일: 2018.3.29).

_____. 2018a. "We help ambitious tech founders start, scale and succeed." https://www.techcityuk.com(검색일: 2018.3.23).

_____. 2018b. "Jobs." https://www.techcityuk.com/jobs(검색일: 2018.3.25).

_____. 2018c. "About." https://www.techcityuk.com/about-us(검색일: 2018. 3.25).

_____. 2018d. "Business Performance Analyst-Tech City UK." https://www.tech cityuk.com/jobs(검색일: 2018.3.25).

Teffer, Peter. 2015.4.12. "EU spends millions to make next Facebook European." *euobserver.* https://euobserver.com/connected/128239

The Guardian. 2016.4.12. "Startups abandon Tech City as commercial rents soar."

_____. 2017.4.13. "UK technology firms turn to Silicon Valley to ward off Brexit blues."

_____. 2017.10.17. "Why you need to get into the tech sector (and how to do it)."

_____. 2018.1.18. "Five top cities for business startups outside of the M25."

The Telegraph. 2016.6.24. "What does Brexit mean for UK's technology sector?"

The Wall Street Journal. 2015.3.27. "Ford, Mercedes-Benz set up shop in Silicon Valley."

Tushman, M. L. and Andersion, P. 1986. "Technological discontinuities and organizational environments." *Administrative Science Quarterly*, 31, pp. 439~465.

UK Government Web Archive. 2013. "East End Tech City speech." http://webarchive. nationalarchives.gov.uk(검색일: 2018.3.24.).

Van der Wurff, R., P. Bakker and R. G. Picard. 2008. "Economic growth and advertising expenditures in different media in different countries." *Journal of Media Economics*, Vol. 21, No. 1, pp. 28~52.

Van Dijk, J. and A. Edzes. 2016. "Towards inclusive and resilient regional labour markets: challenges for research and policy." *Journal of Regional Research*, Vol. 36, pp. 169~190.

Venture Beat. 2015.1.6. "Whats App now has 700M users, sending 30B messages per day."

Well, David. 2014. *The Fissured Workplace: Why Work Became so Bad for so Many and What can be Done to Improve It.* Cambridge, MA: Harvard Univ. Press.

West, J. and D. Wood. 2013. "Evolving an Open Ecosystem: The rise and fall of the symbian platform." in Ron Adner, Joanne Oxley and Brin Silverman(eds.). *Advances in Strategic Management: Collaboration and Competition in Business Ecosystem*, Vol. 30, pp. 27~67.

Wilkinson, Richard and Kate Pickett. 2009. *The Spirit Level: Why Greater Equality Makes Societies Stronger*. New York: Bloomsbury Press.

World Economic Forum. 2015. "Deep Shift: Technology Tipping Points and Societal Impact." Survey Report, Global Agenda Council on the Future of Software and Technology, September.

Yusuf. S., K. Nabeshima and S. Yamashita. 2008. "Growing Industrial Clusters in Asia Serendipity and Science." The World Bank.

ZDnet. 2012. "Inside Nokia Bridge: How Nokia funds ex-employees' new start-ups." http://www.zdnet.com/article/inside-nokia-bridge

Zentner, A. 2012. "Internet Adoption and Advertising Expenditures on Traditional Media: An Empirical Analysis Using a Panel of Countries." *Journal of Economics & Management Strategy*, Vol. 21, No. 4, pp. 913~926.

Zhao, W. and E. Tse. 2007. "Competition in Search Engine Market." *Journal of Business Strategies*, Vol. 28, No. 2, pp. 123~150.

IT戦略本部. 2002. 「IT戦略の今後の在り方について」.

阿部真大. 2013. 『地方にこもる若者たち: 都会と田舎の間に出現した新しい社会』. 東京: 朝日新聞出版.

石倉洋子・藤田昌久・前田昇・金井一頼・山崎郎. 2003. 『日本の産業クラスター戦略』. 東京: 有斐閣.

科学技術政策研究所. 2003. 「地域イノベーションの成功要因及び促進政策に関する調査研究」. 東京: 科学技術政策研究所.

亀山嘉大. 2006. 「日本のICTクラスターにおける産学官連携―北部九州, 長野県, 宮城県における地域連携―」. 日中韓のICT産業クラスターに関する実体調査, ICSEAD 調査報告書 06-01, pp. 37~74.

川添雄彦. 2016. 日本文化とICT. ≪情報・システムソサイエティ誌≫, Vol. 21, No. 3, p. 3.

後藤智・吉江修・藤村茂. 2016. 「ものづくり ICT のデジタル戦略の変遷と日本企業の課題に関する考察」. [C] 『平成28年電気学会電子・情報・システム部門大会講演論文集』. GS2-1, pp. 1018~1022.

堺屋太一. 1990. 『知価革命: 工業社会が終わる知価社会が始まる』. 京都: PHP研究所.

坂田一郎・柴田尚樹・小島拓也・梶川裕矢・松島克守. 2005. 「地域経済圏の成長にとって最適な地域ネットワークとは: Small-World Networksの視点による 4 地域クラスターの比較分析」. ≪一橋ビジネスレヴュー≫, Vol. 53, pp. 182~195.

関満博. 1993. 『フルセット型産業構造を超えて: 東アジア新時代のなかの日本産業』. 東京: 中公新書.

総務省. 2011. 「ICT分野における科学技術政策上の重要課題」. 資料3-6.

_____. 2015. 『平成27年版 情報通信白書』.

_____. 2016. 『平成28年版 情報通信白書』.

地域再生産業クラスター委員会. 2003. 「地域産業の創造的発展と産業クラスター」. 동아대학교 산업클러스터 기획단, 한·일 산업 클러스터 심포지엄.

陳正達. 2012. 「日本における産業集積政策の運用について」. ≪問題と研究≫, Vol. 41, No. 4, pp. 139~176.

西岡靖之. 2015. 「ものづくりとICTの新たな時代」. ≪三菱電機技報≫, Vol. 89, No. 4, p. 205.

マイナビニュース. 2016.4.5. 「MIJS, 日本版シリコンバレーを創出するプロジェクト「JAPAN Tech Valley」」.

郵政省監修. 1994. 『21世紀の知的社会への改革』. 東京: コンピュータエージ社.

首相官邸. 1997. 「都市再生緊急整備地域及び特定都市再生緊急整備地域秋葉原・神田地域方針」.

柳永珍. 2015. 「文化芸術を活用した社会・経済政策に関する研究」. 福岡大学経済学博士論文.

인터뷰

Bay K-Group 관계자 A 인터뷰 자료(2017.7.24).

버클리 로렌스연구소 관계자 B 인터뷰 자료(2017.7.25).

한인과학기술자협회(KSEA) 버클리 지부 관계자 C 인터뷰 자료(2017.7.25).

스탠퍼드 교수(Faculty) D, E 인터뷰 자료(2017.7.26).

실리콘밸리 Start-ups 컨설팅 관계자 F 인터뷰 자료(2017.7.27).

한인과학기술자협회(KSEA) 실리콘 밸리 관계자 G 인터뷰 자료(2017.7.27).

지은이

김영범

한림대학교 고령사회연구소 연구전임교수이다. 연세대학교 사회학과에서 박사학위를 취득했다. 연구 분야는 비교복지국가, 노동시장정책, 사회노년학이며 주요 연구 성과로는 「경제위기 이후 사회정책의 변화」, 「적극적 노동시장정책의 다양성」, 「한국 노인의 사회활동과 주관적 안녕감」 외 다수의 논문이 있다. 최근에는 노년기 정신건강에 영향을 주는 사회적 요인을 탐색하고 있으며 복지국가와 정보기술의 발전 사이의 상호작용이 고용에 미치는 효과에 관심을 가지고 있다.

김원동

강원대학교 사회학과 교수이다. 고려대학교 사회학과를 졸업하고 동대학원에서 석사, 박사학위를 취득했다. 주요 연구 분야는 정치사회학, 사회계급론, 정보사회학, 먹거리의 사회학 등이며, 주요 저·역서로는 『농민시장의 사회학』, 『한국사회의 불평등과 정치변동』, 『정보사회와 지역정보화』, 『한국사회 어디로 가나?』(공저), 『탈산업사회의 도래』(공역) 등이 있다.

류민호

호서대학교 기술경영전문대학원 교수이다. 네이버 인터넷 산업연구실 실장을 역임했고, 미디어경영학회 정보사회학회 사이버커뮤니케이션학회 이사로 활동 중이다. 성균관대학교 산업공학 학사, KAIST 기술경영학 석사/박사 학위를 받았다. 이후 미시건 주립대학교 Quello Center for Telecom Mgt. & Law에서 박사후 과정을 보냈다. 관심 분야는 인터넷(미디어) 플랫폼 산업으로, 혁신의 수용과 확산, 비즈니스모델, 정책 등에 대한 연구를 진행해 국내외 저명 학술지에 다수의 논문을 게재했다.

류영진

기타큐슈 시립대학교 교수이고 동대학교 지역전략연구소에 재직하고 있다. 부산대학교 사회학과를 졸업하고 동대학원에서 석사를 취득했고, 후쿠오카 대학교에서 경제학 박사학위를 취득했다. 주요 관심 연구 분야는 문화경제학, 비교문화론, 인구론, 경제정책 등이다. 주요 연구 성과로는 『일상과 주거』(공저), 『활동적 노화(actie aging)를 위한 정책 방안』 등의 저서와 「스토리노믹스로서의 부산 '이바구길'과 오이타 '쇼와노마치'의 사례 비교」, 「아즈마 히로키의 데이터베이스 소비론과 한국소비문화에의 시사점에 대한 탐색적 고찰」, 「다문화에 대한 경제학적 일고찰: 다문화의 증진은 경제적인 이득인가 손실인가?」(공저) 등의 논문이 있다.

박준식

한림대학교 사회학과 교수이다. 연세대학교 사회학과에서 사회학 박사학위를 취득했다. 연구 분야는 산업 발전, 지역사회, 공동체, 노동체제이다. 주요 저서로는 『글로벌 시대의 체제 전환』, 『자동차산업의 구조조정과 고용관계 변화의 국제비교』, 『생산의 정치와 작업장 민주주의』 등 다수의 책과 논문이 있다. 최근에는 4차 산업혁명과 노동 및 고용문제, 노동체제의 전환 등과 관련해 활발한 공동 연구를 수행하고 있다.

신우열

한국탐사저널리즘센터의 전임연구원이다. 미네소타 대학교에서 언론학 박사학위를 받았고, 주로 디지털 문화, 언론 윤리, 한국 미디어 역사, 데이터 저널리즘과 탐사보도 등에 대한 글을 써왔다. *Journalism, Environmental Communication, Asian Studies Review* 등의 국외 학술지와 ≪한국언론학보≫, ≪한국청소년연구≫ 등의 국내 학술지에 여러 논문을 게재했다.

이종선

고려대학교 노동문제연구소 부소장이다. 고려대학교 사회학과를 졸업하고 동 대학원에서 사회학 박사 학위를 취득했다. 통일연구원 책임연구원, 한국직업능력개발원 부연구위원, 대통령비서실 사회정책비서관실에서 근무했으며, 이후 켄트 주립대학교에서 정책 분석 및 행정, 비교정치를 세부 전공으로 정치학 석·박사과정을 수료했다. 주요 관심 분야는 노동·정보사회, 노사관계, 고용·일자리 정책, 혁신클러스터와 창업생태계 등이며, 주요 저서로서는 『DJ 정부의 구조개혁과 노동시장 변화』, 『세계의 지역혁신체계』(공저), 『청년 지식기술창업 연구』, 『노동시장 내 청년창업 생태계 구축 방안』(공저) 등이 있다.

정동일

한림대학교 사회학과를 거쳐 숙명여자대학교 경영학부 교수로 재직하고 있다. 서울대학교 사회학과를 졸업하고, 동 대학원에서 석사 학위를, 코넬 대학교에서 사회학으로 박사 학위를 취득했다. 주요 관심 분야는 조직이론, 지역사회학, 산업생태계 등이다. 『지역창조의 사회학』, 『현대문명의 위기』, 『포용국가』 등의 책을 함께 썼다. 주요 논문으로는 "Crossing the Management Fashion Border", "Participatory Improvement at a Global Bank" 등이 있다.

야코 시모넨(Jaakko Simonen)

오울루 대학교 경제학과 교수이다. 현재 지역 성장에 미치는 기술의 역할에 대한 연구, 특히 기술 노동 유동성 관련 연구에 관심을 기울이고 있다. 주요 논문은 *Journal of Urban Economics*, *Papers in Regional Science*, *The Annals of Regional Science*, *International Journal of Entrepreneurship and Small Business* 등에 게재되었다.

요한네스 헤랄라(Johannes Herala)

헬싱키-우시마 지역위원회(Helsinki-Uusimaa Regional Council)의 선임 고문이다. 위원회에서 일하기 전인 2016년부터 2017년까지 오울루 대학교의 경영대학에서 연구조교로서 오울루 지역의 기술 노동 인력의 변화 양상과 그 양상의 원인을 밝히는 연구 프로젝트에 참여했다.

라울리 스벤토(Rauli Svento)

오울루 대학교 경제학과 교수이다. 에너지 시장, 재생 에너지의 경제성 등에 대해 주로 연구하고 있다. 주요 논문은 *Journal of Energy*, *Environmental and Resource Economics*, *Energy Economics*를 포함해 여러 학술지에 게재되었다. 현재 핀란드 문화교육부(Ministry of Education and Culture)의 위원회 멤버로서 핀란드의 경영·경제 교육의 미래를 설계하는 역할을 수행하고 있다.

한림대학교 **정보기술과 문화연구소**(iCat)는 미디어 기술의 발전이 열어갈 사회의 변동과 문화의 미래에 대한 연구를 통해 사회발전의 방향을 가늠하고 대안을 제시하는 역할을 수행합니다.

한울아카데미 2083

ICT 사회 연구 총서 6

ICT 클러스터의 혁신과 진화: 판교에서 오울루까지

ⓒ 박준식 외, 2018

엮은이 | 박준식
지은이 | 김영범, 김원동, 류민호, 류영진, 박준식, 신우열, 이종선, 정동일, 야코 시모넨, 요한네스 헤랄라,
　　　　 라울리 스벤토
펴낸이 | 김종수
펴낸곳 | 한울엠플러스(주)
편집 | 김다정

초판 1쇄 인쇄 | 2018년 8월 17일
초판 1쇄 발행 | 2018년 9월 7일

주소 | 10881 경기도 파주시 광인사길 153 한울시소빌딩 3층
전화 | 031-955-0655
팩스 | 031-955-0656
홈페이지 | www.hanulmplus.kr
등록번호 | 제406-2015-000143호

Printed in Korea.
ISBN 978-89-460-7083-7 93300(양장)
　　　 978-89-460-6530-7 93300(학생판)

※ 책값은 겉표지에 표시되어 있습니다.
※ 이 책은 강의를 위한 학생용 교재를 따로 준비했습니다.
　　강의 교재로 사용하실 때는 본사로 연락해주시기 바랍니다.

이 책은 2015년 정부(교육부)의 재원으로 한국연구재단의 지원을 받아 수행된 연구임(NRF-2015S1A5B4A01037022)